KB205550

누가복음, 삶으로 읽다

한기채 지음

위기에
슬기롭게 대처하라

사랑마루
SARANGMARU

누가복음, 삶으로 읽다

발행일 _ 1판 1쇄 2020년 9월 15일
발행처 _ 기독교대한성결교회
지은이 _ 한기채
편집인 _ 송우진
책임편집 _ 전영욱
기획/편집 _ 강영아 장주한
디자인/일러스트 _ 권미경 하수진
홍보/마케팅 _ 이우섭
행정지원 _ 조미정 이상욱 김효진

펴낸곳 _ 도서출판 사랑마루
서울시 강남구 테헤란로64길 17(대치동)

대표전화 TEL (02) 3459-1051~2/ FAX (02) 3459-1070
홈페이지 http://www.eholynet.org, http://www.ibcm.kr
등록 2011년 1월 17일 등록번호/ 제2011-000013호
ISBN 979-11-90459-04-4 03230
가격 20,000원

누가복음, 삶으로 읽다

한기채 지음

'지금 여기'에 이루어지는 하나님 나라

누가복음은 복음서 중 유일하게 유대인이 아닌 이방인 누가에 의해 기록된 책입니다. 내용상 누가복음은 사도행전보다 먼저 기록된 책입니다. 데오빌로에게 보내는 보고서 형식으로 전편은 누가복음, 후편은 사도행전입니다. 사도행전이 바울의 순교를 다루지 않고 있는 것으로 보아 대략 주후 64년경이라고 볼 때, 누가복음은 그 전인 58-63년 즈음에 기록된 것으로 추정됩니다. 누가복음에는 이방인들과 당시 유대 문화에서 소외된 이들에 대한 예수님의 관심과 사랑이 잘 드러나 있습니다. 실제로 누가복음은 마태복음과 달리 예수님의 족보를 태초의 인간인 아담에게까지 소급해 올라가는데, 이것은 저자인 누가가 유대인의 경계를 넘어 모든 인류의 조상인 아담을 통해 그리스도의 보편적 사랑과 은혜를 강조한 것으로 보입니다.

누가복음은 예수 그리스도의 공생애를 기록함에 있어 그리스도의 시간에 집중하고 있습니다. 예수님은 이 땅에서 30여 년의 시간을 살았지만, 요한에게 세례를 받은 후부터 시작된 그의 공생애는 그리 길지 않았습니다. 실제로 누가복음 전체의 절반에도 이르지 못한 9장에 벌써 이 땅에서 허락된 예수님의 사역이 끝나가고 있음을 암시하고 있습니다. "예수께서 승천하실 기약이 차가매 예루살렘을 향하여 올라가기로 굳게 결심하시고"(9:51). 이제 예수님은 마지막 남은 자신의 시간을 제자들을 가르치고 훈련시키는데 집중적으로 사용하셨습니다. 그 제자들은 이후 사도의 시대에 성령의 인도하심을 따라 하나님의 뜻과 그리스도의 사랑을 전하게 됩니다.

예수 그리스도가 이 땅에서 보낸 기간은 참으로 짧은 시간이었습니다. 그러나 예수님은 당신에게 주어진 유한한 시간을 통하여 영원한 하나님의 뜻을 제자들에게 조명해 주셨습니다. 예수님의 짧은 삶을 통해 제자들은 인간과 이 세상을 향한 하나님의 사랑을 경험할 수 있었으며, 그 사랑에 자신들이 어떻게 반응해야 하는지를 배울 수 있었습니다. 이 땅의 시간을 살았지만, 이 땅의 시간에 매이지 않은 삶, 그것이 그리스도의 시간이며 삶이었습니다. 종말을 넘어 영원한 하나님의 나라를 유한한 이 땅의 시간 안으로 가져오셨던 예수님을 따라, 우리도 이 땅에서 하나님 나라를 펼쳐가야 합니다. 하나님의 나라는 우리의 "지금 너머" 어딘가에 존재하는 것이 아니라 우리의 믿음과 삶을 통해 "지금 여기"에 이루어져야 하는 것입니다.

누가복음은 참 인간이신 예수 그리스도를 그리고 있습니다. 그래서인지 누가복음의 메시지는 모든 인류를 향해 있습니다. 누가복음에서 예수님의 모습은 유대인들이 기다렸던 이스라엘의 메시아를 넘어 온 인류의 구세주로 드러납니다. "이는 만민 앞에 예비하신 것이요 이방을 비추는 빛이요"(2:31-32). 다시 말해, 누가복음에서 우리가 만나는 예수님은 모든 인류의 죄를 짊어지고, 모든 민족의 아픔과 슬픔에 동참하시는 참 인간이십니다.

모든 민족과 백성을 위한 예수님의 보편적 메시지는 당시 유대인들의 배척을 받던 사마리아인들을 비롯하여 이방인들에게까지 열려 있었습니다. 실제로 누가복음 4장에 예수님은 엘리야가 보냄을 받은 "시돈 땅에 있는 사렙다의 한 과부"와 엘리사 때에 한센병에서 고침을 받은 "수리아 사람 나아만"을 인용함으로, 하나님의 구원 사역이 본래 유대인들만을 위한 것이 아니었음을 상기시켜 줍니다. 7장에서 이방인 로마 백부장의 믿음을 크게 칭찬하시는 장면도 이러한 누가복음의 관점을 확인시켜 주는 대목입니다.

　누가복음에는 또한 그 당시 주류 계층에서 소외된 사람들에 대한 큰 관심이 나타나 있습니다. 안나, 엘리사벳, 예수님의 어머니 마리아, 마리아와 마르다 자매 등 당시 소외된 계층이었던 여성들의 활약상이 크게 다루어지며, 부자와 가난한 사람을 대비시키며, 가난하고 소외된 사람들을 의롭게 여기는 내용도 많이 발견됩니다. 윤리적으로 지탄을 받아 마땅한 탕자에 대한 아버지의 사랑(15

장), 하나님께 영광을 돌린 사마리아인 한센병자 이야기(17장), 자신을 높이는 바리새인의 기도와 겸손한 세리의 기도(18장), 이기적인 세리였던 삭개오의 구원(19장) 등은 모두 예수님의 관심과 사랑이 소외되고 약한 이들을 향해 있었음을 잘 보여줍니다.

이 세상을 살아가는 기독교인들이 일부러 소외되고 가난한 삶을 살 필요는 없겠지만, 부자와 권력자들이 아닌 가난하고 소외된 이들에게 우리의 관심과 사랑을 기울이는 것이 하나님의 뜻이자, 예수님의 가르침이라는 것을 누가복음은 말해 주고 있습니다. 기복신앙과 이기주의로 대표되는 기독교의 세속화 물결에 맞서, 예수님의 관점에서 세상을 바라보며 어려운 이웃을 섬기는 삶을 살아가는 것이 참된 기독교인들의 모습입니다.

〈누가복음, 삶으로 읽다〉는 〈요한복음, 삶으로 읽다〉(토기장이. 2019년)에 이어 묵상노트를 묶어 내어 놓는 것입니다. 매일 새벽기도회에서 나누었던 말씀을 바로 그날의 묵상일기에 옮기고 성도들에게 나누어 보냈던 말씀이 책으로 나오는 것입니다. 저는 말씀 앞에 항상 "새로운 말씀이 무엇이냐?"(What's New?)라고 물으면서 익숙한 말씀에서 새 말씀을 찾고자 노력하였고, 말씀이 주어진 다음에는 "그래서 어떻게 하라는 것인가?"(So What?)하고 말씀을 생활에 적용하고자 노력했습니다. 이 책은 강해설교나 주석서가 아니라 이러한 질문에 대한 나름의 답을 옮긴 것이라고 생각하시고 묵상 자료로 삼으시면 좋겠습니다. 기독교대한성결교회 114년차 총회장으로서 교단 출판사에서 처음으로 책을 내게 되어 감개가 무량합니다. 수고하신 교육국 출판관계자들 그리고 중앙교회 김재명 목사님께 감사드립니다. 말씀이 삶이되시길 빕니다.

중앙교회 목사 서재에서 한기채

차례

누가복음 1장   01 우리 중에 이루어진 사실   •20

02 백성을 준비하리라   •22

03 주께서 나를 돌보시는 날에   •25

04 하나님의 호의   •28

05 말씀대로 이루어지이다   •31

06 영적친교   •34

07 마리아의 찬가   •38

08 이 아기가 장차 어찌 될까?   •41

09 사가랴의 찬가   •43

누가복음 2장   10 빈방 없음   •46

11 온 백성에게 미칠 큰 기쁨의 좋은 소식   •49

12 이루어진 일을 보자   •51

13 이방을 비추는 빛   •54

14 말씀의 진정성   •56

15 잃기는 쉬워도 찾기는 어렵다   •58

누가복음 3장   16 빈들에서 요한에게 임했다   •60

17 우리가 무엇을 하리이까?   •62

18 표류냐? 항해냐?   •64

19 은혜 받을 자 심판받을 자 •66

20 예수님의 자의식 •68

21 예수님의 족보 •70

누가복음 4장 22 잘못된 가정 •72

23 할 수 있지만 하지 않는 것 •74

24 인용과 적용 •76

25 얼마동안 •78

26 성령의 능력으로 •80

27 갈릴리에서 •82

28 사명선언 •84

29 아는 것이 병 •86

30 기도의 짝을 맞춘다 •87

31 영적권위 •89

32 열병에서 수종으로 •91

33 한적한 곳 •92

누가복음 5장 34 선상수훈 •94

35 같은 어부, 같은 배, 다른 결과 •96

36 만선보다 귀한 고백 •98

37 주여 원하시면 •100

38 지붕 뚫기 •102

39 죄를 사하는 권세 •105

40 공공의 적 •107

41 새 포도주는 새 부대에 •109

누가복음 6장 42 주객전도 • 111

43 회색지대는 없다 • 113

44 산에서 철야기도 • 115

45 사복(四福) • 117

46 사화(四禍) • 119

47 황금률 • 121

48 칭찬과 상급 • 123

49 용서하고 주라 • 125

50 준비된 만큼만 남을 이끌 수 있다 • 127

51 눈의 티 빼 주는 법 • 129

52 안에서 밖으로 • 131

53 청행일치(聽行一致) • 133

누가복음 7장 54 삼중감동 • 135

55 청년아 일어나라 • 137

56 오실 그이 • 139

57 무엇을 보려고 나갔더냐? • 141

58 지혜의 자녀 • 143

59 한 바리새인과 한 여자 그리고 예수님 • 145

60 누가 더 사랑할까? • 147

61 결례와 섬김 • 149

누가복음 8장 62 여성 제자들 • 151

63 네 종류의 밭 • 153

64 하나님 나라의 비밀 • 155

65 어떻게 들을까? •157

66 예수님의 가족 •158

67 믿음의 자리 •160

68 네 이름이 무엇이냐? •162

69 귀신의 간구도 허락하시나? •164

70 두려움과 믿음 사이 •166

71 믿음의 터치 •168

72 죽음 너머의 기회 •170

누가복음 9장 73 능력전도 •172

74 이 사람이 누군가? •174

75 너희가 먹을 것을 주라 •176

76 나눌수록 더 많아지는 것 •178

77 나를 누구라고 하느냐? •180

78 십자가의 길 •182

79 긍정을 위한 부정 •184

80 오, 불치복음(不恥福音) •186

81 기도 체험 •188

82 열림 •190

83 믿음결핍증 •192

84 귀 담아 두라 •194

85 누가 크냐 •196

86 중간층 끌어 앉기 •198

87 주술이냐 믿음이냐 •200

88 제자의 대가 •202

누가복음 10장	89 추수할 것은 많다	•204
	90 네 단계 전도법	•206
	91 실패의 먼지를 떨어버리라	•208
	92 진정 기뻐할 일	•210
	93 예수님의 감사기도	•212
	94 어떻게 읽느냐?	•214
	95 행하라 그러면 살리라	•216
	96 누가 이웃인가?	•218
	97 이와 같이 하라	•221
	98 균형의 영성	•223

누가복음 11장	99 이렇게 기도하라	•225
	100 간청함을 인하여	•227
	101 성령을 주시리라	•229
	102 영적 분별력	•231
	103 하나님의 손	•233
	104 돌아온 귀신	•235
	105 말씀을 듣고 지키는 자의 복	•237
	106 보다 더 큰 이	•239
	107 네 속에 있는 빛	•241
	108 내면의 정결	•243
	109 화(禍) 삼종세트	•245
	110 영적남용	•247

| 누가복음 12장 | 111 하나님 없이 하나님 앞에 | •249 |

112 두려워 할 것 •251

113 하나님의 관심 •253

114 할 말을 성령이 가르치시리라 •255

115 소유냐 생명이냐? •257

116 먹고 마시고 즐거워하자 •259

117 백합화 믿음 •261

118 다함이 없는 보물 •263

119 기다리는 사람 •265

120 지혜 있고 진실한 청지기 •267

121 불을 던지려 왔노니 •269

122 시대 분간 •271

누가복음 13장 123 "왜" 대신 "어떻게" •273

124 은혜의 기간 •275

125 영광과 분노 •277

126 기쁨과 부끄러움 •279

127 하나님 나라는 무엇과 같을까? •281

128 좁은 문으로 들어가기를 힘쓰라 •283

129 내가 갈 길을 가야 하리니 •286

누가복음 14장 130 병 고쳐 주는 것이 합당하냐? •288

131 끝자리에 앉으라 •290

132 앞으로 갚기 •292

133 초대받은 사람들 •294

134 초대 받지 않은 사람들 •297

135 제자의 길 •300

136 제자의 댓가 •302

누가복음 15장　137 죄인 한 사람이 회개하면 •304

138 하나님의 기쁨 •306

139 아버지를 떠난 길 •308

140 아버지께 가는 길 •310

141 아버지 마음 갖기 •312

누가복음 16장　142 변화에 슬기롭게 대처하라 •315

143 상위의 가치에 투자하라 •318

144 돈을 좋아하는 바리새인들 •320

145 아무 것도 하지 않은 죄 •322

146 뒤 바뀐 운명 •324

147 음부의 소리 •326

누가복음 17장　148 영적남용 •328

149 믿음은 쓸수록 생긴다 •330

150 해야 할 일을 한 것뿐이라 •332

151 큰 소리로 기도 •334

152 큰 소리로 감사 •336

153 내 안에 있는 나라 •338

154 때가 이르리니 •340

155 생즉사, 사즉생 •342

156 영원한 분리 •344

누가복음 18장 157 낙심하지 말고 기도하라 •346

158 하나님이 의롭다고 하시는 자 •349

159 예수님의 만져주심 •351

160 한 가지 부족한 것이 전부 •353

161 하나님 나라의 가치 •356

162 죽음의 긴 과정 •358

163 주여 보기를 원하나이다 •360

누가복음 19장 164 구원이 이르렀다 •362

165 예수님의 승천과 재림 사이에 •365

166 하나님 나라 상급 •367

167 주가 쓰시겠다 •370

168 돌들이 소리 지르리라 •373

169 내 집은 기도하는 집 •377

누가복음 20장 170 하늘로부터냐 사람으로부터냐 •379

171 강도가 된 농부 •383

172 머릿돌이 된 버린 돌 •386

173 하나님의 것은 하나님께 •388

174 살아있는 자의 하나님 •391

175 다윗의 자손이면서 다윗의 주 •394

176 부적격 지도자 •396

누가복음 21장 177 생활비 전부 •399

178 돌 하나도 돌 위에 남지 않고 •402

179 인내로 구원을 얻으리라 •405

180 너희 속량이 가까웠느니라 •408

181 천지보다 영원한 말씀 •411

182 뜻밖에 그 날이 덫과 같이 •413

누가복음 22장 183 죽일 준비 •416

184 유월절 준비 •418

185 나를 기념하라 •420

186 나를 파는 자의 손 •422

187 누가 크냐 •424

188 네 형제를 굳게 하라 •427

189 겉옷을 팔아 검을 사라 •430

190 아버지의 원대로 •432

191 이것까지 참으라 •435

192 멀찍이 따라가는 베드로 •437

193 내가 그다 •440

누가복음 23장 194 이 사람에게는 죄가 없도다 •443

195 그가 행한 일에는 죽일 일이 없도다 •446

196 바라바 •448

197 구레네 시몬 •451

198 용서받은 죄인과 용서받지 못한 죄인 •454

199 하나님 나라를 기다리는 자 •457

누가복음 24장 200 말씀을 기억하라 •460

201 모든 이에게 알리니 •462

202 이야기는 이야기를 낳고 •465

203 마음이 뜨겁지 아니하더냐 •468

204 너희에게 평강이 있을 지어다 •473

205 너희는 이 모든 일의 증인이라 •476

NOTE 1

우리 중에 이루어진 사실

1우리 중에 이루어진 사실에 대하여 2처음부터 목격자와 말씀의 일꾼 된 자들이 전하여 준 그대로 내력을 저술하려고 붓을 든 사람이 많은지라 3그 모든 일을 근원부터 자세히 미루어 살핀 나도 데오빌로 각하에게 차례대로 써 보내는 것이 좋은 줄 알았노니 4이는 각하가 알고 있는 바를 더 확실하게 하려 함이로라 5유대 왕 헤롯 때에 아비야 반열에 제사장 한 사람이 있었으니 이름은 사가랴요 그의 아내는 아론의 자손이니 이름은 엘리사벳이라 6이 두 사람이 하나님 앞에 의인이니 주의 모든 계명과 규례대로 흠이 없이 행하더라 7 엘리사벳이 잉태를 못하므로 그들에게 자식이 없고 두 사람의 나이가 많더라(눅 1:1-7)

누가복음의 말씀은 목격자들과 말씀의 일꾼의 증언을 토대로 글을 쓴 분들이 많음을 전제하고 있습니다. 누가는 자신이 처음으로 말씀을 증언하는 것이 아님을 밝히고 있습니다. "우리 중에 이루어진 사실"은 자신을 포함한 많은 사람들의 실제 체험을 강조합니다. 이는 믿을 만한 사람들의 증언과 전승에 기초하고 있음을 말하고 있습니다. 누가는 모든 것을 자세히 살피고 검토한 끝에 데오빌로에게 보고를 하고 있습니다. 누가복음과 사도행전은 총독에게 보고하는 형식의 기록물 전후편이라고 볼 수 있습니다. 누가복음은 예수님의 행적을, 사도행전은 제자들의 행적을 기록했습니다. 이를 통해 데오빌로가 알고 있는 것을 더 확실하게 하고자 하는 목적입니다.

유대 왕 헤롯, 그리고 아비야 반열 제사장 사가랴 그리고 그의 아내 엘리사벳. 누가복음에는 구체적인 인물과 정황들이 속속 묘사되고 있습니다. 이제 글을 차례대로 쓰면서 예수님 앞에 언급해야만 하는 사람이 있습니다. 바로 세례요한입니다. 대림절은 세례요한의 계절입니다. 예수님 앞에 세례요한이 와야 합니다. 요한을 말하기 위해서는 그의 부모에 대해 먼저 언급해야 합니다.

사가랴와 엘리사벳 부부입니다. 사가랴는 아비야 반열의 제사장이고, 엘리사벳은 아론 자손으로서 신실한 믿음의 부부입니다. 그들은 하나님 앞에 의인이요, 흠이 없이 행함으로서 사람들에게 존경을 받았습니다. 그러면 당연히 복 받은 이야기가 이어서 나와야 할 것입니다.그런데 7절에는 별로 좋지 않은 이야기가 이어집니다. 엘리사벳이 잉태하지 못함으로 말미암아 그들에게 자식이 없고 나이도 많았다고 기록되었습니다. 이와 같은 불가능한 조건에도 불구하고, 하나님의 역사가 나타납니다. 이렇게 하나님의 약속(promise)은 문제(problem)에서 공급(provision)으로 흘러갑니다.

백성을 준비하리라

8마침 사가랴가 그 반열의 차례대로 하나님 앞에서 제사장의 직무를 행할새 9제사장의 전례를 따라 제비를 뽑아 주의 성전에 들어가 분향하고 10모든 백성은 그 분향하는 시간에 밖에서 기도하더니 11주의 사자가 그에게 나타나 향단 우편에 선지라 12사가랴가 보고 놀라며 무서워하니 13천사가 그에게 이르되 사가랴여 무서워하지 말라 너의 간구함이 들린지라 네 아내 엘리사벳이 네게 아들을 낳아 주리니 그 이름을 요한이라 하라 14너도 기뻐하고 즐거워할 것이요 많은 사람도 그의 태어남을 기뻐하리니 15이는 그가 주 앞에 큰 자가 되며 포도주나 독한 술을 마시지 아니하며 모태로부터 성령의 충만함을 받아 16이스라엘 자손을 주 곧 그들의 하나님께로 많이 돌아오게 하겠음이라 17그가 또 엘리야의 심령과 능력으로 주 앞에 먼저 와서 아버지의 마음을 자식에게, 거스르는 자를 의인의 슬기에 돌아오게 하고 주를 위하여 세운 백성을 준비하리라(눅 1:8-17)

"두려워하지 말라"

누가복음 처음과 마지막 장에 천사들이 나타나 "두려워하지 말라"라는 메시지를 전합니다. 천사들은 일상에서 되어진 일을 보고하면서 영적인 세계의 사실들을 아울러 전합니다. 천사는 하나님의 영광을 운반하기 때문에 사람은 천사를 만나면 두려워합니다. 하나님을 보면 죽으리라고 생각하던 사람들에게 하나님 자신의 필요에 의해 나타나셨기 때문에, 천사가 먼저 안심부터 시킵니다.

"너의 간구함이 들린지라"

이 말씀은 이미 사가랴가 오래 전부터 자녀를 구하는 기도를 해왔음을 암시합니다. 그후 사가랴는 그 기도를 잊었을지라도 하나님은 기억하시고 마침내 응답하십니다. 우리는 우리를 위해 쌓아놓은 믿음의 선배들의 기도를 생각합니다. 이는 참 귀한 유산입니다. 경건한 부모의 오랜 기도를 통하여 하나님의 선물로 태어난 인물이 세례요한입니다. 하나님께서는 그의 이름도 출생 전에 미리 지어주십니다. 요한은 "여호와는 은혜로우시도다"라는 뜻입니다. 이는 부모도 기뻐하고 즐거워하고 다른 사람들도 기뻐할 아이가 태어난다는 것을 의미합니다. 즉, 기쁨이 되는 아이라는 뜻입니다.

"주 앞에 큰 자가 되며"

그는 포도주와 독주를 마시지 않는 하나님 앞에 구별된 나실인처럼 될 것입니다. 그리고 모태에서부터 성령충만을 받을 것입니다. 큰 인물이 된다는 것은, 보통 세상에서 이야기하는 위대한 사람이 되는 것과는 거리가 멉니다. 사람이 볼 때는 오히려 작은 자인지도 모릅니다. 그의 위대함은 그가 수행할 사명에 있습니다. 사명이 그를 위대한 사람으로 만듭니다. 그가 와서 행할 사역이 예언서에 나옵니다. 그가 이스라엘 자손을 하나님께로 많이 돌아오게할 것입니다. 그리고 엘리야의 심령과 능력으로 아버지의 마음을 자식에게 돌아오게 할 것입니다. 또한 말라기에 엘리야가 먼저 오리라는 예언 말씀이 기록된 것처럼 광야의 외치는 소리로 올 것입니다. 그는 거스르는 자를 의인의 슬기에 돌아오게 하고, 주를 위하여 세운 백성을 준비시킬 것입니다. 세례요한은 특별한 기적을 행하지 않았지만, 말씀과 삶의 힘으로써 사람들을 이끌었습니다. 그는 하나님을 백성에게, 백성은 하나님께 돌아오게 하였습니다.

"주 앞에" 큰 자며, "주 앞에" 먼저 와서, "주를 위하여" 준비하리라고 합니다.

그래서 "주"가 누구인가에 대해 궁금증이 생깁니다. 누가 이렇게 훌륭한 사람에 의해 준비된다는 말입니까? 주는 얼마나 더 위대한 인물입니까? 세례요한의 이야기에서도 주인공은 여전히 '그리스도 예수'입니다. 요한의 삶은 예수님과 연관 지을 때 의미가 있습니다. 요한이 누구인지를 알려면 예수님을 알아야만 합니다.

NOTE 3

주께서 나를 돌보시는 날에

18사가랴가 천사에게 이르되 내가 이것을 어떻게 알리요 내가 늙고 아내도 나이가 많으니 이다 19천사가 대답하여 이르되 나는 하나님 앞에 서 있는 가브리엘이라 이 좋은 소식을 전하여 네게 말하라고 보내심을 받았노라 20보라 이 일이 되는 날까지 네가 말 못하는 자 가 되어 능히 말을 못하리니 이는 네가 내 말을 믿지 아니함이거니와 때가 이르면 내 말이 이루어지리라 하더라 21백성들이 사가랴를 기다리며 그가 성전 안에서 지체함을 이상히 여기더라 22그가 나와서 그들에게 말을 못하니 백성들이 그가 성전 안에서 환상을 본 줄 알았더라 그가 몸짓으로 뜻을 표시하며 그냥 말 못하는 대로 있더니 23그 직무의 날이 다 되매 집으로 돌아가니라 24이 후에 그의 아내 엘리사벳이 잉태하고 다섯 달 동안 숨어 있 으며 이르되 25주께서 나를 돌보시는 날에 사람들 앞에서 내 부끄러움을 없게 하시려고 이렇게 행하심이라 하더라(눅 1:18-25)

사가랴는 너무 기쁜 소식에도 불구하고, 이를 이해할 수 없다며 불가능한 조건을 나열합니다. "내가 늙고 아내도 나이가 많나이 다." 인간의 불리한 환경에도 불구하고 하나님의 능력은 반드시 나 타납니다. 그것이 어려운 조건일수록 더욱 크신 하나님을 경험하 게 됩니다. 인간의 조건은 어렵기 때문에 더욱 하나님의 역사인 것 을 확신하게 됩니다. 하나님은 이 땅에 특별한 목적을 이루기 위해 하나님의 방법을 통해 사가랴의 가정에 아이를 보내는 것입니다.

천사는 사가랴에게 자신의 정체를 알려 주었으며, 하나님께로부터 좋은 소식을 전하기 위해 보냄 받은 것을 밝힙니다. 가브리엘은 아무런 설명도 없이, 때가 이르면 말한 것이 이루어지리라고 말합니다. 그리고 사가랴에게는 침묵의 기간이 주어집니다. 사람들은 사가랴가 이상을 본 것으로 생각했지만, 사가랴는 하나님의 말씀의 실제를 보았습니다. 그러나 엘리사벳은 요한을 잉태하고 하나님을 찬양합니다.

"주께서 나를 돌보시는 날에"
어느 한국 사람이 미국 엘에이에서 교통위반을 한 뒤 단속 경찰에게 걸렸는데, 영어를 할 줄 몰라 그냥 '한 번 봐달라'고 'look at me one time'이라고 말했습니다. 그랬더니, 그 경찰도 한국에서 미군으로 근무한 경험이 있는지라 'no soup'(국물도 없다.) 하더랍니다. 정말로 주님께서 나의 처지를 한 번만 돌아봐 주셨으면 좋겠습니다. 주님께서 우리를 돌아보시는 날에는 우리의 모든 것이 놀랍게 달라질 것입니다.

"사람들 앞에서 내 부끄러움을 없게 하시려고 이렇게 행하심이라."
엘리사벳은 아이를 갖지 못했던 여인이었지만, 그녀의 평생의 소원이 이루어지는 것입니다. 그동안 사람들에게 당했던 서러움이 한 번에 사라지는 것입니다. 엘리사벳의 서러움을 거두어 주시는 분은 주님밖에 없습니다. 엘리사벳의 노래는 한나의 노래 같고, 나중에 마리아의 찬가와 같습니다. 그래서 여인들은 위대합니다.

NOTE 4

하나님의 호의

26여섯째 달에 천사 가브리엘이 하나님의 보내심을 받아 갈릴리 나사렛이란 동네에 가서 27다윗의 자손 요셉이라 하는 사람과 약혼한 처녀에게 이르니 그 처녀의 이름은 마리아라 28그에게 들어가 이르되 은혜를 받은 자여 평안할지어다 주께서 너와 함께 하시도다 하니 29처녀가 그 말을 듣고 놀라 이런 인사가 어찌함인가 생각하매 30천사가 이르되 마리아여 무서워하지 말라 네가 하나님께 은혜를 입었느니라 31보라 네가 잉태하여 아들을 낳으리니 그 이름을 예수라 하라 32그가 큰 자가 되고 지극히 높으신 이의 아들이라 일컬어질 것이요 주 하나님께서 그 조상 다윗의 왕위를 그에게 주시리니 33영원히 야곱의 집을 왕으로 다스리실 것이며 그 나라가 무궁하리라(눅 1:26~33)

"여섯째 달에"

세례요한이 엘리사벳에게 임신된 지 여섯째 달입니다. 이번에도 가브리엘 천사가 활동을 전개합니다. 천사는 늙었지만 나름대로 신분이 있었던 예루살렘의 제사장 부인 엘리사벳과는 전혀 다른 배경을 가진, 갈릴리 나사렛의 정혼한 젊은 처녀인 마리아를 방문합니다.

"은혜를 받은 자여 평안할지어다."

하나님의 호의(God's favor)가 마리아에게 나타납니다. "은혜를 받은 자여", "은혜를 입었다.", "기뻐하심을 입은" 마리아를 호칭할 때마다 이와 같은 수식어가 따라붙습니다. 하나님께서 마리아를 마음에 두고 계셨습니다. 하나님과 마리아의 관계가 시작되었습니다. 은혜는 때로는 시련과 고통이라는 모진 모습을 띠고 옵니다. 하나님의 은혜의 실체는 하나님의 아들을 잉태하는 것입니다. 잉태의 소식이 엘리사벳에게는 기쁜 소식이 될지 모르지만, 마리아에게는 무서운 소식입니다. 처녀 마리아의 입장에서 은혜를 감당한다는 것은 목숨을 거는 일이 될 수도 있습니다. 그러나 하나님의 뜻이면 모든 것이 은혜가 됩니다.

"주께서 너와 함께 하시도다."
마리아가 받은 은총은 하나님 자신입니다. 구약에는 이런 말씀이 주로 남성 지도자들을 부를 때 주어졌습니다. 모세, 여호수아, 기드온, 다윗, 엘리야 같은 사람들에게 말입니다. 마리아처럼 시골의 처녀에게 이런 말씀이 주어지는 것은 정말 놀라운 일입니다.

천사를 통해 태어날 분에 대한 이름이 먼저 주어집니다. 예수.
그리고 그분의 직분과 사역이 소개됩니다. "저가 큰 자가 되고, 지극히 높으신 이의 아들이라 일컬어질 것이요", "주 하나님께서 그 조상 다윗의 왕위를 그에게 주시리니", "영원히 야곱의 집을 왕으로 다스릴 것이며 그 나라가 무궁하리라."

결국 마리아는 하나님의 아들을 양자로 삼게 됩니다. 우리가 하나님의 양자가 되기 위해 예수님은 마리아에게 양자가 되셨습니다. 마리아는 내 주의 어머니가 되셨습니다. 경이로운 창조의 장소는 이제 지구라는 땅이 아닌, 마리아의 몸에서 새 창조가 일어납니다. 동정녀 탄생은 하나님께서 새로운 방법으로 구원의 역사를 시작하심을 보여줍니다. 첫 번째 복음 전파자는 천사입니다. 우리는 천사가 전한 복음을 받은 것입니다. 이 복음을 우리가 전하면 우리는 인간 천사가 됩니다.

말씀대로 이루어지이다

34마리아가 천사에게 말하되 나는 남자를 알지 못하니 어찌 이 일이 있으리이까 35천사가 대답하여 이르되 성령이 네게 임하시고 지극히 높으신 이의 능력이 너를 덮으시리니 이러므로 나실 바 거룩한 이는 하나님의 아들이라 일컬어지리라 36보라 네 친족 엘리사벳도 늙어서 아들을 배었느니라 본래 임신하지 못한다고 알려진 이가 이미 여섯 달이 되었나니 37대저 하나님의 모든 말씀은 능하지 못하심이 없느니라 38마리아가 이르되 주의 여종이오니 말씀대로 내게 이루어지이다 하매 천사가 떠나가니라(눅 1:34-38)

"나는 남자를 알지 못하니 어찌 이 일이 있으리이까"

이 일은 인간의 지식과 경험으로 이해할 수 없는 일입니다. 동정녀 탄생을 받아드리기 가장 어려웠던 사람은 마리아 자신이었습니다. 예수님의 탄생은 성령을 통하여 하나님이 하신 일입니다.

성령님이 임하시고, 하나님의 능력이 임하여, 하나님의 아들(예수님)을 잉태하게 한다는 천사의 답변은 탄생에서 삼위일체이신 하나님의 역사를 드러내고 있습니다. 참으로 경이롭고도 신비로운 새로운 창조가 말씀의 예언대로(창 3:15, 사 7:14) 처녀의 몸 안에서 은밀하고 조용한 가운데 성 삼위일체이신 하나님의 역사로 이루어집니다. 처음에는 친족 엘리사벳의 기적적인 수태가 표증으로 제시되었습니다. 그러나 결국은 하나님의 말씀이 확증됩니다. "하나님의 모든 말씀은 능하지 못하심이 없느니라." 천사는 해명을 하거나 이성적인 방법을 동원하지 않고 하나님의 능력과 주권을 선언합니다. 이처럼 기쁜 소식에도 불구하고 천사의 말을 믿기 힘들어 했던 사가랴의 경우와는 달리, 마리아는 두렵고 받아들이기 어려운 소식에도 불구하고, "주의 여종이오니 말씀대로 내게 이루어지이다."하고 받아드립니다. 마리아는 말씀에 대한 전적인 순종으로써 모든 무장을 해제하고 자신의 몸을 내어드렸습니다. 마리아처럼 하나님께 "예"라고 대답하는 것이 헌신입니다.

이 대답은 파혼이나 죽음까지 초래할 수 있습니다. 마리아를 안다는 것은 하나님께 목숨을 바친 자를 아는 것입니다. 마리아는 전 존재로 예수님을 섬겼습니다. 마리아는 자기의 약혼자인 요셉의 아들이 아닌 아들을 낳는 것을 받아드린 것입니다. 마리아는 자신의 몸을 선물로 드렸습니다. 누군가 마리아에게 자신을 내 드린 이유를 묻는다면 "하나님을 믿습니다."라고 대답했을 것입니다. 그리고 그 대답은 마리아의 생애를 송두리째 바꾸었습니다. 이해 할 수 없는 것을 받아드린 그녀의 반응은 일시적인 동의가 아니라 평생의 순종이었습니다. 그녀는 이렇게 영원이 시간 속으로 들어오는 통로가 되었습니다. 그리고 가장 좋은 소식이 가장 힘든 소식이 되었습니다. 마리아는 그 누구보다도 많은 복과 많은 고통을 맛보게 되었습니다.

천사가 전한 소식을 이해 못하고 표증을 요구하는 사가랴는 벙어리가 된 반면, 하나님의 능력을 믿는 마리아는 칭송을 받게 됩니다.

영적친교

39이 때에 마리아가 일어나 빨리 산골로 가서 유대 한 동네에 이르러 40사가랴의 집에 들어가 엘리사벳에게 문안하니 41엘리사벳이 마리아가 문안함을 들으매 아이가 복중에서 뛰노는지라 엘리사벳이 성령의 충만함을 받아 42큰 소리로 불러 이르되 여자 중에 네가 복이 있으며 네 태중의 아이도 복이 있도다 43내 주의 어머니가 내게 나아오니 이 어찌 된 일인가 44보라 네 문안하는 소리가 내 귀에 들릴 때에 아이가 내 복중에서 기쁨으로 뛰놀았도다 45주께서 하신 말씀이 반드시 이루어지리라고 믿은 그 여자에게 복이 있도다
(눅 1:39-45)

마리아는 빨리 일어나 엘리사벳을 방문하기 위해 거의 80-90km의 길을 갑니다. 결혼하지 않은 여자에게 닥친 이 충격적인 사건은 혼자 감당하기에는 힘든 것이었습니다. 그렇기에 그와 비슷한 처지에 있던 사람의 조언이 필요합니다. 도움이 필요할 때 그것을 인정하며 "빨리" 도움을 찾아 나서는 것은 지혜로운 선택입니다. 사가랴의 집으로 달려가고 있는 마리아는 가는 동안 내내 반신반의했을 것입니다. '엘리사벳이 나를 이해해 줄까? 나를 받아줄까? 내 말을 믿어줄까?' 그러나 엘리사벳은 반갑게 마리아를 맞아주었고, 그녀의 복중에 있던 아이까지 기뻐하며 환대하였습니다. 이렇게 두 사람은 주어진 약속을 확증하고, 서로 연대하는 만남을

갖습니다. "지극히 높은 이의 선지자"의 어머니와 "지극히 높은 이의 아들"의 어머니가 서로 만납니다.

한 사람은 너무 늙었고, 다른 한 사람은 너무 어립니다. 한 사람은 아이 갖기를 무척 사모했고, 다른 사람은 전혀 기대하지 않았습니다. 한 사람은 제사장의 아내였고, 다른 사람은 목수와 정혼한 처녀입니다. 한 사람은 몸에 증거가 있었고, 다른 사람은 말씀으로만 받았습니다. 엘리사벳은 자신의 아들을 낳았고, 마리아는 하나님의 아들을 낳았습니다.

엘리사벳의 태에 있던 세례요한이 마리아의 태에 있는 예수님을 알아봅니다. 성령이 충만하여 복중에서 뛰놉니다. 이것이야말로 성령태교입니다. 믿음 안에서 확신과 축복을 나누는 것입니다. 엘리사벳은 자신의 태의 변화를 통하여 마리아를 축복합니다. "네가 복이 있으며 네 태중의 아이도 복이 있도다.", "내 주의 어머니가 내게 나아오니 이 어찌 된 일인가" 바로 세례요한의 주가 되는 예수님의 어머니가 왔다는 이야기입니다. 엘리사벳은 환대와 함께 마리아를 보고 기뻐하며, 축복하였습니다. 누군가 복된 사람이 되는 것은 복되다고 일컬어 줄 때입니다. 엘리사벳의 축복은 '이중 축복 선언'입니다. 그의 축복은 마리아뿐만이 아니라 태중의 예수를 향하고 있습니다. 현재의 사람과 그가 품고 있는 미래의 가능성에 대한 축복입니다. 얼마나 마리아가 힘을 얻었겠습니까? 마리아에게 엘리사벳이 있어서 감사합니다.

"보라 네 문안하는 소리가 내 귀에 들릴 때에 아이가 내 복중에서 기쁨으로 뛰놀았도다." 엘리사벳은 축복과 더불어 자신의 경험을 마리에게 말해줍니다. 소통과 공감을 이렇게 완벽하게 표현한 것은 없습니다. 이것은 태중의 세례 요한까지 움직이는 '공명'으로 발전합니다. "주께서 하신 말씀이 반드시 이루어지리라고 믿는 그 여자에게 복이 있도다"

마리아는 엘리사벳의 임신 후반기(6개월에서 9개월까지)를 육체적으로 도왔습니다. 그러면서 마리아는 엘리사벳에게 영적지도를 받았을 것입니다. 영적지도는 한 사람이 다른 사람을 도와 영적인 진실을 발견하고 그에 반응하도록 돕는 것입니다. 영적지도는 기도 안에 함께 머무는 느낌입니다. 그들의 대화는 기도처럼 느껴집니다. 사실 그들은 함께 기도하고 있었습니다. 마리아는 엘리사벳의 신앙적 지도와 도덕적 지지로 인해 정신적 안정을 얻었을 것입니다. 하나님의 뜻을 이루어가는 두 여인의 아름다운 동역을 보게 됩니다. 같은 처지에 있었기 때문에 그들은 서로 말이 통했습니다. 마리아는 엘리사벳과 삼개월간 함께 있다가 집으로 돌아갑니다.
당신은 어찌할 바를 모를 때 찾아갈 사람이 있나요? 당신은 그런 이유로 찾아온 사람을 진정으로 축복하며 환대해 본적이 있나요? 당신의 마리아, 당신의 엘리사벳은 누구인가요?

마리아의 찬가

46마리아가 이르되 내 영혼이 주를 찬양하며 47내 마음이 하나님 내 구주를 기뻐하였음은 48그의 여종의 비천함을 돌보셨음이라 보라 이제 후로는 만세에 나를 복이 있다 일컬으리로다 49능하신 이가 큰 일을 내게 행하셨으니 그 이름이 거룩하시며 50긍휼하심이 두려워하는 자에게 대대로 이르는도다 51그의 팔로 힘을 보이사 마음의 생각이 교만한 자들을 흩으셨고 52권세 있는 자를 그 위에서 내리치셨으며 비천한 자를 높이셨고 53주리는 자를 좋은 것으로 배불리셨으며 부자는 빈 손으로 보내셨도다 54그 종 이스라엘을 도우사 긍휼히 여기시고 기억하시되 55우리 조상에게 말씀하신 것과 같이 아브라함과 그 자손에게 영원히 하시리로다 하니라 56마리아가 석 달쯤 함께 있다가 집으로 돌아가니라 (눅 1:46~56)

영적 친교를 통해 새 힘을 얻어, 그것이 찬미로 흘러나옵니다. 마리아는 엘리사벳의 격려에 힘입어 놀라운 일을 행하신 하나님을 찬양합니다. 마리아가 두려움에서 벗어나 찬미의 노래로 넘어가는 과정에서 엘리사벳의 역할은 지대합니다. 단순히 받아들이는 것과 자발적으로 노래하는 것은 다른 차원입니다. 마리아는 한없이 낮은 자를 통하여 위대한 일을 이루시는 하나님을 선포합니다. 작은 자에게 해방과 자유를 주시는 하나님을 노래합니다.

"그의 여종의 비천함"을 돌아보신 하나님을 기쁨으로 찬양하니다. 마리아는 아마도 당시에 상류층 가문의 여자는 아니었을 것입니다. 어느 시골의 비천한 가문에 교육도 많이 받지 못한 가난한 소녀였을 것입니다. 그러나 그녀는 하나님이 찾고 계시던 여자였고, 하나님께 선택된 소녀였습니다. 무엇이 그녀를 그렇게 만들었을까요? 하나님은 무엇을 그녀에게서 보셨을까요? 사람들이 보는 것과 하나님이 보시는 것은 다릅니다. 마리아는 만세에 이르기까지 자신을 복되다고 할 미래를 내다보며 영광을 돌립니다. 하나님은 긍휼이 많으시며, 조상들에게 말씀하신 것을 이루시는 분임을 찬양합니다.

역시 하나님은 능력이 많으셔서 교만한 자를 흩으시고, 권세 있는 자를 그 위에서 내리치시고, 비천한 자를 높이시며, 주리는 자에게 좋은 것을 주시고, 부자는 빈손으로 보내시는, 상황을 역전시키는 하나님이심을 노래했습니다. 기쁨, 희망, 겸손, 승리, 약속을 노래합니다.

마리아는 하나님은 큰일을 행하시는 전능하신 분, 하나님은 말씀을 지키시는 자비로우신 분임을 노래합니다. 이 노래는 한나를 생각나게 합니다(삼상 2:1-10). 한나의 기도는 개인의 구원에서 이스라엘의 구원으로 나아갔고, 마리아의 노래는 이스라엘의 구원뿐만이 아니라, 온 인류의 구원으로 나아갑니다. 예수님의 구원은 개인에서 이스라엘로, 그리고 온 인류로 확장되어 나갑니다.

마리아의 찬가는 그녀가 더 이상 무기력한 여인이 아니라는 것을 보여줍니다. 앞에 나오던 마리아와는 다른, 강인한 마리아를 보여줍니다. 그녀는 순결한 소녀에서 믿음의 여인이 되고 있습니다. 사명은 사람을 크게 만듭니다. 마리아는 나라와 인류를 품은 여인이 됩니다. 마리아의 노래는 새로운 희망을 잉태한 여인의 노래입니다.

당신은 어떠한 순간에도 마리아처럼 노래할 수 있습니까? 하나님을 찬양할 때, 새 힘이 솟아나는 것을 경험하십니까?

이야기가 장차 어찌 될까?

57엘리사벳이 해산할 기한이 차서 아들을 낳으니 58이웃과 친족이 주께서 그를 크게 긍휼히 여기심을 듣고 함께 즐거워하더라 59팔 일이 되매 아이를 할례하러 와서 그 아버지의 이름을 따라 사가랴라 하고자 하더니 60그 어머니가 대답하여 이르되 아니라 요한이라 할 것이라 하매 61그들이 이르되 네 친족 중에 이 이름으로 이름한 이가 없다 하고 62그의 아버지께 몸짓하여 무엇으로 이름을 지으려 하는가 물으니 63그가 서판을 달라 하여 그 이름을 요한이라 쓰매 다 놀랍게 여기더라 64이에 그 입이 곧 열리고 혀가 풀리며 말을 하여 하나님을 찬송하니 65그 근처에 사는 자가 다 두려워하고 이 모든 말이 온 유대 산골에 두루 퍼지매 66듣는 사람이 다 이 말을 마음에 두며 이르되 이 아이가 장차 어찌 될까 하니 이는 주의 손이 그와 함께 하심이러라(눅 1:57-66)

"크게 긍휼히 여기심을 듣고 함께 즐거워 하더라"

세례요한의 출생은 누가복음 1장 14절의 예언대로 모두에게 큰 기쁨이었습니다. 누가복음 1장 25절 말씀처럼 엘리사벳의 부끄러움을 씻어주는 것이었습니다. 세례요한은 유대인의 율례에 따라 팔 일이 되어 할례를 받았습니다. 그는 구약의 마지막 선지자였습니다. 사가랴는 10개월 동안 벙어리로 지냈습니다.

세례요한의 이름을 짓는 과정이 나옵니다. 이 과정을 통해서 하나님의 사명과 응답을 확인하게 됩니다. 엘리사벳은 여기에서도 신령한 어머니인 것이 드러납니다. 친족들의 만류에도 불구하고, 아이를 "요한"이라고 이름을 지어야 한다고 합니다. 그리고 그녀는 아버지 사가랴의 의견을 묻기 위해 몸짓으로 물어보았습니다. 이에, 사가랴는 말을 하지 못하니 서판에 글을 써서 자신의 의사를 표명했습니다. 그는 누가복음 1장 13절에 천사를 통해 이미 주어졌던 이름 "요한"을 썼습니다. 이렇게 세례요한의 이름은 재확인되는 과정을 거칩니다. 요한의 이름이 중요했던 것은 그 이름에 사명이 담겨 있었기 때문입니다. 이와 같은 과정을 거친 후에 사가랴는 입이 열리고 혀가 풀려 말을 하여 하나님을 찬송하게 됩니다.

사가랴의 오랜 침묵, 그리고 요한의 탄생과 더불어 사가랴가 다시 말하게 되는 사건은 경이로운 표징이었습니다. 사람들은 자연히 "이 아기가 장차 어찌 될까?"라는 기대를 갖게 되었습니다. 그것은 모든 사람이 아이에게 하나님의 역사가 함께 함을 보았기 때문입니다.

사가랴의 찬가

67그 부친 사가랴가 성령의 충만함을 받아 예언하여 이르되 68찬송하리로다 주 이스라엘의 하나님이여 그 백성을 돌보사 속량하시며 69우리를 위하여 구원의 뿔을 그 종 다윗의 집에 일으키셨으니 70이것은 주께서 예로부터 거룩한 선지자의 입으로 말씀하신 바와 같이 71우리 원수에게서와 우리를 미워하는 모든 자의 손에서 구원하시는 일이라 72우리 조상을 긍휼히 여기시며 그 거룩한 언약을 기억하셨으니 73곧 우리 조상 아브라함에게 하신 맹세라 74우리가 원수의 손에서 건지심을 받고 75종신토록 주의 앞에서 성결과 의로 두려움이 없이 섬기게 하리라 하셨도다 76이 아이여 네가 지극히 높으신 이의 선지자라 일컬음을 받고 주 앞에 앞서 가서 그 길을 준비하여 77주의 백성에게 그 죄 사함으로 말미암는 구원을 알게 하리니 78이는 우리 하나님의 긍휼로 인함이라 이로써 돋는 해가 위로부터 우리에게 임하여 79어둠과 죽음의 그늘에 앉은 자에게 비치고 우리 발을 평강의 길로 인도하시리로다 하니라 80아이가 자라며 심령이 강하여지며 이스라엘에게 나타나는 날까지 빈 들에 있으니라(눅 1:67-80)

누가복음에는 노래가 많이 나옵니다. 오랜 침묵을 깨고 사가랴는 하나님을 찬송하며 성령의 충만함을 입어 예언을 하게 됩니다. 오랜 묵상이 이것을 가능하게 했을 것입니다. 이것은 마치 축도(benediction)에 가깝습니다. 성전 봉사를 마치고 나왔어야 할 축도가 오랜 침묵 끝에 터져 나왔던 것입니다.

"찬송하리로다."

백성을 돌보사 속량해 주시는 하나님을 찬송합니다. 백성을 위하여 구원의 뿔을 다윗의 집안에 일으키시는 것을 찬송합니다. 이것은 오래 전에 아브라함과 선지자들에게 언약하시고 말씀하신 바를 이루시는 것입니다.

그리고 세례요한의 사명이 나옵니다.

"종신토록 주의 앞에서 성결과 의로 두려움 없이 섬기게 하리라.", "지극히 높으신 이의 선지자", "주 앞에서 앞서 가며 그 길을 준비"할 것을 예언합니다. 세례요한의 삶에 있어서도 섬김의 주인공은 그리스도 예수님입니다. 세례요한은 예수님을 가리키는 손가락입니다. 요한의 삶은 그리스도와 연관을 지을 때 의미가 있는 것입니다. 요한이 누구인지를 알려면, 예수님을 생각해야 합니다. 세례요한의 사역은 예수님이 오시는 길을 닦는 사역입니다. 그는 예수님이 오시는 길을 예비하고, 사람들이 예수님께 가는 길을 준비합니다. 그 길을 통하여 참된 위로가 임하고, 참 자유와 죄사함의 구원의 은혜가 임합니다.

세례요한은 하나님의 긍휼로 죄에 빠진 자들을 구원하려 오시는 그리스도를 예비하고, 어둠과 죽음의 그늘에 앉은 자들에게 "돋는 해"(아나톨레)로 비추시는 주님을 알려주고, 평강의 길로 인도하는 자가 될 것입니다.

세례요한의 어린 시절이 누가복음 1장 80절 한 절에 함축적으로 나와 있습니다. 아이가 육체적으로 자라고, 마음과 영혼이 강하여집니다. 즉, 영과 혼과 육이 강건하게 구비되는 것입니다. 그는 이스라엘에 나타나는 날까지 빈들에 거합니다. 광야는 사람을 준비시키는 곳입니다.

NOTE 10

빈방없음

1그 때에 가이사 아구스도가 영을 내려 천하로 다 호적하라 하였으니 2이 호적은 구레뇨가 수리아 총독이 되었을 때에 처음 한 것이라 3모든 사람이 호적하러 각각 고향으로 돌아가매 4요셉도 다윗의 집 족속이므로 갈릴리 나사렛 동네에서 유대를 향하여 베들레헴이라 하는 다윗의 동네로 5그 약혼한 마리아와 함께 호적하러 올라가니 마리아가 이미 잉태하였더라 6거기 있을 그 때에 해산할 날이 차서 7첫아들을 낳아 강보로 싸서 구유에 뉘었으니 이는 여관에 있을 곳이 없음이러라(눅 2:1-7)

"가이사 아구스도가 영을 내려 천하로 다 호적하라"

누가복음은 로마제국의 정확한 시점과 지역의 실재적 역사 배경을 담고 있어서 신빙성을 더해 줍니다. 황제 가이사 아구스도, 수리아 총독 구레뇨와 같은 지체 높은 사람들이 나옵니다. 그리고 요셉과 마리아처럼 가난한 사람들도 나옵니다. 예수탄생은 가장 높은 곳에서 가장 낮은 곳까지 아우르는 사건입니다.

왜, 예수님은 하필 로마의 식민지로 전락한 약소민족에서 태어났습니까? 유대 베들레헴에 호적을 두고 있는 실향민의 가문에서 말입니다. 요셉과 마리아는 호적을 하러 만삭인 몸을 이끌고 그곳에 가야만 하는 힘없는 민중이었습니다. 고향에도 본거지가 없어 절박한 형편임에도 불구하고, 구유밖에 차지할 곳이 없는 가련한 부부였습니다. 그들은 아기가 태어나자마자 타국으로 피신부터 가야하는 가련한 처지였습니다.

아기를 호적하기 위해 갈릴리 나사렛 촌에 살던 요셉과 마리아가 다윗의 동네인 베들레헴에 갑니다. 이것은 미가 5장 2절의 예언의 말씀이 성취되기 위한 섭리입니다. 세상의 역사와 하나님과 사람이 동시에 한 장면에 소개되어 있습니다. 역사와 신비, 자연과 초자연이 조화를 이루며 나오고 있는 것입니다.

"해산할 날이 차서"는 하나님의 때인 '카이로스'입니다. 이는 초월이 공간으로, 영원이 시간으로 들어오는 계시의 때입니다. 그러나 인간 편에서는 준비가 되어 있지 않습니다. "여관에 있을 곳이 없음이러라." 태초부터 지금까지 하나님은 인간에게 거할 처소를 찾으시지만, 거할 곳이 없습니다. 주님께서 머리 둘 곳이 없습니다. "빈방 있어요?"라는 연극처럼, 우리의 가장 귀한 마음을 주님께 내어드려야 합니다.

강보에 싸여 누인 "구유"가 메시아 탄생의 표적이 됩니다. "구유"는 반복적으로 7절, 12절, 16절에 나옵니다. 구유는 예수님의 겸손과 낮아짐을 보여줍니다. 예수님의 탄생은 세상 왕들의 출생과 얼마나 다릅니까?

NOTE 11

온 백성에게 미칠 큰 기쁨의 좋은 소식

8그 지역에 목자들이 밤에 밖에서 자기 양 떼를 지키더니 9주의 사자가 곁에 서고 주의 영
광이 그들을 두루 비추매 크게 무서워하는지라 10천사가 이르되 무서워하지 말라 보라 내
가 온 백성에게 미칠 큰 기쁨의 좋은 소식을 너희에게 전하노라 11오늘 다윗의 동네에 너
희를 위하여 구주가 나셨으니 곧 그리스도 주시니라 12너희가 가서 강보에 싸여 구유에
뉘어 있는 아기를 보리니 이것이 너희에게 표적이니라 하더니 13홀연히 수많은 천군이 그
천사와 함께 하나님을 찬송하여 이르되 14지극히 높은 곳에서는 하나님께 영광이요 땅에
서는 하나님이 기뻐하신 사람들 중에 평화로다 하니라(눅 2:8-14)

가장 기쁜 좋은 소식이 가난한 목자들에게 제일 먼저 알려집니
다. 가난하고 낮은 자에게 복음이 먼저 전파된다는 말씀대로입니
다. 밤을 세워가며 자기 일에 충실한 자들에게 소식이 전달됩니다.
아니면, 당시 사람 가운데 유독 목자들만이 소식을 들을 귀를 가지
고 있었는지도 모릅니다. 그들은 안식일에도 회당에 갈 수 없었고,
종교의식에도 참여할 수 없었고, 율법에 대해서도 배울 기회가 없
었을 것입니다. 그러했던 그들이 천사들로부터 직접 메시지를 들
었습니다. 천사가 목자를 찾아간 것은 우연이 아니었을 것입니다.
아마도 그들이 메시아를 간절히 찾고 바랐기 때문인지 모릅니다.
그리고 온 백성에게 미칠 복음이 이들에게로부터 전달되기 시작합

니다. 여기에 어둠과 빛, 두려움과 기쁨이 상호 교차됩니다.

한 천사가 나타나 말씀을 전하더니, 이내 수많은 천군 천사들이 하나님을 찬양합니다. 누가복음에는 많은 찬송들이 담겨 있습니다. 마리아의 찬가(1:46-55), 사가랴의 찬송(1:68-79), 목자들의 찬송(2:20), 시므온의 찬송(2:29-32), 그리고 천사들의 합창입니다(2:14). 천사들의 합창은 예수님께서 천사들의 찬양을 받으시기에 합당하신 분임을 드러냅니다. 어떠한 위대한 자도 사람의 칭송은 받아도 하나님 앞에서 천사의 찬양을 받을 수 없습니다. 킹 제임스 버전(1611년)에는 "하늘에서는 하나님께 영광(Glory to God-in the highest), 땅에는 평화(Peace-on earth), 사람들에게는 선한 뜻"(Good will-towards men)으로 말씀이 기록되고 있습니다. 예수님의 탄생은 하늘, 땅, 인간, 모두에게 미치는 하나님의 역사입니다. 예수님이 이 땅에 오심으로 하나님과 인간, 인간과 자연, 인간과 인간의 관계가 새로워졌습니다. 우리 말 성경에는 두 가지로 대별하여 하나님께 영광, 땅에는 평화라고 기록하고 있습니다. 이는 하나님께 영광이 될 때, 땅에 평화가 임한다는 의미입니다. 다시 말하면 하나님께 영광을 돌리면 우리에게 평화가 임한다는 말씀입니다. 평화의 선결조건은 하나님께 영광을 돌리는 것입니다.

이루어진 일을 보자

15천사들이 떠나 하늘로 올라가니 목자가 서로 말하되 이제 베들레헴으로 가서 주께서 우리에게 알리신 바 이 이루어진 일을 보자 하고 16빨리 가서 마리아와 요셉과 구유에 누인 아기를 찾아서 17보고 천사가 자기들에게 이 아기에 대하여 말한 것을 전하니 18듣는 자가 다 목자들이 그들에게 말한 것들을 놀랍게 여기되 19마리아는 이 모든 말을 마음에 새기어 생각하니라 20목자들은 자기들에게 이르던 바와 같이 듣고 본 그 모든 것으로 인하여 하나님께 영광을 돌리고 찬송하며 돌아가니라(눅 2:15-20)

목자들은 놀라운 하나님의 은혜를 접한 감동이 있었고, 이 복된 소식을 지체하지 않고 확인하고 알려야 한다는 열정이 있었습니다.

천사들의 메시지와 합창을 들은 목자들은 그것을 듣는 것으로 끝내지 않았고 그 이루신 일을 직접 보고자 메시아를 찾아 빨리 나섰습니다. 복음은 듣고 믿고 행동하는 것입니다. 이것이 성탄 메시지와 찬양을 듣는 바른 태도입니다. 우리도 예배당에서 기쁜 소식을 듣게 될 때, 그저 듣는 것으로 끝나서는 안 됩니다. 실재로 삶의 현장으로 찾아 들어가 말씀대로 행할 때에만 말씀의 실체이시며 찬양의 주체이신 예수님을 직접 보고 경험할 수 있습니다. 목자들은 직접가서 이루어진 것을 보았고, 그들이 천사에게 들은 것과 직접 본 것을 전합니다.

목자들은 동방박사들처럼 어떤 선물을 준비할 경황도 없었습니다. 그러나 최고의 선물은 선포된 말씀을 믿는 것입니다. 그들의 선물은 마리아와 요셉에게 천사가 전한 좋은 소식을 전하는 것입니다. 그들의 선물은 무형의 것이었습니다. 그것은 신뢰, 순종, 증언, 경배, 찬양입니다. 목자들은 천사가 아이에 대하여 말한 바를 전함으로써 마리아와 요셉에게 다시 확신을 주었습니다. 우리가 이미 아는 사실일지라도 다른 사람을 통하여 듣게 될 때, 우리는 확신을 얻습니다. 사람들은 그 소식을 놀랍게 여겼지만, 마리아는 그 말을 마음에 새겼습니다. 이것은 마리아를 위한 증거입니다. 우리는 때때로 선한 일에도 재확인(reconformation)이 필요합니다. 엘리사벳, 목자들, 그리고 시므온과 안나 선지자까지 증언은 계속됩니다. 이 얼마나 마리아에게 큰 힘과 위로, 그리고 소망이 되었겠습니까?

그런 다음, 천사들의 합창은 이제 목자들의 합창이 됩니다. 천사들이 부른 똑 같은 노래를 자신들의 입으로 부르게 됩니다. 천사들의 노래가 자신들의 고백이 됩니다. "하나님께 영광을 돌리고 찬송하며 돌아가니라." 구원의 복된 소식을 접하기 전 목자들은 철저히 소외된 자들이었습니다. 고독과 두려움, 아픔과 불확실한 미래 때문에 소망이 없었던 자들입니다. 그러나 그들이 예수님을 만날 때, 깊은 영혼의 울림이 찬양으로 울려 퍼지게 되었습니다. 그들은 믿음을 가지고 앞으로 나아갔습니다. 그들은 지체하지 않고 행동하였습니다. 그들은 받은 은혜를 나누었습니다. 그들은 찬양하며 일상으로 돌아갔습니다. 그들은 이 경험 때문에 이전과는 다른 삶을 살게 되었습니다.

이 노래는 소리 없이 전파되어 지금도 지구상을 떠돕니다. 예수님이 예루살렘에 입성하실 때, 무리들은 "찬송하리로다. 주의 이름으로 오시는 왕이여! 하늘에는 평화요 가장 높은 곳에는 영광이로다."(눅 19:38)라고 했습니다. 이 역시 천사들이 부른 합창의 메아리(echo)였습니다.

이방을 비추는 빛

21할례할 팔 일이 되매 그 이름을 예수라 하니 곧 잉태하기 전에 천사가 일컬은 바러라 22모세의 법대로 정결예식의 날이 차매 아기를 데리고 예루살렘에 올라가니 23이는 주의 율법에 쓴 바 첫 태에 처음 난 남자마다 주의 거룩한 자라 하리라 한 대로 아기를 주께 드리고 24또 주의 율법에 말씀하신 대로 산비둘기 한 쌍이나 혹은 어린 집비둘기 둘로 제사하려 함이더라 25예루살렘에 시므온이라 하는 사람이 있으니 이 사람은 의롭고 경건하여 이스라엘의 위로를 기다리는 자라 성령이 그 위에 계시더라 26그가 주의 그리스도를 보기 전에는 죽지 아니하리라 하는 성령의 지시를 받았더니 27성령의 감동으로 성전에 들어가매 마침 부모가 율법의 관례대로 행하고자 하여 그 아기 예수를 데리고 오는지라 28시므온이 아기를 안고 하나님을 찬송하여 이르되 29주재여 이제는 말씀하신 대로 종을 평안히 놓아 주시는도다 30내 눈이 주의 구원을 보았사오니 31이는 만민 앞에 예비하신 것이요 32이방을 비추는 빛이요 주의 백성 이스라엘의 영광이니이다 하니 33그의 부모가 그에 대한 말들을 놀랍게 여기더라(눅 2:21-33)

예수님은 태어 난지 팔 일만에 할례를 받았고 천사가 잉태하기 전에 알려준 대로 그 이름이 불렸습니다. 여기까지는 세례요한의 경우와 비슷한 과정임을 알 수 있습니다.

40일이 지나 경건한 예수님의 부모들은 아기에게 정결례를 행하기 위하여 예루살렘에 올라갑니다. 그들은 예물로써 어린양을 드릴 형편이 되지 않아 가난한 자들이 드리는 비둘기 둘을 받쳤습니다. 예수님이 가난하게 되신 것은 무엇을 의미합니까? "부요하신 자로서 너희를 위하여 가난하게 되심은 그의 가난함을 인하여 너희로 부요케 하려 하심이니라."(고후 8:9) 그 가난은 우리를 대신하시는 가난이요, 우리를 부요케 하시는 가난입니다. 요셉의 가정은 가난했지만 믿는 가정의 모본을 보여줍니다.

"이스라엘의 위로"는 메시아가 오심으로써 얻게 되는 구원과 도움을 의미합니다. 이곳에서 메시아를 기다리며 평생을 살던 시므온과 안나를 통해 예언의 말씀을 듣습니다. 이것은 앞으로 펼쳐질 예수님의 삶의 지평을 보여줍니다. 누가복음 2장에는 메시아를 대망하던 의롭고 경건한 사람 시므온이 나옵니다. 성령이 그의 위에 있고, 성령의 지시를 받고, 성령의 감동을 받아 예수님을 알아봅니다. "이제는 놓아주시는 도다"로 시작되는 시므온의 찬양이 나옵니다. 그에게 늙고 고달픈 인생을 이어가는 유일한 사명은 메시아가 오시는 것을 고대하는 것입니다. 그 일이 이루어졌으므로 그가 죽어도 여한이 없다는 것입니다. 이제는 평안히 죽을 수 있다는 것입니다. 세례요한은 행동으로 예수님의 길을 예비하였다면, 시므온은 찬양으로 예언하고 있습니다. 주님의 구원과 빛과 영광이 이스라엘뿐만 아니라 이방과 만민에게 나타남을 찬양합니다. 그런 영광스러운 약속을 볼 수 있게 하신 하나님께 감사합니다.

말씀의 진정성

34시므온이 그들에게 축복하고 그의 어머니 마리아에게 말하여 이르되 보라 이는 이스라엘 중 많은 사람을 패하거나 흥하게 하며 비방을 받는 표적이 되기 위하여 세움을 받았고 35또 칼이 네 마음을 찌르듯 하리니 이는 여러 사람의 마음의 생각을 드러내려 함이니라 하더라 36또 아셀 지파 바누엘의 딸 안나라 하는 선지자가 있어 나이가 매우 많았더라 그가 결혼한 후 일곱 해 동안 남편과 함께 살다가 37과부가 되고 팔십사 세가 되었더라 이 사람이 성전을 떠나지 아니하고 주야로 금식하며 기도함으로 섬기더니 38마침 이 때에 나아와서 하나님께 감사하고 예루살렘의 속량을 바라는 모든 사람에게 그에 대하여 말하니라 39주의 율법을 따라 모든 일을 마치고 갈릴리로 돌아가 본 동네 나사렛에 이르니라 40아기가 자라며 강하여지고 지혜가 충만하며 하나님의 은혜가 그의 위에 있더라

(눅 2:34-40)

　　오늘 말씀에는 요셉과 마리아, 아기 예수 그리고 시므온과 안나 선지자가 나옵니다. 아이와 젊은 부부, 남녀 노인들이 나오는 것입니다. 간단하게 말하면 삼대에 걸쳐 있는 사람들이 나오는 것입니다. 여기에 믿음의 공동체가 가져야 하는 모습과 역할이 나와 있습니다. 말씀의 저자는 신앙의 전통을 이어 가는 것을 설명하면서 예수님 사역의 전통성을 부각시키고 있습니다.

　　안나 선지자에 대해서는 개인에 대한 설명이 실제 전한 말보다

더 자세하고 길게 소개되어 있습니다. 왜 그럴까요? 말씀도 중요하지만 누가 말씀을 전하느냐가 중요하기 때문입니다. 같은 말씀이라도 전하는 사람에 따라 무게가 달라지기 때문입니다. 전하는 사람에 대한 신뢰도가 그가 전한 말씀의 진정성에 영향을 크게 미치기 때문입니다. 안나는 결혼한 지 7년 만에 과부가 되어 84세가 다 되도록 성전에서 주야로 금식하며, 기도로서 섬기던 사람이었습니다. 그 분의 증언이 참되다는 것은 두말할 필요가 없습니다. 저는 오랫동안 기도하며 하나님 앞에 신실하게 생활하는 분들의 말씀을 듣고 싶습니다. 그리고 저도 그러한 증인이 되기를 기도합니다. 시므온과 안나, 이들의 증언이 마리아에게 기왕에 가지고 있었던 확신에 확신을 더해 주었을 것입니다. 교회는 이렇게 서로를 지지해 주고 세우는 공동체가 되어야 합니다.

잃기는 쉬워도 찾기는 어렵다

41그의 부모가 해마다 유월절이 되면 예루살렘으로 가더니 42예수께서 열두 살 되었을 때에 그들이 이 절기의 관례를 따라 올라갔다가 43그 날들을 마치고 돌아갈 때에 아이 예수는 예루살렘에 머무셨더라 그 부모는 이를 알지 못하고 44동행 중에 있는 줄로 생각하고 하룻길을 간 후 친족과 아는 자 중에서 찾되 45만나지 못하매 찾으면서 예루살렘에 돌아갔더니 46사흘 후에 성전에서 만난즉 그가 선생들 중에 앉으사 그들에게 듣기도 하시며 묻기도 하시니 47듣는 자가 다 그 지혜와 대답을 놀랍게 여기더라 48그의 부모가 보고 놀라며 그의 어머니는 이르되 아이야 어찌하여 우리에게 이렇게 하였느냐 보라 네 아버지와 내가 근심하여 너를 찾았노라 49예수께서 이르시되 어찌하여 나를 찾으셨나이까 내가 내 아버지 집에 있어야 될 줄을 알지 못하셨나이까 하시니 50그 부모가 그가 하신 말씀을 깨닫지 못하더라 51예수께서 함께 내려가사 나사렛에 이르러 순종하여 받드시더라 그 어머니는 이 모든 말을 마음에 두니라 52예수는 지혜와 키가 자라가며 하나님과 사람에게 더욱 사랑스러워 가시더라(눅 2:41–52)

사람마다 유년의 추억이 있을 것입니다. 예수님의 어린 시절 사건에서 마리아가 잊을 수 없었던 것은 무엇일까요? 그것은 아마도 예수님을 잃었던 일일 것입니다. 12살 소년 예수는 처음으로 유월절 행사에 참가하기 위해 부모님과 함께 예루살렘에 갔었습니다. 부모들은 예수가 "동행중에 있는 줄로 생각하고" 하루 길을 걸어갔습니다. 그들이 집에 가는 길의 절반을 갔을 때인지는 모르지만, 그 때에 예수님이 없는 것을 알게 되었습니다. 정말 어처구니없는 일입니다. 우리가 예수님을 우리 마음속에서 상실하는 것은 대부분 이렇게 타성에 젖어 기본적인 것을 확인하지 않고 당연시 여기는 것으로부터 발생합니다. 그래서 믿음생활의 기본 자세가 중요합니다. 그것은 하나님의 임재에 대한 확인입니다.

예수님을 잃고 지낸 시간동안 마리아와 요셉은 얼마나 당황하고 힘들었겠습니까? 아이를 하루사이에 잃어버렸는데, 찾기까지 사흘이 걸렸습니다. 예수님을 상실하고 가는 길은 다시 돌아와야 하는 길입니다. 마음도 불안하지만 시간, 물질 모두 낭비하는 길입니다. 그리고 잃기는 쉬워도 찾기는 세 배나 어렵습니다. 더구나 예수님을 잃고도 아는 자들 중에서 찾을 생각을 했지, 성전으로 곧바로 돌아올 생각을 못했습니다. 예수님은 너무나 당연하다시피 "어찌하여 나를 찾으셨나이까? 내가 내 아버지 집에 있어야 될 줄을 알지 못하셨나이까?"하고 반문하였습니다. 많은 복선이 깔려있는 말씀입니다. 그러나 이 말씀은 혹시 우리가 예수님을 잃어버리게 되는 경우가 있더라도 사람에게서 그 분을 찾으려고 하지 말고, 성전으로 곧 바로 예수님을 찾으러 오라는 말씀입니다. 이는 성전에서 예수님을 믿는 믿음을 다시 회복할 수 있다는 말씀입니다. 그래서 우리는 다시 하나님의 집을 향하여 발길을 옮겨야 합니다. 하나님의 성전으로 예수님을 찾으러 함께 갑시다.

NOTE 16

빈들에서 요한에게 임했다

1디베료 황제가 통치한 지 열다섯 해 곧 본디오 빌라도가 유대의 총독으로, 헤롯이 갈릴리의 분봉 왕으로, 그 동생 빌립이 이두래와 드라고닛 지방의 분봉 왕으로, 루사니아가 아빌레네의 분봉 왕으로, 2안나스와 가야바가 대제사장으로 있을 때에 하나님의 말씀이 빈 들에서 사가랴의 아들 요한에게 임한지라 3요한이 요단 강 부근 각처에 와서 죄 사함을 받게 하는 회개의 세례를 전파하니 4선지자 이사야의 책에 쓴 바 광야에서 외치는 자의 소리가 있어 이르되 너희는 주의 길을 준비하라 그의 오실 길을 곧게 하라 5모든 골짜기가 메워지고 모든 산과 작은 산이 낮아지고 굽은 것이 곧아지고 험한 길이 평탄하여질 것이요 6모든 육체가 하나님의 구원하심을 보리라 함과 같으니라(눅 3:1-6)

세례요한의 마지막 사역은 예수님의 사역의 시작과 맞물려 있었습니다. 본문은 특별히 이와 관련하여 정치적, 종교적 배경을 밝히고 있는데, 로마 황제 티베리우스, 유대 총독 본디오 빌라도, 갈릴리 분봉왕 헤롯, 대제사장 안나스와 가야바 같은 정치, 종교 지도자들의 이름이 나와 있습니다. 그런데 특이한 점은 하나님의 말씀이 왕궁이나 당시의 성전에서 들리지 않았고, 황제나 총독이나 왕이나 대제사장 같은 권위 있는 사람들에게 임하지 않았고, 빈들에서 요한에게 임했다는 것입니다.

"하나님의 말씀이 빈들에서 사가랴의 아들 요한에게 임한지라" 누가복음에는 하나님의 말씀이 들리는 공간과 하나님의 말씀을 받은 사람이 소개되어 있습니다. '빈들'은 바람에 갈대가 흔들리는 소리 외에는 아무 것도 들리지 않는 적막한 장소입니다. 그곳에서 홀로 있는 시간을 가진 자만이 하나님의 음성을 들었습니다. 하나님은 세상이 주는 직책이나 서열을 따라 말씀을 주시지 않았습니다. 진심으로 하나님의 음성에 귀 기울이는 사람에게 말씀하셨습니다. 이들 가운데 누가 진정으로 권위 있는 자입니까? 바로 하나님의 말씀을 받은 자가 진정 권위 있는 자입니다. 세례요한은 '광야에서 외치는 자의 소리'로서 구약의 마지막 예언자처럼 말하고 있습니다. 이사야의 예언과 같이, 그는 메시아의 오실 길을 닦고 있습니다. 어디에서 나아왔는지 사람들은 각 지역에서 자발적으로 그에게 나아와 말씀 앞에서 자신을 깨뜨립니다. 그가 하는 일은 지금으로 말하면 고속도로를 놓는 것과 같았습니다. 골짜기는 메우고, 산은 낮추고, 굽은 것은 곧게, 험한 것은 평탄하게. 그는 성을 쌓는 사람이 아니라 길을 놓는 사람이었습니다.

NOTE 17

우리가 무엇을 하리이까?

7요한이 세례 받으러 나아오는 무리에게 이르되 독사의 자식들아 누가 너희에게 일러 장차 올 진노를 피하라 하더냐 8그러므로 회개에 합당한 열매를 맺고 속으로 아브라함이 우리 조상이라 말하지 말라 내가 너희에게 이르노니 하나님이 능히 이 돌들로도 아브라함의 자손이 되게 하시리라 9이미 도끼가 나무 뿌리에 놓였으니 좋은 열매 맺지 아니하는 나무마다 찍혀 불에 던져지리라 10무리가 물어 이르되 그러면 우리가 무엇을 하리이까 11대답하여 이르되 옷 두 벌 있는 자는 옷 없는 자에게 나눠 줄 것이요 먹을 것이 있는 자도 그렇게 할 것이니라 하고 12세리들도 세례를 받고자 하여 와서 이르되 선생이여 우리는 무엇을 하리이까 하매 13이르되 부과된 것 외에는 거두지 말라 하고 14군인들도 물어 이르되 우리는 무엇을 하리이까 하매 이르되 사람에게서 강탈하지 말며 거짓으로 고발하지 말고 받는 급료를 족한 줄로 알라 하니라(눅 3:7-14)

세례요한은 선지자답게 강한 어조로 말씀을 듣기 위해 광야로까지 나아온 사람들을 다그쳤습니다. 먼저 그들이 내세우는 것들을 여지없이 무너뜨렸습니다. 그들은 자신들이 하나님의 자녀요, 아브라함의 후손이란 자부심이 있었습니다. 그런데, 요한은 그들에게 "독사의 자식들아"(사탄의 자식들아)라고 부르면서 하나님이 돌들로도 얼마든지 아브라함의 자손을 만들 수 있다고 했습니다. 그리고 말만의 믿음과 말만의 회개는 소용이 없고, 회개에 합당한 열매를 맺으라고 했습니다. 그리고 심판이 임박했다는 경고도 확인했습니다. 이 말씀을 들은 사람들은 어떻게 반응을 하였습니까? 거기에는 세 부류의 사람들이 있었는데, 모두 동일한 반응을 보였습니다.

　무리들도, 세리들도, 군인들도 세례요한에게 "우리가 무엇을 하리이까?"하고 물었습니다. 그래서 각각의 처방을 받았습니다. 우리가 말씀을 읽을 때, 우리가 설교를 들을 때, 우리가 기도를 드릴 때, 이런 물음이 있어야 된다고 믿습니다. "하나님, 저에게 무엇을 원하십니까?", "하나님, 제가 어떻게 살아야 되겠습니까?" 그래야 말씀이 우리의 삶 가운데 적용되고, 삶이 바뀔 것입니다. 각각에게 구체적으로 주어질 말씀은 다르겠지만 하나님을 향한 우리의 질문은 같아야 된다고 믿습니다. "하나님 오늘 저에게 무엇을 원하십니까? 주님 말씀 하소서, 제가 순종하겠나이다."

표류냐? 항해냐?

15백성들이 바라고 기다리므로 모든 사람들이 요한을 혹 그리스도신가 심중에 생각하니 16요한이 모든 사람에게 대답하여 이르되 나는 물로 너희에게 세례를 베풀거니와 나보다 능력이 많으신 이가 오시나니 나는 그의 신발끈을 풀기도 감당하지 못하겠노라 그는 성령과 불로 너희에게 세례를 베푸실 것이요 17손에 키를 들고 자기의 타작 마당을 정하게 하사 알곡은 모아 곳간에 들이고 쭉정이는 꺼지지 않는 불에 태우시리라(눅 3:15-17)

저는 청년들과 함께 중국 단기선교를 갔다가 백두산을 가는 길에 천지연에서 흘러내려 오는 강물에서 '래프팅'이라는 것을 해 보았습니다. 그곳에서는 그것을 '표류'라고 불렀습니다. 거센 강물이 흐르는 방향으로 보트에 몸을 맡기고 마냥 흘러가는 것입니다. 표류하는 것은 항해하는 것과는 다릅니다. 항해하는 것은 무엇입니까? 원하는 목적지를 향하여 바람이나 동력을 이용하여 나아가는 것입니다. 만약에 연어가 물을 거슬러 일정한 방향으로 나아간다면 살아 있는 것이고, 물에 표류하여 떠내려간다면 죽거나 연약한 연어일 것입니다. 인생은 표류하는 것이 아니라 항해하는 것입니다. 우리는 목적 없이 시류에 떠내려가는 표류하는 인생이 아니라 위에서 부르시는 부름을 따라 항해하는 인생입니다.

고든 맥도날드는 이와 같은 인물로서 내면의 질서가 확실하게 잡혀 있었던 사람인 세례요한을 들었습니다. 세례요한은 분명한 자기 정체성을 가지고 있었습니다. 자기가 누구인지를 잘 알고 있었습니다. 세상에서 자기가 누구인지 알고, 자신의 인생을 사는 사람은 그렇게 많지 않습니다.『어느 세일즈맨의 죽음』(Death of a Salesman)에서 윌리 로먼 부인은 남편의 묘비에 "그는 자기가 누구인지 몰랐다."라고 적고 있는데, 대부분의 사람은 그렇게 살다가 죽어갑니다. 그러기에 하나님의 천사는 야곱에게 "네 이름이 무엇이냐?"(창 32:27)라고 물었습니다. 바른 삶은 '자신을 아는 것'으로부터 시작됩니다. 세례요한은 자기가 그리스도가 아니며 '광야에서 외치는 자의 소리'라는 사실을 잘 알고 있었습니다. 그리고 자신의 사명도 잘 알고 있었습니다. 그의 사명은 메시아가 오시는 길을 예비하는 사명이었습니다. 그 목적이 그의 삶을 이끌어 갔습니다. 그는 부름 받은 삶을 살았습니다.

은혜받을자심판받을자

18또 그 밖에 여러 가지로 권하여 백성에게 좋은 소식을 전하였으나 19분봉 왕 헤롯은 그의 동생의 아내 헤로디아의 일과 또 자기가 행한 모든 악한 일로 말미암아 요한에게 책망을 받고 20그 위에 한 가지 악을 더하여 요한을 옥에 가두니라(눅 3:18-20)

세례요한이 전했던 동일한 메시지가 누구에게는 좋은 소식이 되고, 누구에게는 안 좋은 소식이 됩니까? 그것은 말씀 자체의 내용보다는 그 말씀을 받는 태도에 따라 달라진다고 보아야 합니다. 세례요한의 선지자적인 메시지에 많은 사람들은 자신의 죄를 자백하고 회개하며 세례를 받았습니다. 이들에게는 쓴 소리가 약이 된 그야말로 좋은 소식이었습니다. 반면, 권력자 헤롯은 동생의 아내 헤로디아를 취한 일과 그 밖의 많은 악한 일에 대하여 책망을 받고 오히려 마음을 완악하게 했습니다. 그는 회개하지 않았을 뿐 아니라, 그 위에 악을 더하여 세례요한을 감옥에 수감시켰습니다. 죄를 회개하기 보다는 죄를 책망하는 자의 입을 막기 위해 선지자의 메시지를 전했던 요한을 투옥시키고 결국은 그를 죽였습니다(눅 9:9).

이것은 성령을 훼방하는 죄입니다. 성령을 훼방하는 죄는 사함을 받지 못한다고 했는데, 이는 회개할 기회를 얻지 못하기 때문입니다. 하나님의 죄에 대한 책망의 메시지에 회개로 응답하는 사람은 은혜를 받지만 마음을 완악하게 하는 자는 심판을 받습니다. 사도행전에도 베드로의 설교와 스데반의 설교에 대한 반응이 나옵니다. 베드로의 설교를 듣고 "어찌할꼬" 가슴을 치며 회개하는 자들은 모두 나아와 예수님을 영접하고 죄사함의 세례를 받았습니다. 그러나 스데반의 말씀을 들은 청중들은 가슴이 찔렸으나, 오히려 돌을 들어 주님의 말씀을 전하는 스데반을 쳐서 죽였습니다. 같은 말씀이 주어져도 은혜 받을 자와 심판 받을 자의 반응은 이렇게 다릅니다. 세례요한은 이렇게 짧은 인생 동안 오로지 말씀을 전하다가 순교의 제물로 사라졌습니다. 그러나 그의 뒤를 이어 예수님의 사역이 시작됩니다. 하나님은 하나님의 사람이 세상을 떠나도 당신의 사역을 멈추지 않고 지속해 가십니다.

NOTE 20

예수님의 자의식

21백성이 다 세례를 받을새 예수도 세례를 받으시고 기도하실 때에 하늘이 열리며 22성령
이 비둘기 같은 형체로 그의 위에 강림하시더니 하늘로부터 소리가 나기를 너는 내 사랑
하는 아들이라 내가 너를 기뻐하노라 하시니라(눅 3:21-22)

예수님의 자의식은 언제 형성되었을까? 궁금하지만, 정확히 알
수가 없습니다. 그러나 공식적으로 하늘로부터 들리는 소리는 예
수님이 세례를 받으신 후 "너는 내 사랑하는 아들이라 내가 너를 기
뻐하노라"라는 음성을 들었을 때입니다. 예수님의 공생애 사역은
이러한 분명한 예수님의 정체성을 드러내는 것이었습니다. 이 음
성은 비단 예수님만을 위한 음성이 아니라고 봅니다. 우리의 내면
에 들리는 하나님의 음성입니다. "너는 내가 사랑하는 자요 내가
기뻐하는 자라" 우리는 이 음성에서 우리의 정체성을 찾지 않고 다
른 곳에서 들리는 소리에 귀를 기울입니다.

우리는 하나님의 음성이 아닌 세상의 소리를 들으려고 합니다.
아니 세상 소리가 더 크게 들립니다. "내가 하는 일이 곧 나다" 아

니면 "남들이 나에 대해 하는 말이 나다" 그것도 아니면 "내가 가진 것이 곧 나다"라고 생각하고 거기에 엄청난 에너지를 쓰고 있습니다. 그래서 지식을 더하고, 권력을 더하고, 명예를 더하고, 물질을 더하고, 향락을 더하지만, 결국은 죄와 유혹뿐이요, 참 된 안식이 없습니다. 인생의 가장 큰 유혹은 자기거부, 곧 자신의 참 존재를 회의하는 것입니다. 내가 무가치하고 사랑받지 못할 존재라고 생각하게 되면, 세상의 성공과 인기와 권세가 인생에서 추구해야 할 목적이 되어버립니다. 우리는 "너는 내 사랑하는 자요 내가 기뻐하는 자라"는 음성을 들어야 합니다. 이러한 자의식을 가지고 살아야 모든 것으로부터 참 자유를 얻을 수 있습니다. 하나님은 나의 무엇이 아닌 나 자체를 이렇게 불러주십니다. 이러한 음성을 듣기 위해, 우리가 성취해야 할 것은 아무 것도 없습니다. 그냥 주님의 음성을 믿음으로 받아드리면 됩니다.

예수님의 족보

23예수께서 가르치심을 시작하실 때에 삼십 세쯤 되시니라 사람들이 아는 대로는 요셉의 아들이니 요셉의 위는 헬리요 24그 위는 맛닷이요 그 위는 레위요 그 위는 멜기요 그 위는 얀나요 그 위는 요셉이요 25그 위는 맛다디아요 그 위는 아모스요 그 위는 나훔이요 그 위는 에슬리요 그 위는 낙개요 26그 위는 마앗이요 그 위는 맛다디아요 그 위는 서머인이요 그 위는 요섹이요 그 위는 요다요 27그 위는 요아난이요 그 위는 레사요 그 위는 스룹바벨이요 그 위는 스알디엘이요 그 위는 네리요 28그 위는 멜기요 그 위는 앗디요 그 위는 고삼이요 그 위는 엘마담이요 그 위는 에르요 29그 위는 예수요 그 위는 엘리에서요 그 위는 요림이요 그 위는 맛닷이요 그 위는 레위요 30그 위는 시므온이요 그 위는 유다요 그 위는 요셉이요 그 위는 요남이요 그 위는 엘리아김이요 31그 위는 멜레아요 그 위는 멘나요 그 위는 맛다다요 그 위는 나단이요 그 위는 다윗이요 32그 위는 이새요 그 위는 오벳이요 그 위는 보아스요 그 위는 살몬이요 그 위는 나손이요 33그 위는 아미나답이요 그 위는 아니요 그 위는 헤스론이요 그 위는 베레스요 그 위는 유다요 34그 위는 야곱이요 그 위는 이삭이요 그 위는 아브라함이요 그 위는 데라요 그 위는 나홀이요 35그 위는 스룩이요 그 위는 르우요 그 위는 벨렉이요 그 위는 헤버요 그 위는 살라요 36그 위는 가이난이요 그 위는 아박삿이요 그 위는 셈이요 그 위는 노아요 그 위는 레멕이요 37그 위는 므두셀라요 그 위는 에녹이요 그 위는 야렛이요 그 위는 마할랄렐이요 그 위는 가이난이요 38그 위는 에노스요 그 위는 셋이요 그 위는 아담이요 그 위는 하나님이시니라(눅 3:23–38)

마태복음과 같이 누가복음에도 예수님의 족보가 나와 있습니다. 족보는 예수님의 역사성을 잘 드러내는 것으로서 많은 사람들의 이름이 실명으로 기록되어 있습니다. 이것은 하나님의 언약의 역사이고, 많은 세대에 걸쳐 많은 사람들이 그 언약의 당사자인 것을 보여주는 것입니다. 족보에 거론 된 이름들은 그 대표들이라고 볼 수 있습니다. 이들 가운데는 보통 사람들도 많고, 족장들, 왕들도 있습니다. 마태복음은 아브라함에서부터 내려오는 하향식으로 "낳고", "낳고"로 반복하여 요셉과 예수에 이릅니다. 몇 명의 여자 이름도 나옵니다. 반면, 누가복음은 예수와 요셉으로부터 거슬러 올라가는 상향식 서술방법이 사용되었으며, "위로", "위로"가 반복되고 아담과 하나님에 이릅니다. 마태복음과 중복되는 이름도 있고, 다른 이름도 있고, 계중에는 잘 아는 사람의 이름도 꽤 있습니다.

그런데 두 기록을 비교해 보면, '같은 족보에 왜 이름이 다를까?'라는 의문도 생깁니다. 누가복음은 마리아의 계보를 따랐다고 말하는 학자도 있으나, 그것만을 가지고는 설명이 부족한 것 같습니다. 우선 예수님의 족보에 모든 사람의 이름이 다 포함되었다고 보기는 어렵습니다. 창세 이래로 예수님에 이르기까지의 족보가 누가복음 기준으로 85세대뿐이라고 단정 짓기는 어렵습니다. 마태복음은 아브라함의 자손으로서의 예수님을 말하고 있으므로 유대인들을 위한 복음의 성격이 강하고, 누가복음은 아담의 자손까지 거슬러 올라가 모든 인류를 위한 복음을 강조하고 있습니다. 족보는 뿌리의 중요성뿐만이 아니라, 예수님이 모든 세대, 모든 백성들을 위해 오신 '메시아'라는 것을 보여주는 것입니다.

NOTE 22

잘못된 가정

1예수께서 성령의 충만함을 입어 요단 강에서 돌아오사 광야에서 사십 일 동안 성령에게
이끌리시며 2마귀에게 시험을 받으시더라 이 모든 날에 아무 것도 잡수시지 아니하시니
날 수가 다하매 주리신지라 3마귀가 이르되 네가 만일 하나님의 아들이어든 이 돌들에게
명하여 떡이 되게 하라(눅 4:1-3)

"만일 하나님의 아들이어든… 돌을 떡이 되게 하라"

사탄은 항상 이렇게 잘못된 가정을 세워놓고 우리를 유혹합니다. 돌이 떡이 되게 하는 것과 하나님의 아들이 되는 것이 무슨 관련이 있습니까? 이는 아무 관련이 없습니다. 그러나 우리는 우리들 자신의 허영심과 불분명한 자기 정체성 때문에 이러한 시험에서 넘어집니다. 우리가 능력이 있거나, 업적을 세우거나, 탁월한 사람이 되어 하나님의 자녀가 되는 것이 아닙니다.

우리는 다시 한 번 하나님의 음성을 상기할 필요가 있습니다. "너는 사랑받는 내 아들이요 내 기뻐하는 자라." 이 하나님의 음성이 우리의 정체성입니다. 이 같은 확신이 유혹을 이길 수 있는 힘을

줍니다. 나는 있는 모습 그대로 하나님의 사랑받는 자녀이며, 하나님이 기뻐하시는 자입니다. 예수님은 돌을 떡으로 만들지 않아도 하나님의 아들이십니다. 더 이상 사탄의 속임수에 넘어가지 맙시다.

NOTE 23

할 수 있지만 하지 않는 것

3마귀가 이르되 네가 만일 하나님의 아들이어든 이 돌들에게 명하여 떡이 되게 하라 4예수께서 대답하시되 기록된 바 사람이 떡으로만 살 것이 아니라 하였느니라 5마귀가 또 예수를 이끌고 올라가서 순식간에 천하 만국을 보이며 6이르되 이 모든 권위와 그 영광을 내가 네게 주리라 이것은 내게 넘겨 준 것이므로 내가 원하는 자에게 주노라 7그러므로 네가 만일 내게 절하면 다 네 것이 되리라 8예수께서 대답하여 이르시되 기록된 바 주 너의 하나님께 경배하고 다만 그를 섬기라 하였느니라 9또 이끌고 예루살렘으로 가서 성전 꼭대기에 세우고 이르되 네가 만일 하나님의 아들이어든 여기서 뛰어내리라(눅 4:3-9)

예수님에게 다가 온 세 가지 시험은 당시 세 가지 사회적 배경을 반영하고 있습니다. 헬라적 시험으로 물질에 관한 것, 로마적 시험으로 권력에 관한 것, 유대적 시험으로 종교에 관한 것입니다. 사탄은 예수님이 하나님의 아들이라는 것을 알고 하는 시험입니다. 예수님의 능력을 알고 하는 시험입니다. "돌을 떡으로 만드는" 시험은 저에게는 시험이 되지 않습니다. 저는 죽었다 깨어나도 돌을 떡으로 만들 수가 없기 때문입니다. 예수님에게 이것이 유혹이 되는 것은 예수님은 그렇게 할 수 있는 능력을 가지고 있기 때문입니다. 그럼 이 시험의 요체는 무엇입니까? 하나님이 주신 능력을 자신의 목적을 위해 사용하라는 것입니다. 하나님이 주신 능력을 사유화하는 것입니다. 물질과 권세와 명예를 위해 하나님이 주신 은사들을 사용하라는 것입니다.

"공(公)의 사유화(私有化)" 우리는 이런 유혹을 받고 있습니다. 이런 유혹을 이기기 위해서는 '할 수 있지만 하지 않는 결단'이 필요합니다. 바울은 "모든 것이 가하나 모든 것이 유익한 것이 아니라고 했고, 할 수 있지만 그리스도와 복음을 위하여 그 권한을 내려놓겠다."라고 했습니다. 모든 분야에서 '할 수 있지만 하지 않는 윤리'가 더욱 필요한 시대입니다.

NOTE 24

인용과 적용

10기록되었으되 하나님이 너를 위하여 그 사자들을 명하사 너를 지키게 하시리라 하였고
11또한 그들이 손으로 너를 받들어 네 발이 돌에 부딪치지 않게 하시리라 하였느니라 12예
수께서 대답하여 이르시되 주 너의 하나님을 시험하지 말라 하였느니라(눅 4:10–12)

예수님은 당신의 말씀으로써 직접 사탄의 말을 반박할 수 있으
셨으나, "기록된 바"라고 하시면서 구약의 말씀인 신명기 8장 3절,
6장 13절, 6장 16절의 말씀으로서 시험을 이기셨습니다. 이것은
우리가 어떻게 시험을 이길 수 있는 가에 대한 모본을 보여주신 것
입니다. 우리에게 시험이 올 때 자신의 생각이나 경험을 따라서가
아니라, 하나님의 말씀으로 이겨야 한다는 것입니다. 그러기 위해
서는 말씀을 잘 알아야 하고, 말씀을 암송하고 있는 것이 중요합
니다.

그런데 세 번째 시험에는 사탄도 시편 91편 11절과 12절을 인
용하고 있습니다. 사탄도 자기의 목적을 위해서는 성경조차 인용
하는 것을 볼 수 있습니다. 그러므로 성경을 인용한다고 자동적으

로 믿음이 좋은 것은 아닙니다. 성경은 인용하는 것이 중요한 것이 아니라 적용하는 것이 중요합니다. 예수님은 말씀이 몸을 입고 나타나는 살아 있는 말씀이지만, 사탄은 능력없는 그냥 말만의 인용에 불과합니다. 성경을 인용하지 말고 적용해야 합니다. 말씀을 많이 알고 인용하는 것이 믿음이 좋은 것이 아니라, 한 말씀이라도 바로 알고 적용하는 것이 좋은 믿음입니다. 말씀을 적용하지 않고 인용만 하는 것은 "하나님을 시험하는 행위"입니다.

얼마동안

마귀가 모든 시험을 다 한 후에 얼마 동안 떠나니라(눅 4:13)

마귀가 예수님을 시험하고는 '얼마 동안' 떠났다고 했습니다. 그
것은 앞으로 다시 찾아 올 사탄의 공세에 대한 복선입니다. 이 후
에 예수님의 공생애에는 사탄의 역사도 계속되었습니다. 예수님
께서 십자가를 말씀하실 때, 사랑하는 세자 베드로가 그의 말을 통
해 예수님의 십자가를 만류할 때에도 사탄은 역사하고 있었습니
다. 예수님은 이를 영적 분별력으로 알아보셨고 "사탄아, 물러가
라 너는 나를 넘어지게 하는 자로다"라고 하셨습니다. 사탄은 예수
님이 십자가에 달리는 순간에도 "뛰어내리면 믿겠노라"라고 예수
님을 유혹하였습니다. 그러나 예수님은 십자가의 죽음을 통하여
하나님의 구원의 역사를 완성하셨습니다.

이처럼 예수님의 사역에는 하나님의 역사뿐만이 아닌 사탄의 역
사도 있었지만, 예수님이 계속 승리하셨습니다. 우리의 영적 싸움

은 우리가 세상을 사는 동안 계속됩니다. 시험에서 한 번 이겼다고 모든 시험이 끝나는 것이 아닙니다. 유혹은 모양을 달리하여 계속 우리에게 찾아듭니다. 그러므로 깨어 기도하면서 영적 싸움의 승리자가 되기 위해 하나님의 전신갑주로 무장을 해야 합니다.

NOTE 26

성령의 능력으로

14예수께서 성령의 능력으로 갈릴리에 돌아가시니 그 소문이 사방에 퍼졌고 15친히 그 여러 회당에서 가르치시매 뭇 사람에게 칭송을 받으시더라(눅 4:14-15)

예수님의 공생애가 시작되는 동안, 시험을 받으실 때와 마찬가지로 "성령"의 인도하심 따라 성령의 능력으로 사역을 시작하셨습니다. 예수님께서는 자신의 의지와 힘만으로도 얼마든지 사역을 하실 수 있으셨을 텐데, 성령의 인도하심을 따라 사역을 하셨다는 것에 주목해야 합니다. 예수님께서 육체로 거하셨기 때문에 성령의 능력을 힘입었을 수도 있지만, 이는 우리에게 어떻게 살아 갈 것인가를 가르쳐 주시는 것입니다.

새벽에 하루를 시작할 때 저는 기도합니다. "오늘도 성령님 안에서 행하게 하시고, 행할 일과 행할 힘을 주소서. 제가 축복하는 사람에게 복을 주시고, 제가 병자를 위해 기도할 때 치유되게 하시고, 제가 상담할 때에 문제가 해결되게 하소서. 성령의 영감을 주셔서 말씀을 잘 준비하게 하시고 만나는 사람마다 예수님의 사랑을 전파하게 하소서." 이 기도가 우리를 성령의 사람으로 만들어 줄 것입니다. 예수님께서 성령의 능력으로 가르치실 때, 사람들에게 칭송을 받으시고 예수님에 대한 좋은 소문이 사방으로 퍼져 나갔습니다.

NOTE 27

갈릴리에서

14예수께서 성령의 능력으로 갈릴리에 돌아가시니 그 소문이 사방에 퍼졌고 15친히 그 여러 회당에서 가르치시매 뭇 사람에게 칭송을 받으시더라(눅 4:14-15)

누가복음은 특별히 갈릴리 민중의 상황에 관심을 많이 두고 있습니다. 당시 예루살렘과 갈릴리는 많은 면에서 대조를 이루고 있었습니다. 예루살렘은 경제, 정치, 종교, 교육의 중심지로 소위 특권층의 사람들이 모여 살고 있는 곳입니다. 갈릴리는 소외된 지역으로 모든 면에서 낙후된 곳으로서 하층민들이 살고 있었습니다. 소작농들, 어부들, 양치기들, 장애인들… 이들이 모여 있는 곳에서 예수님의 사역이 시작되었다는 것은 특별한 의미가 있습니다. 갈릴리는 예수님 사역의 본거지였고, 사실 예수님은 공생애 대부분을 갈릴리 민중들과 보내셨습니다.

예수님의 삼중 사역인 '설교하시고, 가르치시고, 고치시는 사역'은 당시 갈릴리 상황과 무관하지 않습니다. 그들은 종교적, 교육적, 의료적 혜택으로부터 소외된 사람들이었습니다. 예루살렘에서 종교, 정치 지도자들에게 의해 고난을 받으신 예수님의 마지막 일 주일 수난 사건을 생각해 보십시오. 예수님의 사역에서 갈릴리와 예루살렘은 극명하게 대조되고 있습니다. 예수님께서 부활하신 후에도 제자들에게 갈릴리에서 만나자고 말씀하신 것은 이런 의미에서 특별한 의미를 가지고 있습니다. 당시의 하층민이 살았던 곳에서 예수님의 사역은 시작되었습니다. 예수님의 마음이 거기에 우선적으로 있었습니다. 우리도 그렇게 낮은 곳을 향해 내려가야 예수님을 만날 수 있습니다.

NOTE 28

사명선언

16예수께서 그 자라나신 곳 나사렛에 이르사 안식일에 늘 하시던 대로 회당에 들어가사 성경을 읽으려고 서시매 17선지자 이사야의 글을 드리거늘 책을 펴서 이렇게 기록된 데를 찾으시니 곧 18주의 성령이 내게 임하셨으니 이는 가난한 자에게 복음을 전하게 하시려고 내게 기름을 부으시고 나를 보내사 포로 된 자에게 자유를, 눈 먼 자에게 다시 보게 함을 전파하며 눌린 자를 자유롭게 하고 19주의 은혜의 해를 전파하게 하려 하심이라 하였더라 20책을 덮어 그 맡은 자에게 주시고 앉으시니 회당에 있는 자들이 다 주목하여 보더라 21 이에 예수께서 그들에게 말씀하시되 이 글이 오늘 너희 귀에 응하였느니라 하시니
(눅 4:16-21)

예수님께서는 회당에 들어가셔서 당시의 규례대로 성경을 낭독하셨는데, 이사야 61장 1절 이하의 말씀을 선택하셨습니다. 이 말씀은 메시아에 대한 예언의 말씀이었는데, 예수님께서는 이 말씀이 이제 성취되었다고 공포하셨습니다. 이것은 바로 예수님 자신의 사역을 의미합니다. 예수님께서는 말씀을 읽으심으로 메시아로서의 사명을 선언하신 것입니다. 다시 말해, 예수님의 사명선언문입니다. "주의 성령으로, 가난한 자에게 복음을, 포로 된 자에게 자유를, 눈 먼 자에게 다시 보게 함을, 눌린 자에게 자유를 주시는 은혜의 해를 전파하는 것"입니다. 가난한 자, 포로 된 자, 눈 먼 자,

눌린 자는 사회적 약자이며 은혜를 갈망하는 자입니다.

'은혜의 해'는 모든 것이 회복되고 돌아오는 희년의 은혜를 의미합니다. 물론 이사야 61장 2절 하반 절에 나오는 '하나님의 보복의 날'은 여기에서 생략되고 있습니다. 그것은 예수님의 재림에 해당되기 때문입니다. 예수님은 사역의 시작에서부터 사명을 분명히 하셨고, 그 사명의 목적이 이끄는 삶을 사셨습니다. 우리 중앙 교회의 사명은 "사람을 세우고, 세상을 구하는" 교회입니다. 그렇다면 "당신의 사명은 무엇입니까?" 사명이 분명해야 목적에 맞는 삶을 살 수 있습니다. 이 시간 나의 사명을 생각해 보고, 간단한 문장을 종이에 적어 늘 볼 수 있도록 붙혀 봅시다. 나의 사명선언은 삶의 나침반이 됩니다.

NOTE 29

아는 것이 병

22그들이 다 그를 증언하고 그 입으로 나오는 바 은혜로운 말을 놀랍게 여겨 이르되 이 사람이 요셉의 아들이 아니냐 23예수께서 그들에게 이르시되 너희가 반드시 의사야 너 자신을 고치라 하는 속담을 인용하여 내게 말하기를 우리가 들은 바 가버나움에서 행한 일을 네 고향 여기서도 행하라 하리라 24또 이르시되 내가 진실로 너희에게 이르노니 선지자가 고향에서는 환영을 받는 자가 없느니라(눅 4:22-24)

왜 아는 것이 유익이 되지 못하고 병이 될까요? 인간은 모든 것을 부분적으로 알면서 전체를 아는 것처럼 생각할 때가 많기 때문입니다. 인간에게 선입견이나 편견이 새로운 것을 받아들이는 데에 장애가 되는 경우가 많이 있습니다. 예수님은 누구신가에 대한 탐구에 있어서 고향 사람들은 '요셉의 아들'이라는 사실에서 한 발자국도 더 앞으로 나가지 못합니다. 이런 면에서 인간에게는 인식론적인 환대가 중요합니다. 이는 진리를 향하여 열린 마음을 갖는 것입니다. 마음을 열면 새로운 기회, 새로운 관계, 새로운 인식이 시작됩니다. 예수님께서는 이러한 문제점에 대해 당시의 속담을 인용하여 말씀하십니다. "의사야 네 자신을 고치라", "선지자가 고향에서는 환영받지 못한다."

NOTE 30

기도의 짝을 맞춘다

25내가 참으로 너희에게 이르노니 엘리야 시대에 하늘이 삼 년 육 개월간 닫히어 온 땅에 큰 흉년이 들었을 때에 이스라엘에 많은 과부가 있었으되 26엘리야가 그 중 한 사람에게 도 보내심을 받지 않고 오직 시돈 땅에 있는 사렙다의 한 과부에게 뿐이었으며 27또 선지 자 엘리사 때에 이스라엘에 많은 나병환자가 있었으되 그 중의 한 사람도 깨끗함을 얻지 못하고 오직 수리아 사람 나아만뿐이었느니라 28회당에 있는 자들이 이것을 듣고 다 크 게 화가 나서 29일어나 동네 밖으로 쫓아내어 그 동네가 건설된 산 낭떠러지까지 끌고 가 서 밀쳐 떨어뜨리고자 하되 30예수께서 그들 가운데로 지나서 가시니라(눅 4:25-30)

엘리야가 그릿시내에서 유대를 지나 이방 사르밧까지 갈 때에 얼마나 큰 기대를 하고 갔겠습니까? 하나님께서 엘리야를 그 먼 길로 보내실 때, 그릿시내에서 3년 반 동안의 고생을 끝낸 엘리야를 위로하시기 위해 믿음도 좋고 먹을 것도 풍부한 집으로 그를 보내실 것이란 기대가 왜 없었겠습니까? 그런데 우리가 알다시피 엘리야가 사르밧에서 만난 과부는 너무나 가난해서 그날 먹고 죽을 수밖에 없는 처지에 놓여 있던 여인이 아닙니까? 유대의 어떤 사람도 그 과부보다는 형편이 나았을 텐데, 왜 하나님은 엘리야를 그렇게 멀리 보내셨을까요? 저는 그 과부의 기도 때문이라고 봅니다. 그녀의 기도가 엘리야를 끌어당긴 것입니다. 결국 하나님께서는 엘리야의 필요를 그 과부를 통해 채워주시고, 그 과부의 필요는 엘리야를 통해 채워주십니다. 엘리야의 기도와 과부의 기도가 서로 만난 것입니다. 하나님은 이렇게 기도의 짝을 맞추어 주시고, 우리의 필요를 들어주십니다.

영적권위

31갈릴리의 가버나움 동네에 내려오사 안식일에 가르치시매 32그들이 그 가르치심에 놀라니 이는 그 말씀이 권위가 있음이러라 33회당에 더러운 귀신 들린 사람이 있어 크게 소리 질러 이르되 34아 나사렛 예수여 우리가 당신과 무슨 상관이 있나이까 우리를 멸하러 왔나이까 나는 당신이 누구인 줄 아노니 하나님의 거룩한 자니이다 35예수께서 꾸짖어 이르시되 잠잠하고 그 사람에게서 나오라 하시니 귀신이 그 사람을 무리 중에 넘어뜨리고 나오되 그 사람은 상하지 아니한지라 36다 놀라 서로 말하여 이르되 이 어떠한 말씀인고 권위와 능력으로 더러운 귀신을 명하매 나가는도다 하더라 37이에 예수의 소문이 그 근처 사방에 퍼지니라(눅 4:31-37)

지금 우리는 권위 붕괴의 시대에 살고 있습니다. 직책이나 지위가 가져다 주는 수직적인 권위는 점점 찾아 볼 수가 없습니다. 대통령, 사장, 선생님 심지어 부모까지도 자동적으로 권위를 인정받던 시대는 지났습니다. 그런데 권위주의는 나쁘지만 세상 질서를 유지해 나가고 사람들을 이끌기 위해서는 권위가 필요 합니다. 스스로 주장하는 권위는 권위주의가 되기 쉽습니다. 그래서 밖에서 부여된 권위가 필요합니다. 우선 세상에서는 능력 있는 전문가의 권위를 인정해 주고 있습니다. 이것은 기능적인 권위라고 말할 수 있습니다. 이런 단계의 리더십은 직책으로 이끄는 것보다는 효과

적이지만 마음까지 움직이는 데에는 미흡합니다.

　다른 사람의 마음을 살 수 있는 리더십은 도덕적 권위에서 나옵니다. 인사 청문회를 할 때 도덕성이 중요한 잣대가 되는 것은 이것 때문입니다. 개인의 성품이나 도덕적인 삶의 모습이 다른 사람에게 존경심을 불러일으켜 권위가 부여되는 것입니다. 세상에서는 높은 단계의 권위라고 볼 수 있습니다. 그러나 신앙생활을 하는 우리는 여기에서 더 나아가 영적 권위를 가져야 합니다. 하나님의 말씀과 성령의 능력으로부터 부어지는 권위 말입니다. 예수님은 학위나 직책을 가지고 있지 않았지만, 이런 영적 권위를 가지셨습니다. 더러운 귀신이 사람에게서 나가는 가시적인 모습을 통하여 예수님은 자신의 영적 권위를 보여 주셨습니다. 권위가 상실된 시대에 리더가 되기 위해서는, 기능적 권위뿐만이 아니라 도덕적, 영적 권위를 갖추어야 합니다.

열병에서 수종으로

38예수께서 일어나 회당에서 나가사 시몬의 집에 들어가시니 시몬의 장모가 중한 열병을 앓고 있는지라 사람들이 그를 위하여 예수께 구하니 39예수께서 가까이 서서 열병을 꾸짖으신대 병이 떠나고 여자가 곧 일어나 그들에게 수종드니라 40해 질 무렵에 사람들이 온갖 병자들을 데리고 나아오매 예수께서 일일이 그 위에 손을 얹으사 고치시니 41여러 사람에게서 귀신들이 나가며 소리 질러 이르되 당신은 하나님의 아들이니이다 예수께서 꾸짖으사 그들이 말함을 허락하지 아니하시니 이는 자기를 그리스도인 줄 앎이러라 (눅 4:38-41)

　　가버나움에 있던 시몬의 집은 나중에 예수님 사역의 본거지가 됩니다. 시몬은 장모님을 모시고 살았나 봅니다. 예수님께서는 병을 고치시는데, 열병을 꾸짖고 귀신들도 꾸짖었습니다. 병든 사람을 꾸짖은 것이 아니라, 병을 꾸짖은 것입니다. 병이 나쁘지 사람이 나쁘지 않습니다. 시몬의 장모는 열병이 떠난 즉시 예수님 일행을 위해 수종을 듭니다. 이것은 병이 즉각적으로 완전히 나았다는 증거이기도 합니다. 그런가 하면, 예수님은 병자들에게 일일이 안수를 하여 병을 고치셨습니다. 오늘날도 병자를 치유하는 방식 가운데 명하는 기도와 안수하는 기도가 있습니다. 예수님께서는 우리의 병을 치유하십니다.

NOTE 33

한적한 곳

42날이 밝으매 예수께서 나오사 한적한 곳에 가시니 무리가 찾다가 만나서 자기들에게서 떠나지 못하게 만류하려 하매 43예수께서 이르시되 내가 다른 동네들에서도 하나님의 나라 복음을 전하여야 하리니 나는 이 일을 위해 보내심을 받았노라 하시고 44갈릴리 여러 회당에서 전도하시더라(눅 4:42-44)

예수님은 분주한 일상 가운데, 홀로 하나님 앞에 나아가셨습니다. 한적한 곳에서 하나님과 함께 하는 시간을 규칙적으로 가지신 것입니다. 하나님과 함께 하는 시간을 통하여 믿는 자들은 내적으로 충만해 지는 것입니다. 유입이 없이 유출만 하면 고갈됩니다. 영성의 풍부한 근원이신 하나님께 큰 물길을 내어야 다른 사람들에게 보낼 수 있는 저수지가 됩니다. 하루 중 시간과 장소를 구별하여 하나님과 함께 하시는 시간을 가져야 합니다. 그것이 참된 안식입니다. 안식은 주일만이 아니라 이렇게 일상에서도 얼마든지 가능합니다. 치유의 이적을 본 사람들은 예수님을 계속 찾아다닙니다. 예수님을 찾은 다음 자기들과 함께 머무르도록 만류했습니다. 예수님을 독점하려고 한 것입니다. 오늘날에도 하나님을 독점할 수 있는 것처럼 생각하는 사람이 있고, 목회자나 교회의 사역을 혼자서 독점적으로 하려고 하는 사람도 있습니다.

　하나님은 '공(公)'입니다. 이 땅의 모든 사람들을 위한 분이십니다. 누구도 독점할 수 없습니다. 예수님은 당신이 보냄 받으신 목적을 분명히 말씀하셨습니다. "하나님 나라의 복음"을 각 지역에 전파해야 한다는 것입니다. 세상에는 인기 있는 일도 많고, 재미있는 일도 많고, 요청하는 일도 많고, 급한 일도 많습니다. 그러나 예수님께서는 하나님께서 보내신 일을 하셨습니다. 요청하는 일, 급한 일을 따라 행하지 않으셨고, 중요한 일을 따라 행하신 것이고, 목적이 이끄시는 데로 사셨습니다. 이것도 예수님께서 하나님과 홀로 있는 시간을 통하여 확립된 것입니다.

선상수훈

> 1무리가 몰려와서 하나님의 말씀을 들을새 예수는 게네사렛 호숫가에 서서 2호숫가에 배 두 척이 있는 것을 보시니 어부들은 배에서 나와서 그물을 씻는지라 3예수께서 한 배에 오르시니 그 배는 시몬의 배라 육지에서 조금 떼기를 청하시고 앉으사 배에서 무리를 가르치시더니(눅 5:1-3)

아침 일찍부터 사람들은 예수님의 말씀을 듣기 위해 각처에서 모여들었습니다. 예수님은 설 곳을 찾으시다가 어부의 배를 잠시 빌려, 그 배 위에서 뭍에 앉은 사람들을 향하여 말씀을 가르치셨습니다. 배가 강단이 되고 병풍처럼 둘린 호숫가는 회중석이 된 것입니다. 이렇게 예수님은 일상에서 말씀을 가르치셨습니다. 배 위에서 가르치셨으므로 선상수훈이라고 부를 수 있습니다. 그러나 유감스럽게도 예수님께서 배 위에서 무엇을 말씀하셨는지는 그 내용에 언급되어 있지 않습니다. 분명 주옥같은 말씀을 하셨을 텐데, 기록하지 않아 알 수 없는 복음입니다. 그리고는 그 후에 일어난 사건에 대해 누가복음의 저자는 소상하게 기록하고 있습니다. 그 때나 지금이나 우리의 관심은 비슷한 것 같습니다. 말씀보다는 이적에 관심이 많습니다. 아쉽지만, 말씀이 만들어낸 결과를 통해서라도 우리 모두가 주님의 말씀을 깨달아 알 수 있는 계기가 되었으면 좋겠습니다.

같은 어부, 같은 배, 다른 결과

4말씀을 마치고 시몬에게 이르시되 깊은 데로 가서 그물을 내려 고기를 잡으라 5시몬
이 대답하여 이르되 선생님 우리들이 밤이 새도록 수고하였으되 잡은 것이 없지마는 말씀
에 의지하여 내가 그물을 내리리이다 하고 6그렇게 하니 고기를 잡은 것이 심히 많아 그
물이 찢어지는지라 7이에 다른 배에 있는 동무들에게 손짓하여 와서 도와 달라 하니 그들
이 와서 두 배에 채우매 잠기게 되었더라(눅 5:4-7)

지난 밤에는 날밤을 새면서 최선을 다했는데, 물고기를 잡지 못
했습니다. 그런데 이 아침에는 단 한 번의 물질로 그물이 찢어질
정도로 물고기가 잡혀 두 배가 잠길 정도로 채워졌습니다. 같은 어
부, 같은 배, 같은 그물이었는데, 무엇이 이렇게 다른 결과를 만들
었습니까? 예수님의 부재와 예수님의 임재의 차이입니다. 예수님
께서 그들과 함께 할 때, 이전과는 판이하게 다른 결과가 만들어졌
습니다. 이는 자기들의 수고로 임한 것과 말씀에 의지하여 행동한
것의 차이입니다. 자신들의 경험과 지식, 익숙한 것을 따라 했던
것은 벽에 부딪혔고, 물고기 잡는 것과는 아무 상관도 없어 보이시
는 예수님의 말씀을 따를 때에는 놀라운 결과가 나타난 것입니다.
하나님은 영적인 일이나 교회에만 관계하시는 것이 아니라, 호수

에서 물고기 잡는 일에도 관여하십니다. 예수님께서 함께 하시고, 그들이 말씀에 의지하여 행동할 때 놀라운 결과를 만들어냈습니다. 같은 일의 다른 결과를 원하십니까? 예수님을 당신의 삶에 초대하세요, 그리고 그의 말씀에 순종하세요.

만선보다귀한고백

8시몬 베드로가 이를 보고 예수의 무릎 아래에 엎드려 이르되 주여 나를 떠나소서 나는 죄인이로소이다 하니 9이는 자기 및 자기와 함께 있는 모든 사람이 고기 잡힌 것으로 말미암아 놀라고 10세베대의 아들로서 시몬의 동업자인 야고보와 요한도 놀랐음이라 예수께서 시몬에게 이르시되 무서워하지 말라 이제 후로는 네가 사람을 취하리라 하시니 11그들이 배들을 육지에 대고 모든 것을 버려 두고 예수를 따르니라(눅 5:8-11)

모든 어부들은 만선을 꿈꾸며 출항합니다. 그들이 생각하는 성공은 물고기를 많이 잡는 것입니다. 그들이 생각하는 실패는 물고기를 잡지 못하는 것입니다. 세상 이야기는 실패에서 성공으로 그래서 잘 먹고 잘 살았다든지, 아니면 실패에서 실망으로 그래서 좌절했다고 합니다. 그러나 믿음의 이야기는 실패에서 (성공으로 갈수는 있으나) 진정 중요한 것은 고백으로 가는 것이고 그런 다음에는 사명으로 갑니다. 다시 말해 베드로의 이야기는 실패에서 고백으로, 그리고 사명으로 흘러갑니다. 사실은 물고기를 잡지 못한 것이 실패가 아니라 자신을 알지 못하고, 주님을 알지 못한 것이 실패였습니다. 물고기를 많이 잡은 것이 성공이 아니라 자신을 알고, 주님을 아는 것이 성공입니다. 그래서 베드로의 고백은 만선보다 귀한 것입니다. 물론 자신이 죄인이라는 것을 깨닫는 것이 귀한 것이지만 거기에서 끝나면 절망입니다. 예수님이 주님이시라는 사실을 동시에 깨달아야 소망이 생깁니다. 알고 보면 이 고백은 선상수훈을 듣고 바로 했어야 되는 것인데, 이제 나오는 것입니다. 그때는 완전히 이해하지 못하다가 물고기를 잡는 사건을 통하여 깨달음에 도달하게 된 것입니다. 말씀은 실생활에 적용해야 그 능력을 체험하게 됩니다. 예수님이 선상수훈에서 무슨 말씀을 하셨는지를 지레 짐작할 수 있게 해 주는 대목입니다. 이 고백 이후 베드로는 삶이 한 층 업그레이드 됩니다. 물고기 잡는 삶에서 사람을 취하는 삶으로 말입니다. 물고기를 잡는 생활은 살아 있는 물고기를 잡아 죽이지만, 사람을 취하는 생활은 죽어가는 사람을 취하여 살리는 일입니다. 얼마나 귀했으면 밤새, 아니 평생 추구했던 물고기를 비롯하여 직업, 배, 가족까지 버려두고 예수님을 따랐겠습니까?

주여 원하시면

12예수께서 한 동네에 계실 때에 온 몸에 나병 들린 사람이 있어 예수를 보고 엎드려 구하여 이르되 주여 원하시면 나를 깨끗하게 하실 수 있나이다 하니 13예수께서 손을 내밀어 그에게 대시며 이르시되 내가 원하노니 깨끗함을 받으라 하신대 나병이 곧 떠나니라 14예수께서 그를 경고하시되 아무에게도 이르지 말고 가서 제사장에게 네 몸을 보이고 또 네가 깨끗하게 됨으로 인하여 모세가 명한 대로 예물을 드려 그들에게 입증하라 하셨더니 15 예수의 소문이 더욱 퍼지매 수많은 무리가 말씀도 듣고 자기 병도 고침을 받고자 하여 모여 오되 16예수는 물러가사 한적한 곳에서 기도하시니라(눅 5:12-16)

당시 한센씨병에 걸린 사람은 육체적인 고통뿐만이 아니라 사회적으로도 격리되는 아픔을 겪어야 했고, 영적으로도 부정한 사람으로 낙인이 찍혀 무슨 큰 죄나 지은 것처럼 여겨졌습니다. 이들은 병의 희생자임에도 불구하고, 사람들은 도움을 주기는커녕 '희생자를 비난하는 것'(blaming the victims)이었습니다. 그런 사회적 분위기 때문에 한센씨병에 걸린 사람은 사람들 앞에 나설 수 없는 형편이었고, 예수님께 드러내놓고 자신을 치료해 달라고 요구도 못했습니다. "주여 원하시면 나를 깨끗하게 하실 수 있나이다" 이 말이 너무나 소극적인 것 같지만, 당시의 상황을 감안하면 참으로 안타까운 모습입니다. 예수님의 능력을 확신하고 있지만 예수님의 의도를 조심스럽게 타진하는 것입니다. 얼마나 냉대를 받았으면 이렇게 말할까요? 그러나 예수님은 그에게 손을 대시면서 "내가 원하노니 깨끗함을 받으라" 하셨습니다. 한센씨병 환자들은 사람들로부터 부정 탄다고 하여 격리되었고, 사람들이 있는 공공장소에는 나타나지 못하도록 되어 있었습니다. 한센씨병환자는 다른 사람이 불식간에라도 접촉할까봐 "부정하다. 부정하다" 소리를 내며 다녔는데, 예수님께서는 의도적으로 그에게 손을 내밀어 그를 만지셨던 것입니다. 그러나 한센씨병환자의 불결이 옮겨오는 대신 예수님의 성결이 그에게 옮겨가 한센씨병이 즉시 치유되었습니다.

예수님의 치유는 증상치료가 아니라 근원치유이며 온전한 치유였습니다. 그리고 육체적, 정신적, 영적 회복뿐만이 아니라 경제적, 사회적, 정치적, 문화적 회복까지도 포괄하는 전인적인 치유를 해주신 것입니다. 예수님께서 한센씨병환자를 치유하신 후, 제사장에게 보내 치료되었다는 확인을 받게 한 다음 집으로 돌려보내는 것은 생존권으로의 복귀로서, 그 동안 사회에서 잃어 버렸던 지위와 권리를 되찾게 하는 것입니다. 치료가 신체적인 자유라면, 복귀는 사회적인 구원입니다.

지붕 뚫기

17하루는 가르치실 때에 갈릴리의 각 마을과 유대와 예루살렘에서 온 바리새인과 율법교사들이 앉았는데 병을 고치는 주의 능력이 예수와 함께 하더라 18한 중풍병자를 사람들이 침상에 메고 와서 예수 앞에 들여놓고자 하였으나 19무리 때문에 메고 들어갈 길을 얻지 못한지라 지붕에 올라가 기와를 벗기고 병자를 침상째 무리 가운데로 예수 앞에 달아 내리니 20예수께서 그들의 믿음을 보시고 이르시되 이 사람아 네 죄 사함을 받았느니라 하시니(눅 5:17-20)

예수님이 가시는 곳마다 많은 사람들이 모였고 많은 병자들이 고침을 받는데, 특이할만한 기사가 본문에 기록되고 있습니다. 그 자리에는 유대와 예루살렘으로부터 온 바리새인과 율법교사들이 자리를 잡고 있었습니다. 이들은 아마 예수님의 행적을 직접 조사하고자 내려온 사람들이거나 무슨 흠을 찾고자 노력하는 사람들일 수 있습니다. 이들에게 자리를 내어주느라 실제로 예수님을 만나고자 했던 사람들은 접근을 할 수 없는 지경이었습니다. 여기 "병을 고치는 주의 능력이 예수와 함께 하더라"라는 표현은 참 재미있습니다. "능력"(두나미스)을 하나의 인격으로 취급하여 예수님과 함께 사역하는 존재로서 묘사하는 것입니다. 이는 성령님을 의미하는 것이 아닐까 하는 추측을 가능하게 합니다. 한 중풍병자를 예수님께 데리고 나오는 사람들에게는 여러 장애물들이 있었습니다. 사람들이 많이 몰려 있어서 빈틈이 없었고, 사회적 편견에다가 사람들의 이기심 때문에 예수님에게 접근하는 것 초차 불가능한 상황이었습니다. 그런데 이들은 여기에서 포기하지 않고 모험을 감행했습니다.

담대한 믿음입니다. 누가 아이디어를 냈는지 모르지만 지붕 위로 올라가 지붕을 뚫기로 했습니다. 다른 사람의 재산에 대한 손실에다가 방안에서 전개되는 예수님의 사역을 방해하는 것까지, 그래서 손해배상이나 책망을 받을 것도 감수한 일입니다. 이들은 우선, 예수님은 이 모든 것을 이해하시고 용납하시리라는 믿음이 있었고, 예수님께만 보이면 중풍병자가 나을 수 있다는 확신이 있었고, 중풍병자를 사랑하는 절박한 마음이 있었습니다. 그들은 마침내 지붕을 뚫고 침상째 하나 둘 호흡을 맞추어 한쪽으로 기울지 않도록 주의하면서, 예수님의 대화를 중단시키고 중풍병자를 한 복판에 내렸습니다. 이 때 예수님께서는 "그들의 믿음을 보시고", "이 사람아 네 죄 사함을 받았느니라"라고 하셨습니다. 여기서 예수님께서 보신 것은 병자의 믿음이 아니라 그를 돕는 사람들의 믿음이었습니다. 믿음은 보이지 않는 것 같지만 믿음의 행위를 통해 믿음을 보여 줄 수 있습니다. 이 이적은 당사자의 믿음이 아닌 돕는 자들의 집단 믿음을 통하여 치유가 일어나는 기사입니다. 항상 그런

것은 아닙니다만, 이 중풍병자의 병은 죄와 연관이 있었나 봅니다. 그래서 치유에 앞서 먼저 죄 사함을 선언합니다. 죄사함은 병의 원인을 고치는 근원치유입니다.

NOTE 39

죄를 사하는 권세

21서기관과 바리새인들이 생각하여 이르되 이 신성모독 하는 자가 누구냐 오직 하나님 외에 누가 능히 죄를 사하겠느냐 22예수께서 그 생각을 아시고 대답하여 이르시되 너희 마음에 무슨 생각을 하느냐 23네 죄 사함을 받았느니라 하는 말과 일어나 걸어가라 하는 말이 어느 것이 쉽겠느냐 24그러나 인자가 땅에서 죄를 사하는 권세가 있는 줄을 너희로 알게 하리라 하시고 중풍병자에게 말씀하시되 내가 네게 이르노니 일어나 네 침상을 가지고 집으로 가라 하시매 25그 사람이 그들 앞에서 곧 일어나 그 누웠던 것을 가지고 하나님께 영광을 돌리며 자기 집으로 돌아가니 26모든 사람이 놀라 하나님께 영광을 돌리며 심히 두려워하여 이르되 오늘 우리가 놀라운 일을 보았다 하니라(눅 5:21-26)

"네 죄 사함을 받았다"고 말하는 것은 쉽습니다. 증거를 보이지 않아도 되기 때문입니다. 보이지 않는 것이니, 그 말이 거짓이라고 대들 수도 없습니다. 그러나 그런 일은 서기관과 바리새인이 알고 있듯이 하나님 외에는 할 수 없는 일입니다. "일어나 걸어가라"는 말은 반드시 보이는 결과가 따라야 하기 때문에 선뜻 말하기 어렵습니다. 그러나 병의 치유는 신통한 의사도 할 수 있는 일입니다. 꼭 하나님이 아니라도 가능합니다. 그러면 왜 예수님은 "네 죄 사함을 받았다"는 말씀을 "일어나 걸으라"는 말보다 먼저 하셨을까요? 그것은 보이는 치유를 보이지 않는 죄사함에 대한 증거로 삼고

자 했기 때문입니다. 예수님의 치유는 실제 사건이면서도 자신이 하나님이심을 드러내는 은유입니다. 서기관과 바리새인의 말처럼 하나님 외에 죄를 사할 분이 없다는 말은 맞습니다. 그러나 그들은 예수님께서 바로 그 하나님이란 사실을 몰랐습니다. 침상에 누워 지붕을 뚫고 내려와 침상을 들고 문으로 걸어 나간 사람이 있었으니, 이는 참으로 놀라운 일입니다.

NOTE 40

공공의 적

27그 후에 예수께서 나가사 레위라 하는 세리가 세관에 앉아 있는 것을 보시고 나를 따르라 하시니 28그가 모든 것을 버리고 일어나 따르니라 29레위가 예수를 위하여 자기 집에서 큰 잔치를 하니 세리와 다른 사람이 많이 함께 앉아 있는지라 30바리새인과 그들의 서기관들이 그 제자들을 비방하여 이르되 너희가 어찌하여 세리와 죄인과 함께 먹고 마시느냐 31예수께서 대답하여 이르시되 건강한 자에게는 의사가 쓸 데 없고 병든 자에게라야 쓸 데 있나니 32내가 의인을 부르러 온 것이 아니요 죄인을 불러 회개시키러 왔노라 (눅 5:27-32)

세리 레위가 예수님의 제자가 되는 것은 당시로서는 일종의 스캔들이었을 것입니다. 하필 그 많은 사람들 중 공인된 죄인으로 취급 받던 레위를, 그것도 예수님께서 자청하셔서 "나를 따르라"고 부르시다니 정말 파격적인 일입니다. 더구나 레위가 송별 잔치 하는 자리에는 동료 세리들과 창기와 같은 사람들이 모여 있었을 텐데, 그들과 함께 한 식탁에서 음식을 먹는 다는 것은 당시의 상식으로는 도저히 이해할 수 없는 일이었습니다. 음식을 먹는 것으로서 사회적 신분을 구분하였고, 종교적 성결을 논하던 시대에 예수님께서 세리와 죄인들과 함께 먹고 마신다는 것은 사회적, 종교적 벽을 허무는 행위였습니다. 마태로 알려진 레위는 일을 하던 현장에서 부름을 받았는데, 제자들 중에, 가장 교육을 많이 받은 축에 들었을 것입니다. 알고 보면 가장 많은 것을 버린 제자입니다. 왜냐하면, 다시 세리로 돌아갈 수가 없는 길을 떠났기 때문입니다. 그렇게 결단할 수 있었던 것은 처음으로 자신을 하나의 인간으로서 사랑스럽게 불러주신 예수님의 음성 때문이었을 것입니다.

새 포도주는 새 부대에

33그들이 예수께 말하되 요한의 제자는 자주 금식하며 기도하고 바리새인의 제자들도 또한 그리하되 당신의 제자들은 먹고 마시나이다 34예수께서 그들에게 이르시되 혼인 집 손님들이 신랑과 함께 있을 때에 너희가 그 손님으로 금식하게 할 수 있느냐 35그러나 그 날에 이르러 그들이 신랑을 빼앗기리니 그 날에는 금식할 것이니라 36또 비유하여 이르시되 새 옷에서 한 조각을 찢어 낡은 옷에 붙이는 자가 없나니 만일 그렇게 하면 새 옷을 찢을 뿐이요 또 새 옷에서 찢은 조각이 낡은 것에 어울리지 아니하리라 37새 포도주를 낡은 가죽 부대에 넣는 자가 없나니 만일 그렇게 하면 새 포도주가 부대를 터뜨려 포도주가 쏟아지고 부대도 못쓰게 되리라 38새 포도주는 새 부대에 넣어야 할 것이니라 39묵은 포도주를 마시고 새 것을 원하는 자가 없나니 이는 묵은 것이 좋다 함이니라(눅 5:33–39)

　　요한과 바리새인의 제자와 예수님의 제자 사이에는 분명히 구별되는 것이 있었습니다. 한 마디로 그들은 금욕적인 생활을 했고, 예수님의 제자들은 잔치하는 생활을 했습니다. 물론 예수님도 믿음생활에서 기도와 금식의 유익을 인정했고, 때로는 그렇게 해야 할 경우가 있다고 가르쳤지만, 통상적으로는 기쁨의 생활이어야 한다는 것을 강조하셨습니다. 그것이 우리가 입어야 할 새 옷이고, 준비해야 할 새 부대입니다. 새 옷을 찢어 낡은 옷을 깁는데 쓰는 어리석은 사람은 없습니다. 예수님은 우리의 옛 사람을 벗어버리고 통째로 갈아입어야 하는 새 옷입니다. 새 포도주는 발효력이 왕

성하기 때문에 신축성이 좋은 새 부대에 담아 보관하는 것은 상식입니다. 한 번 쓰고 난 낡은 부대는 다시 쓰려고 했다가는 부대도 터지고 포도주도 버리게 됩니다. 이와 같이 새 포도주인 믿음은 새 부대인 행위를 요구하고 있습니다. 말씀을 들을 때 우리는 새로운 행위로서 결단을 해야 합니다. 옛 것을 고집하고 변화를 거부하면 퇴보할 뿐만이 아니라, 파산을 하는 것입니다. 물론 포도주는 묵은 것이 좋습니다. 그래서 여기서 포도주는 은유입니다. 은유는 'A는 B다'와 'A는 B가 아니다'를 동시에 의미합니다. 복음은 포도주입니다. 그러나 역시 복음은 포도주가 아닙니다.

주객전도

1안식일에 예수께서 밀밭 사이로 지나가실새 제자들이 이삭을 잘라 손으로 비비어 먹으니 2어떤 바리새인들이 말하되 어찌하여 안식일에 하지 못할 일을 하느냐 3예수께서 대답하여 이르시되 다윗이 자기 및 자기와 함께 한 자들이 시장할 때에 한 일을 읽지 못하였느냐 4그가 하나님의 전에 들어가서 다만 제사장 외에는 먹어서는 안 되는 진설병을 먹고 함께 한 자들에게도 주지 아니하였느냐 5또 이르시되 인자는 안식일의 주인이니라 하시더라(눅 6:1-5)

안식일은 하나님이 주신 선물입니다. 안식일은 사랑이 일로부터 지배당하지 않고 일을 즐겁게 할 수 있게 합니다. 이런 면에서 사람이 안식일을 지킨다기보다는 안식일이 사람을 지켜줍니다. 그런데 바리새인들은 안식일 자체가 목적이 되어 너무 엄격한 세부 조항들을 만들었습니다. 예수님의 제자들이 시장한 나머지 '이삭을 잘라 손으로 비비어 먹은 것'을 두고 안식일에 추수하여 타작한 것으로 확대해석을 한 것입니다. 이것은 너무나 편협한 율법주의입니다. 여기에는 융통성도 없고 아량도 없고 관용도 없습니다. 예수님은 삼상 21장 1절에서 9절까지 나오는 말씀으로써 그들이 존경해 마지않는 다윗을 등장시킵니다. 다윗과 동료들이 아히멜렉 제사장으로부터 하나님의 제단에 드렸던 거룩한 떡을 얻어먹었던 일을 상기시킵니다. 제사장만이 먹을 수 있는 것을 다윗이 얻어먹었던 것입니다.

이 이야기는 안식일에 대한 것은 아니고 신앙적 관용에 대한 것입니다. 이 말에 바리새인들이 설득을 당했을 것 같지는 않습니다. 그러므로 이것은 우리를 위한 말씀입니다. 자기 아집에 빠져서 남을 정죄하는 신앙생활을 하지 말고, 남의 처지를 이해하면서 하나님의 뜻을 따라 마음을 넓히고 용납하라는 말씀으로 받아야 합니다. 정말로 예수님이 하시고 싶은 말씀은 "인자는 안식일의 주인이다"라는 말씀이었을 것입니다. 안식의 참 뜻은 '주님의 품에 안기는 것'입니다. 그분 안에서만 우리는 참된 평안과 쉼과 축복을 얻을 수 있기 때문입니다. 다윗의 이야기를 이해하지 못한다면 이 말씀을 어떻게 이해하겠습니까?

회색지대는 없다

6또 다른 안식일에 예수께서 회당에 들어가사 가르치실새 거기 오른손 마른 사람이 있는
지라7서기관과 바리새인들이 예수를 고발할 증거를 찾으려 하여 안식일에 병을 고치시는
가 엿보니 8예수께서 그들의 생각을 아시고 손 마른 사람에게 이르시되 일어나 한가운데
서라 하시니 그가 일어나 서거늘 9예수께서 그들에게 이르시되 내가 너희에게 묻노니 안
식일에 선을 행하는 것과 악을 행하는 것, 생명을 구하는 것과 죽이는 것, 어느 것이 옳으
냐 하시며 10무리를 둘러보시고 그 사람에게 이르시되 네 손을 내밀라 하시니 그가 그리
하매 그 손이 회복된지라 11그들은 노기가 가득하여 예수를 어떻게 할까 하고 서로 의논
하니라(눅 6:6-11)

　　안식일에 대한 논쟁은 계속 이어집니다. 안식일에 예수님이 회
당에서 가르치셨습니다. 그곳에 오른손 마른 사람이 있었기 때문
에 자연히 서기관과 바리새인은 예수님께서 그를 고치실 것을 예
상했던 것 같습니다. 손이 마른 사람 그것도 오른손이 마른 사람은
얼마나 불편하며 정상적인 생활을 하기 힘들었겠습니까? 예수님
께서 그를 긍휼이 여기는 것은 당연한 일입니다. 그런데 서기관과
바리새인은 예수님께서 병을 고치면 고발할 증거를 확실하게 잡겠
다는 그물망을 치는 것 같습니다. 장애인을 두고 얼마나 못 된 행
위를 한 것입니까? 그와 같은 생각을 예수님이 아셨으니, 그들의
비난을 피해가려면 조용한 곳으로 병자를 불러서 고쳐주시거나 다

음 번으로 미룰 수 있었을 텐데, 오히려 예수님께서는 그 손 마른 사람에게 "일어나 한가운데 서라"고 하셨습니다. 모두가 주목하는 자리에 그를 세우시고 사람들에게 물으셨습니다. "안식일에 선을 행하는 것과 악을 행하는 것, 생명을 구하는 것과 죽이는 것, 어느 것이 옳으냐?" 이 말씀에 의하면 선을 행하지 않으면 자동적으로 악에 기우는 것이요, 구하는 일을 하지 않으면 죽이는 것에 가담한 다는 뜻입니다.

중간지대는 없습니다. 선 아니면 악이고, 살리는 것이 아니면 죽이는 것입니다. 누구나 일을 하고 있습니다. 다만, 그가 하는 일이 살리는 일이냐 죽이는 일이냐 하는 것의 차이 입니다. 아무 것도 하지 않는 사람은 없습니다. 예수님은 살리는 일을, 저들은 죽이는 일을 하고 있습니다. 사실 장애를 가지고 살아가는 사람의 장애를 벗어주는 것이 안식입니다. 손 마른 사람을 고쳐주는 것이 안식입니다. 병든 자에게 고침은 안식입니다. 안식의 참 뜻은 '거룩, 쉼, 축복'입니다. 더구나 예수님은 가르치실 때처럼, 고치시는 것도 말씀으로 하셨습니다. 예수님께서 거창한 방식으로 병자를 치료하는 행위를 보이지 않았으니, 저들이 딜레마에 빠진 것도 당연합니다.

NOTE 44

산에서 철야기도

12이 때에 예수께서 기도하시러 산으로 가사 밤이 새도록 하나님께 기도하시고 13밝으매
그 제자들을 부르사 그 중에서 열둘을 택하여 사도라 칭하셨으니 14곧 베드로라고도 이름
을 주신 시몬과 그의 동생 안드레와 야고보와 요한과 빌립과 바돌로매와 15마태와 도마와
알패오의 아들 야고보와 셀롯이라는 시몬과 16야고보의 아들 유다와 예수를 파는 자 될
가룟 유다라(눅 6:12-16)

예수님이 산에서 철야기도를 하셨습니다. 무슨 중대한 일이 준
비되고 있음이 분명합니다. 이어 예수님을 따르는 많은 제자들 가
운데 열둘을 사도로 부르셨습니다. 여기에 제자와 사도가 구분이
되어 나옵니다. 제자는 원래 '마네타스'로 '따르는 자'라는 의미를
지니고, 사도는 '아포스톨로스'로써 '보냄 받은 자'라는 의미를 가집
니다. 열 두 사도는 이스라엘의 열 두 지파처럼 새로운 영적 이스
라엘을 이루어 갈 12지파를 상징하고 있는 숫자입니다. 제일 앞에
베드로가 나오고 맨 나중에 가룟유다가 나옵니다. 이것은 결국 베
드로의 수위권을 인정하는 것이고, 가룟유다가 배신한 것 때문에
맨 마지막에 이름을 두었을 것입니다.

세상에서 배신이 가장 죄질이 나쁜 것은 상대방의 사랑과 신뢰를 이용하여 상대방에게 악을 행하기 때문입니다. 그래서 단테는 신곡에서 가룟유다와 같이 배신자는 지옥 아랫목에 간다고 했습니다. 가룟유다가 자살했을 때 사도들은 그의 자리를 보선하여 맛디아를 세웠습니다. 그러나 다른 사도들이 순교했을 때는 보선하지 않았습니다. 그들은 믿음으로 자신의 자리를 지켰기 때문입니다. 사도들은 대체로 둘씩 짝을 지어져 나옵니다. 베드로와 안드레, 야고보와 요한, 빌립과 바돌로매(나다나엘), 마태와 도마, 작은 야고보와 시몬… 갈릴리 출신의 보통 사람들을 택하여 하나님 나라를 건설하시는 예수님의 용병술은 정말 탁월합니다. 사도들 가운데는 도저히 함께 할 수 없는 사람도 있었습니다. 이를테면 열심당 시몬은 세리였던 마태를 로마의 앞잡이라고 미워하면서 사람취급도 안했을 것입니다. 그러나 그들은 예수님 안에서 모두 한 제자가 되었습니다. 이것이 제자도의 신비입니다. 예수님 안에 있으면 서로 다른 모두가 하나가 될 수 있습니다.

사복(四福)

> 20 예수께서 눈을 들어 제자들을 보시고 이르시되 너희 가난한 자는 복이 있나니 하나님의 나라가 너희 것임이요 21지금 주린 자는 복이 있나니 너희가 배부름을 얻을 것임이요 지금 우는 자는 복이 있나니 너희가 웃을 것임이요 22인자로 말미암아 사람들이 너희를 미워하며 멀리하고 욕하고 너희 이름을 악하다 하여 버릴 때에는 너희에게 복이 있도다 23 그 날에 기뻐하고 뛰놀라 하늘에서 너희 상이 큼이라 그들의 조상들이 선지자들에게 이와 같이 하였느니라(눅 6:20-23)

마태복음에는 팔복이 나와 있지만 누가복음에는 사복이 나옵니다. 마태복음에 나온 것 가운데 누가복음에 빠진 것은 온유, 긍휼, 청결, 화평한 자가 받는 복입니다. 대체로 성품에 대한 언급이 빠지고, 외부적 삶의 조건인 가난한 자, 주린 자, 우는 자, 핍박받는 자가 받는 복은 공통적으로 나와 있습니다. 그런데 공통적인 것도 약간씩 다릅니다. 마태는 "심령이 가난한 자"라고 했는데, 누가는 그냥 "가난한 자"라고 언급하고 있습니다. 마태는 "의에 주리고 목마른 자"라고 했는데, 누가는 그냥 "주린 자"라고 말하고 있습니다. 더구나 누가는 "지금"이라는 시점을 명시하고 있습니다. 누가는 당시 민중의 상황에 더욱 민감하게 반응을 하고 있는데, 마태와 상호

보완적이라고 보면 됩니다.

물질적인 가난이 심령의 가난까지 나아가지 못한다면 그것은 안타까운 것입니다. 가난은 선이라기보다는 극복되어야 할 대상입니다. 하나님의 나라가 가난을 끝낼 것이기 때문에 복됩니다. 주리는 것이 좋아서가 아니라 하나님 나라에 대한 소망을 더욱 붙잡도록 도와주기 때문에 복됩니다. 우는 것이 좋아서가 아니라 하늘의 위로를 받을 것이기 때문에 복됩니다. 하나님 나라는 이 모든 것을 반전시킵니다. 하나님 나라가 모든 곤경에 대한 해답입니다. 그래서 믿는 자는 더욱 하나님 나라를 기다립니다. 그래서 복됩니다. 23절에는 하늘 상급이 나옵니다. 우리는 하나님의 은혜를 믿음으로써 구원을 받지만, 각기 다른 하늘나라에서의 상급이 기다리고 있습니다. 구원은 동일하지만 상급은 다릅니다. 우리 모두 하나님 나라에서 큰 상급을 받아야 하겠습니다.

NOTE 46

사화(四禍)

24그러나 화 있을진저 너희 부요한 자여 너희는 너희의 위로를 이미 받았도다 25화 있을 진저 너희 지금 배부른 자여 너희는 주리리로다 화 있을진저 너희 지금 웃는 자여 너희가 애통하며 울리로다 26모든 사람이 너희를 칭찬하면 화가 있도다 그들의 조상들이 거짓 선 지자들에게 이와 같이 하였느니라(눅 6:24-26)

　누가복음은 마태복음과 달리 4복이 언급된 다음 거기에 대칭점 이 되는 4화가 언급되고 있습니다. 부요한 자, 배부른 자, 웃는 자, 칭찬받는 자가 그 대상입니다. 이는 현재에 받는 것이 종말에 가서 는 반전된다는 논리입니다. 하나님 나라와 세상의 기준은 분명히 다르다는 말씀입니다. 세상에 대하여는 부요하면서도 하나님 나 라에 부요하지 못한 부자와 나사로의 비유에 나오는 부자 같은 사 람, 세상에 있는 것으로 자기만족을 삼는 어리석은 부자 같은 사 람, 세상의 향락에 도취하여 살면서 헤롯 같이 사악하게 웃는 사 람, 세상에서 추앙을 받으며 교만하게 위선적으로 행하는 당시 대 제사장 같은 사람은 결국 화를 입게 될 것입니다. 현재의 상황은 역전될 수 있습니다. 현재의 복이 미래의 화가 될 수 있고 현재에

화를 입은 것 같은 삶이 미래의 복이 될 수 있습니다. 그러므로 우리의 삶은 하나님 나라를 기준하여 사는 생활이 되어야 하겠습니다.

황금률

27그러나 너희 듣는 자에게 내가 이르노니 너희 원수를 사랑하며 너희를 미워하는 자를 선대하며 28너희를 저주하는 자를 위하여 축복하며 너희를 모욕하는 자를 위하여 기도하라 29너의 이 뺨을 치는 자에게 저 뺨도 돌려대며 네 겉옷을 빼앗는 자에게 속옷도 거절하지 말라 30네게 구하는 자에게 주며 네 것을 가져가는 자에게 다시 달라 하지 말며 31남에게 대접을 받고자 하는 대로 너희도 남을 대접하라(눅 6:27-31)

"남에게 대접을 받고자 하는 대로 너희도 남을 대접하라"

우리는 모두 대접을 받는 것을 좋아하지만 누가 먼저 할 것인가가 문제입니다. 자존심 때문에도 그렇고 손해가 날까봐 망설이기도 합니다. 그러면서 남이 먼저 대접하기를 기다립니다. 그래서는 상황이 변화되지 않습니다. 내가 먼저 행하는 것으로부터 새로운 질서가 도입됩니다. 하나님의 나라는 이 세상의 방식을 전복해야 옵니다. 세상 방식은 원수는 원수 맺는 것으로서, 미움은 미워하는 것으로서, 저주는 저주하는 것으로서, 모욕은 모욕하는 것으로서 대응합니다. 눈에는 눈, 이에는 이의 인과응보입니다. 어떻게 보면 정의의 원리입니다. 그러나 하나님 나라는 이것을 초월합니다.

은혜의 원리입니다. 원수를 사랑하고, 미워하는 자를 선대하고, 저주하는 자를 축복하고, 모욕하는 자를 위해 기도하는 것입니다. 세상에서 이렇게 산다는 것은 참으로 어렵습니다. 예수님은 이렇게 사셨는데, 그것은 십자가를 지시는 길이었습니다. 이 뺨을 치는 자에게 저 뺨도 돌려대며, 겉옷을 빼앗는 자에게 속옷까지 주셨고, 구하는 자에게 주며, 허락 없이 가져가는 자에게 돌려 달라 하지 않았습니다. 보복하지 않고, 아낌없이 다 주셨습니다. 이러한 삶이 어렵다는 것은 잘 압니다. 그러나 이것이 우리가 도달해야 하는 목표이며, 우리의 삶이 지향해야 하는 궁극적인 목적입니다. 이것을 행할 힘은 오직 예수님으로부터 오는 능력밖에 없습니다. 그러므로 겸손하게 자신의 부족함을 고백하고 주의 도움을 받아야 하겠습니다.

칭찬과 상급

32너희가 만일 너희를 사랑하는 자만을 사랑하면 칭찬 받을 것이 무엇이냐 죄인들도 사랑하는 자는 사랑하느니라 33너희가 만일 선대하는 자만을 선대하면 칭찬 받을 것이 무엇이냐 죄인들도 이렇게 하느니라 34너희가 받기를 바라고 사람들에게 꾸어 주면 칭찬 받을 것이 무엇이냐 죄인들도 그만큼 받고자 하여 죄인에게 꾸어 주느니라 35오직 너희는 원수를 사랑하고 선대하며 아무 것도 바라지 말고 꾸어 주라 그리하면 너희 상이 클 것이요 또 지극히 높으신 이의 아들이 되리니 그는 은혜를 모르는 자와 악한 자에게도 인자하시니라 36너희 아버지의 자비로우심 같이 너희도 자비로운 자가 되라(눅 6:32~36)

"너희 아버지의 자비로우심 같이 너희도 자비로운 자가 되라"

자비나 긍휼이라는 단어는 영어 'compassion'('com' 함께 한다, 'passion' 고통을)으로서 '함께 고통을 받는다.'는 뜻입니다. 긍휼은 상처와 아픔과 어려움을 함께 나누는 것입니다. 긍휼은 상대방의 처지로 내려가 함께 하는 것입니다. 대부분 예수님의 기적은 예수님의 긍휼에서 비롯됩니다. 이 말씀은 주님의 마음으로 세상을 보라는 것입니다. 죄인들도 사랑하는 자는 사랑하고, 선대하는 자는 선대하고, 받을 수 있는 자에게는 꾸어준다는 것입니다. 우리가 도달해야 하는 것은 하나님의 자비하심입니다. 세상은 상호성으로 유지됩니다. 그러나 하나님 나라는 상호성 이상입니다.

하나님은 원수를 사랑하고 선대하고 아무 것도 바라지 않고 주십니다. 하나님은 은혜를 모르는 자와 악한 자에게도 인자하십니다. 우리가 이런 하나님의 자비를 베풀 때, 우리가 하나님을 닮은 자녀인 것을 다른 사람들이 알게 될 것입니다. 그리고 하나님으로부터 칭찬과 큰 상급이 있을 것입니다. 세상에서 받지 못하는 보상을 하나님께서 해 주십니다. 원수를 선대하고 사랑한 것, 악한 자를 돌보고 섬긴 모두에게 하나님의 칭찬과 상급이 있습니다. 사람에게 칭찬을 받는 것보다 하나님께 칭찬을 받는 것이 더욱 복되고 아름답습니다. 하늘의 상급을 쌓으세요.

용서하고 주라

37비판하지 말라 그리하면 너희가 비판을 받지 않을 것이요 정죄하지 말라 그리하면 너희가 정죄를 받지 않을 것이요 용서하라 그리하면 너희가 용서를 받을 것이요 38주라 그리하면 너희에게 줄 것이니 곧 후히 되어 누르고 흔들어 넘치도록 하여 너희에게 안겨 주리라 너희가 헤아리는 그 헤아림으로 너희도 헤아림을 도로 받을 것이니라(눅 6:37-38)

"너희가 헤아리는 그 헤아림으로 너희도 헤아림을 도로 받을 것이니라."

세상은 우리를 비판하고 정죄하지만 우리는 그들을 그렇게 대해서는 안 됩니다. 대인관계에서의 비밀은 우리가 다른 사람에게 대한 것에 대한 대가를 하나님께 그대로 받는다는 것입니다. 그래서 "마음을 다하여 주께 하듯 하고 사람에게 하듯 하지 말라"(골 3:23)는 교훈이 중요합니다. 그들은 비판받아 마땅하고, 정죄되어야 마땅하지만 그렇게 하지 말라는 것입니다. '주께 하듯 하라'는 말씀 때문입니다. 그래야 하나님께서도 우리를 정죄하지 않으시고 용서하신다는 것입니다. 우리가 다른 사람에게 주면 하나님이 우리에게 주십니다. 주시되 곧 '후히 되어 누르고 흔들어 넘치도록 하여 안겨 주십니다.' 시골 장에서 인심 좋으신 상인에게 콩이나 밤 같은 것을 사 보신 적 있습니까? 말에 후히 되어 누르고 다음에 흔들어 넘치도록 올려서 흘러내릴까봐 안아 주시지 않습니까? 하나님이 축복을 당신에게 그렇게 주시는 모습을 한 번 상상해 보세요. 다른 사람에게 대하는 것이 바로 하나님께 대하는 것입니다. 악한 자일 지라도 그들이 행한 대로 갚지 마시고, 하나님께 하듯 하세요. 하나님이 갚아 주십니다.

준비된 만큼 만남을 이끌 수 있다

39또 비유로 말씀하시되 맹인이 맹인을 인도할 수 있느냐 둘이 다 구덩이에 빠지지 아니
하겠느냐 40제자가 그 선생보다 높지 못하나 무릇 온전하게 된 자는 그 선생과 같으리라
(눅 6:39-40)

예수님은 당시의 속담을 인용하여 말씀하십니다. "맹인이 맹인을 인도하면 둘 다 구덩이에 빠진다.", "선생만한 제자 없다." 이런 뜻의 말입니다. 이것은 예수님께서 당시에 바리새인과 서기관을 지칭하면서 하시는 말씀입니다. 그들은 잘 보지도 못하고 알지도 못하고 가르치니, 무엇 하나 배울 것은 없고 오히려 함께 실족하게 된다는 것입니다. 더욱 문제는 그들은 자신들이 잘 보지도 못하면서 인도자가 되려고 하고, 그들은 잘 알지도 못하면서 선생이 되려고 한다는 것입니다. 그러므로 우리는 '누구를 따를 것인가'를 조심해야 합니다. 좋은 인도자, 좋은 선생님은 속담을 깨는 자입니다.

이를테면 제가 잘 아는 강영우 박사님은 저에게 좋은 길잡이 역할을 해 주셨습니다. 그분과 사귀면서 저와 제 자녀들은 많은 도움

을 받았습니다. 그분은 보지 못하면서도 보는 사람들을 잘 인도해 주십니다. 좋은 선생님은 제자를 자기보다 더 나은 사람으로 만들어 내는 사람입니다. 청출어람(靑出於藍) 예수님이 그런 분 아닙니까? "나를 믿는 자는 내가 행한 일도 할 것이요. 그보다 더 한 일도 하리라." 제 아이 보형이가 마이크로소프트 회사에 다닐 때, 그의 멘토인 상관이 보형이에게 "나의 목표는 네가 나보다 10배나 나은 사람이 되게 하는 것이다."라고 말했다고 합니다. 정말 감동을 주는 말입니다. 대부분의 경우는 교회가 목사 이상 안 됩니다. 그래서 목회자는 교회를 키우기 전에 자신을 키워야 합니다. 그래야 교인들을 키울 수 있습니다. 스스로 준비되지 못하면 남도 인도할 수 없습니다. 자기가 준비된 만큼만 남을 이끌 수 있습니다.

눈의 티 빼 주는 법

41어찌하여 형제의 눈 속에 있는 티는 보고 네 눈 속에 있는 들보는 깨닫지 못하느냐 42너는 네 눈 속에 있는 들보를 보지 못하면서 어찌하여 형제에게 말하기를 형제여 나로 네 눈 속에 있는 티를 빼게 하라 할 수 있느냐 외식하는 자여 먼저 네 눈 속에서 들보를 빼라 그 후에야 네가 밝히 보고 형제의 눈 속에 있는 티를 빼리라(눅 6:41~42)

"자기가 준비된 만큼만 남을 이끌 수 있다"는 말은 여기에도 해당됩니다. 형제의 눈에 티가 들어 있으면 형제가 얼마나 고통스럽겠습니까? 더구나 남도 아니고 형제인데, 도와줘야 하지 않겠습니까? 그런데 문제는 나에게는 더 큰 들보가 들어 있다는 것입니다. 물론 과장법이지만, 좌우간 나에게는 더 문제가 많다는 것입니다. 그렇다고 형제의 문제를 수수방관하고 있으라는 것도 아닙니다. 이것은 양자택일의 문제가 아니고 우선순위의 문제입니다. 형제의 눈에 있는 티를 빼 준다고 나서기 전에 '먼저' 해야 할 일이 있습니다.

우선 형제의 티를 보면서 나의 들보를 보아야 합니다. 형제의 허물은 나를 비추어 주는 거울입니다. 그리고 정확히 볼 수 있기 위해서는 나의 들보부터 빼어야 합니다. 이것이 회개입니다. 다음으로 손을 깨끗이 씻어야 합니다. 이것은 정결케 하는 것입니다. 그리고 형제가 나를 신뢰할 수 있도록 신뢰를 쌓아야 합니다. 그래야 그 민감한 눈을 나에게 보여줄 것 아닙니까? 아무리 그를 위한 것이라도 신뢰도가 낮으면 눈을 맡길 수 없습니다. 다음에는 정말 기술이 있어야 합니다. 더구나 눈을 만지는 것이기 때문에 주의해서 잘 다루어야 합니다. 이렇게 눈의 티를 빼주는 일은 쉽지 않습니다. 그만큼 더 기도하고 더 준비해야 합니다.

안에서 밖으로

43못된 열매 맺는 좋은 나무가 없고 또 좋은 열매 맺는 못된 나무가 없느니라 44나무는 각
각 그 열매로 아나니 가시나무에서 무화과를, 또는 찔레에서 포도를 따지 못하느니라 45
선한 사람은 마음에 쌓은 선에서 선을 내고 악한 자는 그 쌓은 악에서 악을 내나니 이는
마음에 가득한 것을 입으로 말함이니라(눅 6:43-45)

우리는 안에서 밖으로 변화를 이루기보다는 외관에 치중합니다.
그래서 외식하는 생활을 하기도 합니다. 예수님은 먼저 마음의 변
화를 말씀하고 있습니다. 영성개발이라는 것은 내면을 가꾸는 생
활입니다. 그것은 성품 개발과도 관련이 있습니다. 아름다운 성품
에서 아름다운 행위가 나오게 되어 있습니다. 사람은 마음에 쌓인
선이나 악을 밖으로 나타내기 때문입니다. 외적행위도 중요하지
만 하나님은 먼저 마음의 중심을 보십니다. 그러므로 좋은 나무가
되려고 하면 좋은 열매는 자동적으로 따라 오는 것입니다. 그런데
사람들은 밖으로 드러난 열매를 보고 나무를 평가합니다. 그러므
로 열매를 등한시 할 수는 없습니다. 그러나 열매에 조바심을 내고
우선하다보면 나무를 가꾸는데 등한시하기가 쉽습니다. 우리는 보
이는 열매에 치중한 나머지 열매의 근본이 되는 나무를 소홀히 하

는 경향이 있습니다. 예수님 당시 바리새인이나 서기관들이 그랬습니다. 그들은 밖으로는 그럴듯하게 보였지만 안에는 위선과 탐욕과 불법이 가득했습니다. 우리의 삶의 경영을 "인사이드 아웃"(inside out), 안에서 밖으로 경영해야 합니다. 이것은 파문형 경영입니다. 이는 연못에 돌 하나를 던지면 밖으로 번져나가는 것처럼 나로부터 시작하여 가정, 일터, 교회, 세상으로 나가야 합니다.

청행일치(聽行一治)

46너희는 나를 불러 주여 주여 하면서도 어찌하여 내가 말하는 것을 행하지 아니하느냐 47내게 나아와 내 말을 듣고 행하는 자마다 누구와 같은 것을 너희에게 보이리라 48집을 짓되 깊이 파고 주추를 반석 위에 놓은 사람과 같으니 큰 물이 나서 탁류가 그 집에 부딪 치되 잘 지었기 때문에 능히 요동하지 못하게 하였거니와 49듣고 행하지 아니하는 자는 주추 없이 흙 위에 집 지은 사람과 같으니 탁류가 부딪치매 집이 곧 무너져 파괴됨이 심하 니라 하시니라(눅 6:46-49)

제 아이가 5살 때 유치원을 다녀 온 후 저에게 처음 들려 준 동화 는 "Three Little Pigs"였습니다. 삼형제 돼지가 각각 집을 지었 는데, 첫째는 지푸라기로, 둘째는 막대기로, 막내는 벽돌로 지었 다고 합니다. 늑대가 첫째, 둘째의 집은 입으로 바람을 불어 날렸 는데, 막내의 집은 까닥없었다는 내용입니다. 저는 아이에게 그 동 화의 뜻을 물어보았습니다. 아이는 "아빠, 집은 벽돌로 튼튼하게 지어야 돼요"라고 대답하는 것이었습니다. 우리 모두는 집을 짓는 사람들입니다. 견고한 반석 위에 세운 집이 있고, 흙 위에 그냥 집 을 지은 집이 있습니다. 그 차이는 무엇일까요? 예수님은 설교를 마무리하면서 그 차이를 말씀하셨습니다.

우선 모두 예수님의 주옥같은 설교 말씀을 들었습니다. 여기까지는 차이가 없습니다. 차이는 듣는 사람의 반응에서 달라집니다. 한 부류는 들은 데로 행했다는 것입니다. 청행일치입니다. 이것은 다른 말로하면 순종입니다. 그런데 또 한 부류는 들었지만 행하지 않았다는 것입니다. 청행불일치입니다. 불순종입니다. 평상시에는 잘 모르지만 이 차이가 조그만 시험에도 엄청난 결과를 가져옵니다. 예수님을 "주여, 주여" 부르는 것과 "아멘 아멘" 하며 말씀을 듣는 것을 같은 것으로 보시기 때문에 언행불일치가 청행불일치와 매한가지입니다. 듣기만 하여 자신을 속이는 자가 되지 말고, 행함으로써 견고한 터 위에 서야 되겠습니다.

삼중감동

1예수께서 모든 말씀을 백성에게 들려 주시기를 마치신 후에 가버나움으로 들어가시니라 2어떤 백부장의 사랑하는 종이 병들어 죽게 되었더니 3예수의 소문을 듣고 유대인의 장로 몇 사람을 예수께 보내어 오셔서 그 종을 구해 주시기를 청한지라 4이에 그들이 예수께 나아와 간절히 구하여 이르되 이 일을 하시는 것이 이 사람에게는 합당하니이다 5그가 우리 민족을 사랑하고 또한 우리를 위하여 회당을 지었나이다 하니 6예수께서 함께 가실새 이에 그 집이 멀지 아니하여 백부장이 벗들을 보내어 이르되 주여 수고하시지 마옵소서 내 집에 들어오심을 나는 감당하지 못하겠나이다 7그러므로 내가 주께 나아가기도 감당하지 못할 줄을 알았나이다 말씀만 하사 내 하인을 낫게 하소서 8나도 남의 수하에 든 사람이요 내 아래에도 병사가 있으니 이더러 가라 하면 가고 저더러 오라 하면 오고 내 종더러 이것을 하라 하면 하나이다 9예수께서 들으시고 그를 놀랍게 여겨 돌이키사 따르는 무리에게 이르시되 내가 너희에게 이르노니 이스라엘 중에서도 이만한 믿음은 만나보지 못하였노라 하시더라 10보내었던 사람들이 집으로 돌아가 보매 종이 이미 나아 있었더라 (눅 7:1-10)

백부장은 분명 예수님이 하신 일들에 대하여 소문으로 들었지만, 더 나아가 감동을 받은 사람입니다. 그러기 때문에 자신의 종의 문제를 예수님이 해결하실 수 있으리라는 확신을 가졌습니다. 그는 로마 백부장 신분이지만 예수님을 자기의 상관 이상으로서 존중하고 순종하고자 하였습니다. 예수님이 말씀으로만 하셔도 모든 것이 이루어진다는 것을 확신하고 있었습니다. 하나님의 영에 감동한 사람입니다. 그리고 백부장은 피지배자인 유대 민족 사람들의 마음조차 감동시켰습니다. 그가 종을 사랑하고, 그의 병을 고쳐주고자 노력하는 모습도 그렇지만 유대인들을 위해 행했던 일들로 사람들의 마음을 샀습니다. 그는 유대 장로들에게 인정을 받는 인품을 가진 사람이었습니다. 유대 장로들은 예수님께 나아와 그를 칭찬하며 중보하였습니다.

예수님이 그 백부장을 만나러 갔을 때, 백부장은 친구들을 보내 다시 한 번 예수님을 감동시켰습니다. 겸손하면서도 확신에 찬 그의 믿음을 보여주었기 때문입니다. "내 집에 들어오심을 나는 감당하지 못하겠나이다.", "말씀만 하사 내 하인을 낫게 하소서." 예수님은 백부장을 매우 경이롭게 여기며 이스라엘 중에서도 이만한 믿음을 만나보지 못했다고 말씀하셨습니다. 백부장의 믿음은 자신이 먼저 감동하여, 다른 사람들을 감동시키고, 결국 예수님까지 감동시키는 삼중감동이었습니다. 그래서 결국 기적은 당연한 것처럼 보입니다. 우리가 먼저 감동하고, 남을 감동시키고, 결국 하나님을 감동시킨다면 아무것도 불가능한 것은 없습니다.

청년아 일어나라

11그 후에 예수께서 나인이란 성으로 가실새 제자와 많은 무리가 동행하더니 12성문에 가까이 이르실 때에 사람들이 한 죽은 자를 메고 나오니 이는 한 어머니의 독자요 그의 어머니는 과부라 그 성의 많은 사람도 그와 함께 나오거늘 13주께서 과부를 보시고 불쌍히 여기사 울지 말라 하시고 14가까이 가서 그 관에 손을 대시니 멘 자들이 서는지라 예수께서 이르시되 청년아 내가 네게 말하노니 일어나라 하시매 15죽었던 자가 일어나 앉고 말도 하거늘 예수께서 그를 어머니에게 주시니 16모든 사람이 두려워하며 하나님께 영광을 돌려 이르되 큰 선지자가 우리 가운데 일어나셨다 하고 또 하나님께서 자기 백성을 돌보셨다 하더라 17예수께 대한 이 소문이 온 유대와 사방에 두루 퍼지니라(눅 7:11-17)

우리 인생은 두 행렬 중 하나에 있습니다. 생명의 행렬과 죽음의 행렬입니다. 나인성 밖에서는 예수님을 따르는 생명의 행렬이 성 안을 향해 들어오고 있습니다. 성 안에서는 죽은 자를 메고 성 밖으로 장사지내기 위해 나가는 죽음의 행렬이 있습니다. 더구나 죽은 자는 과부의 독자 청년으로서 참으로 안타까운 죽음이었습니다. 가장 비참하고 절망적인 상황입니다. 결국 생명의 행렬과 죽음의 행렬이 마주쳤습니다(encounter). 이것이 계시이며 카이로스입니다. 예수님께서 가까이 가서 그 관에 손을 대자 멘 자들이 섰습니다. 죽음의 부정이 예수님에게 옮겨간 것이 아니라 예수님의 생명이 청년에게로 옮겨갑니다. 예수님은 말씀하셨습니다. "청년아 내가 말하노니 일어나라." 청년은 일어나 앉아 말도 하고, 어머니와 사람들의 슬픔은 환희와 경탄으로 바뀌었습니다. 죽음의 행렬은 종식되고, 생명의 행렬에 합류되어 성 안으로 들어왔습니다. 누가 죽음의 행렬을 생명의 행렬로 바꾸었습니까? 당신은 지금 그 생명의 행렬로 갈아 타셨습니까?

오실 그이

18요한의 제자들이 이 모든 일을 그에게 알리니 19요한이 그 제자 중 둘을 불러 주께 보내어 이르되 오실 그이가 당신이오니이까 우리가 다른 이를 기다리오리이까 하라 하매 20 그들이 예수께 나아가 이르되 세례 요한이 우리를 보내어 당신께 여쭈어 보라고 하기를 오실 그이가 당신이오니이까 우리가 다른 이를 기다리오리이까 하더이다 하니 21마침 그 때에 예수께서 질병과 고통과 및 악귀 들린 자를 많이 고치시며 또 많은 맹인을 보게 하신지라 22예수께서 대답하여 이르시되 너희가 가서 보고 들은 것을 요한에게 알리되 맹인이 보며 못 걷는 사람이 걸으며 나병환자가 깨끗함을 받으며 귀먹은 사람이 들으며 죽은 자가 살아나며 가난한 자에게 복음이 전파된다 하라 23누구든지 나로 말미암아 실족하지 아니하는 자는 복이 있도다 하시니라(눅 7:18-23)

감옥에 갇혀 있던 세례요한은 자신의 제자를 예수님께 보내어 "오실 그이가 당신입니까?"라고 물었습니다. 의심이 생길 때 방황하거나 혼자 해결하려 하지 않고 예수님께 물어보는 것은 잘한 일입니다. 그렇지 않으면 실족할 수 있습니다. 그런데 왜 예수님을 메시아로 자신 있게 소개하던 요한이 이런 질문을 하고 있을까요? 감옥 생활이 그의 믿음을 약화시켰나요? 아니면 다른 사람들에게는 기적적인 일을 행하시면서 자신을 위해 아무런 일도 행하시지 않는 예수님이 야속했나요? 사실 구약에는 메시아의 초림과 재림이 한꺼번에 나옵니다. 메시아의 초림에는 긍휼사역이, 메시아의 재림에는 심판사역이 진행되는데, 예수님의 사역은 주로 긍휼사역입니다. 세례요한은 심판사역을 기대했는지 모릅니다. 예수님 사역은 이사야에 예언되어 있는 은혜의 해를 선포하는 일이 응답된 것입니다(사 61:1-2). 이사야의 다른 부분에도 메시아의 표적이 긍휼사역으로 제시되어 있습니다(사 29:18,35:5,42:7). 맹인이 보고, 못 걷는 자가 걷고, 나병환자가 깨끗함을 받고, 귀먹은 사람이 들으며, 죽은 자가 살아나고, 가난한 자에게 복음이 전파되는 것은 바로 이런 메시아의 표적입니다. 오신 메시아는 치료, 회복, 구원의 사역을 하십니다. 그러나 다시 오실 메시아는 심판의 주로 오십니다.

NOTE 57

무엇을 보려고 나갔더냐?

24요한이 보낸 자가 떠난 후에 예수께서 무리에게 요한에 대하여 말씀하시되 너희가 무엇을 보려고 광야에 나갔더냐 바람에 흔들리는 갈대냐 25그러면 너희가 무엇을 보려고 나갔더냐 부드러운 옷 입은 사람이냐 보라 화려한 옷을 입고 사치하게 지내는 자는 왕궁에 있느니라 26그러면 너희가 무엇을 보려고 나갔더냐 선지자냐 옳다 내가 너희에게 이르노니 선지자보다도 훌륭한 자니라 27기록된 바 보라 내가 내 사자를 네 앞에 보내노니 그가 네 앞에서 네 길을 준비하리라 한 것이 이 사람에 대한 말씀이라 28내가 너희에게 말하노니 여자가 낳은 자 중에 요한보다 큰 자가 없도다 그러나 하나님의 나라에서는 극히 작은 자라도 그보다 크니라 하시니(눅 7:24-28)

세례요한이 제자를 보내어 예수님께 질문을 한 후, 세례요한에 대해서 예수님이 말씀하시는 것입니다. 한마디로 세례요한의 사역을 긍정하신 것입니다. 그런데 세례요한에게 몰려들었던 사람들이 과연 세례요한을 제대로 알고 있었는지를 묻고 있습니다. 많은 무리들이 세례요한에 대한 소문을 듣고 광야로 몰려갔습니다. 그런데 그곳에서 무엇을 보았느냐는 것입니다. 그곳에 나간 목적이 무엇이냐는 것입니다. 바람에 흔들리는 갈대를 보기 위해 나갔냐는 것입니다. 그곳에 몰려드는 사람들을 구경하기 위해 나갔냐는 것입니다. 그러한 목적으로 나갔다면 장소를 잘못 찾은 것입니다. 얼마든지 더 경치가 좋은 곳이 많고, 얼마든지 멋있는 사람들이 모이는 곳이 많다는 것입니다. 이런 사람들은 잘못된 곳에서 잘못된 것을 찾고 있는 것입니다. 그런데 그 중에 일부만이 선지자를 보기 위해 나갔다는 것입니다. 그런데 세례요한은 선지자보다 훌륭한 자라는 것입니다.

구약 말라기 선지자가 3장 1절에 예언한 메시아의 길을 준비하는 사자라는 것입니다. 그러면 당연히 여자가 낳은 자 중에 요한보다 큰 사람이 없다는 말씀이 사실입니다. 그럼 광야에 가서 분명히 보아야 하는 것은 세례요한이 준비하는 메시아입니다. 세례요한도 메시아에 이르는 과정이요, 길잡이에 불과합니다. 세례요한이 가리키는 손가락 끝만 보고 그 손가락이 가리키는 방향에 서 있는 분을 보지 못하면 광야에 간 목적을 제대로 이룬 것이 아닙니다. 결국 세례요한을 통해서 예수님을 보아야 광야에서 볼 것을 바로 본 것입니다. 나는 오늘 분명한 목적의식을 가지고 나가고 있습니까?

NOTE 58

지혜의 자녀

29모든 백성과 세리들은 이미 요한의 세례를 받은지라 이 말씀을 듣고 하나님을 의롭다
하되 30바리새인과 율법교사들은 그의 세례를 받지 아니함으로 그들 자신을 위한 하나님
의 뜻을 저버리니라 31또 이르시되 이 세대의 사람을 무엇으로 비유할까 무엇과 같은가
32비유하건대 아이들이 장터에 앉아 서로 불러 이르되 우리가 너희를 향하여 피리를 불
어도 너희가 춤추지 않고 우리가 곡하여도 너희가 울지 아니하였다 함과 같도다 33세례
요한이 와서 떡도 먹지 아니하며 포도주도 마시지 아니하매 너희 말이 귀신이 들렸다 하
더니 34인자는 와서 먹고 마시매 너희 말이 보라 먹기를 탐하고 포도주를 즐기는 사람이
요 세리와 죄인의 친구로다 하니35지혜는 자기의 모든 자녀로 인하여 옳다 함을 얻느니
라(눅 7:29-35)

세례요한을 통하여 우리는 예수님에게 나아가게 됩니다. 그는
예수님께 나아가는 길을 준비하는 사람으로 요한의 회개의 세례를
통하여 인자와 함께 하는 기쁨의 잔치로 들어가게 됩니다. 세리와
죄인들은 요한의 세례를 받고 하나님의 의롭다하심을 힘입어 인자
와 함께 먹고 마시는 천국의 잔치를 미리 경험합니다. 그러나 바리
새인과 율법교사들은 요한의 세례를 받지 않으므로 하나님의 뜻을
거부합니다. 그리고 회개의 복음을 몸으로 살면서 전하는 세례요
한을 귀신들렸다 말하고, 기쁨의 복음을 몸으로 살면서 전하는 예
수님을 먹기를 탐하는 죄인의 친구라고 판단합니다. 그들은 아무

런 감정도 없는 강퍅한 사람들입니다. 슬퍼하는 사람과 함께 애통해 하지도 않고, 기뻐하는 사람과 함께 춤을 출 줄도 모릅니다. 바리새인과 율법주의자들은 생명이 약동하는 믿음생활을 무미건조한 종교로 만들어 버렸습니다. 그들의 모습이 그들의 종교가 얼마나 생명력이 없는가를 증거 합니다. 가르침을 받는 자의 행실을 통하여 진리는 증명되는 법입니다. 이것을 여기에서는 잠언처럼 지혜를 의인화하여 지혜는 지혜의 자녀로 인하여 옳다 함을 얻는다고 표현하고 있습니다. 우리 안에 참 된 지혜가 있습니까?

한 바리새인과 한 여자 그리고 예수님

36한 바리새인이 예수께 자기와 함께 잡수시기를 청하니 이에 바리새인의 집에 들어가 앉
으셨을 때에 37그 동네에 죄를 지은 한 여자가 있어 예수께서 바리새인의 집에 앉아 계심
을 알고 향유 담은 옥합을 가지고 와서 38예수의 뒤로 그 발 곁에 서서 울며 눈물로 그 발
을 적시고 자기 머리털로 닦고 그 발에 입맞추고 향유를 부으니 39예수를 청한 바리새인
이 그것을 보고 마음에 이르되 이 사람이 만일 선지자라면 자기를 만지는 이 여자가 누구
며 어떠한 자 곧 죄인인 줄을 알았으리라 하거늘(눅 7:36-39)

예수님을 중심으로 대조적인 두 사람이 그림에 등장합니다. 예
수님을 자기 집으로 초청한 시몬으로 알려진 한 바리새인은 아마
도 사람들의 존경을 받는 분입니다. 그런데 남의 잔치에 불쑥 나타
나 사람들의 이목을 집중시키는 한 여자는 동네에서 죄인으로 공
인된 자입니다. 이 여자는 다른 사람들의 시선을 아랑곳하지도 않
고, 예수님의 발에 향유를 붓고 울면서 자기 머리털로 그 발을 닦
고 입을 맞추었습니다. 바리새인은 그 여자를 판단하고 있고, 이
어서 예수님조차 의심하고 있습니다. 예수님이 선지자라면 그 여
자에게 일종의 심판 같은 조치를 해야 한다고 마음으로 주문하고
있습니다. 자기의 의를 내세우는 우월의식, 여자의 행위를 비웃는
냉소주의, 예수님에 대한 불신앙까지 드러나 있습니다. 여자는 공

개적인 장소에서 용감하게 자신의 허물을 몸의 행위와 눈물과 물질로서 회개하고 있습니다. 여자는 자신의 가치관의 변화를 분명히 보여주고, 오로지 예수님께만 집중하고 있습니다. 예수님 곁에 이렇게 두 사람이 있습니다. 나는 어느 쪽에 가깝습니까? 한 바리새인입니까? 아니면, 한 여자입니까?

누가더 사랑할까?

40예수께서 대답하여 이르시되 시몬아 내가 네게 이를 말이 있다 하시니 그가 이르되 선생님 말씀하소서 41이르시되 빚 주는 사람에게 빚진 자가 둘이 있어 하나는 오백 데나리온을 졌고 하나는 오십 데나리온을 졌는데 42갚을 것이 없으므로 둘 다 탕감하여 주었으니 둘 중에 누가 그를 더 사랑하겠느냐 43시몬이 대답하여 이르되 내 생각에는 많이 탕감함을 받은 자니이다 이르시되 네 판단이 옳다 하시고(눅 7:40-43)

예수님이 "시몬아" 친근하게 바리새인의 이름을 부르시며 "네게 이를 말이 있다" 말문을 여셨을 때, 바리새인은 은근히 자신이 생각한 대로 예수님이 자신의 편을 들어 줄 것으로 기대했을 것입니다. 그래서 반갑게 "선생님 말씀하소서" 했을 것입니다. 그런데 예수님은 전혀 뜻밖에 "빚 탕감의 비유"를 말씀하셨습니다. 채주에게 오백 데나리온과 오십 데나리온 빚진 자 두 사람이 있었는데, 아무 조건 없이 두 사람의 빚을 탕감해 주었다는 것입니다. 이런 경우 '누가 채주를 더 사랑할까'라는 질문입니다. 여기 판단의 명수 바리새인은 너무나 당연한 질문에 "많이 탕감을 받을 자"라고 정확하게 답변을 했습니다. '누가 더 사랑할까'는 '누가 더 감사할까'로 써도 될 것 같습니다. 빚진 두 사람은 상대적으로 차이가 있는 것이지

빚을 지었다는 것에서는 동일합니다. 빚을 죄로, 탕감을 용서로 대비할 수 있고, 둘 사이는 절대적인 차이가 아니라 상대적 차이라는 것입니다. 물론 바리새인의 대답이 맞습니다만 이것이 비유일 때는 사랑은 탕감 받은 액수의 차이보다 탕감 받은 의식과 자각의 차이라고 보아야 합니다. 세상에는 50 데나리온 탕감에 5000 데나리온 탕감 받은 것처럼 감사하는 사람도 있고, 500 데나리온 탕감을 당연하게 여기는 사람도 많이 있습니다. 내가 주님께 용서 받은 것이 많다고 느낄수록 사랑은 더 커집니다. '죄가 많은 곳에 은혜가 많다'는 것은 죄에 대한 자각의 크기입니다.

결례와 섬김

44그 여자를 돌아보시며 시몬에게 이르시되 이 여자를 보느냐 내가 네 집에 들어올 때 너는 내게 발 씻을 물도 주지 아니하였으되 이 여자는 눈물로 내 발을 적시고 그 머리털로 닦았으며 45너는 내게 입맞추지 아니하였으되 그는 내가 들어올 때로부터 내 발에 입맞추기를 그치지 아니하였으며 46너는 내 머리에 감람유도 붓지 아니하였으되 그는 향유를 내 발에 부었느니라 47이러므로 내가 네게 말하노니 그의 많은 죄가 사하여졌도다 이는 그의 사랑함이 많음이라 사함을 받은 일이 적은 자는 적게 사랑하느니라 48이에 여자에게 이르시되 네 죄 사함을 받았느니라 하시니 49함께 앉아 있는 자들이 속으로 말하되 이가 누구이기에 죄도 사하는가 하더라 50예수께서 여자에게 이르시되 네 믿음이 너를 구원하였으니 평안히 가라 하시니라(눅 7:44–50)

초청은 바리새인이 했지만 대접은 여자가 한 것이 되었습니다. 당시 손님을 환대하는 방식인 발씻음, 입맞춤, 기름부음의 순서를 따라 바리새인의 결례와 여자의 섬김이 대조적으로 언급되고 있습니다. 결국, 여자에게 바리새인의 정죄 대신 예수님의 용서가 확증됩니다. 그 여자의 사랑이 용서를 부른 것이 아니고, 하나님의 용서가 그 여자의 사랑을 불러일으킨 것입니다. 죄 용서의 선언은 예수님께서 죄 사하는 권세가 있음을 보여주는 것으로서 오해의 소지가 있음에도 불구하고 그 여자의 행위처럼 공개적으로 선언됩니다. 이런 공식화는 그 여자가 과거의 삶에 종지부를 찍고, 새로운 삶을 시작하는 전환점이 되었을 것입니다. 더 나아가 예수님께서는 그 여자의 행위를 통해 표현된 믿음으로 구원을 선포하시고 평안을 빌어주셨습니다. 잔치는 시몬이 벌여놓고, 축복은 이름을 알 수 없는 한 여자가 다 받았습니다.

NOTE 62

여성 제자들

1그 후에 예수께서 각 성과 마을에 두루 다니시며 하나님의 나라를 선포하시며 그 복음을
전하실새 열두 제자가 함께 하였고 2또한 악귀를 쫓아내심과 병 고침을 받은 어떤 여자들
곧 일곱 귀신이 나간 자 막달라인이라 하는 마리아와 3헤롯의 청지기 구사의 아내 요안나
와 수산나와 다른 여러 여자가 함께 하여 자기들의 소유로 그들을 섬기더라(눅 8:1-3)

예수님과 함께 하면서 하나님 나라의 사역을 하였던 사람들은
남성 열두제자만이 아니었습니다. 여러 여성 제자들도 함께 하며
예수님을 돕고 섬겼습니다. 이들 여성 제자들의 출신은 다양했습
니다. 그러나 공통점은 예수님께 치유의 은혜를 받은 사람들이었
습니다. 악귀에 들렸다가 고침 받은 하층민 출신이라고 볼 수 있는
막달라 마리아와 귀족 출신으로서 병에서 치유를 받은 헤롯의 청
지기 구사의 아내 요안나와 수산나 같은 여성들입니다.

이들은 예수님께 받은 은혜를 자신들이 할 수 있는 것으로 보답
하며 신실하게 예수님을 도운 사람들입니다. 몸으로 따르는 남성
제자들과는 달리, 이 여인들은 자신들의 소유를 바쳐서 예수님과
열두제자들의 필요한 것을 채워주었습니다. 그들은 예수님 사역

의 물질적인 후원자 역할을 하였던 것입니다. 하나님 나라의 복음
은 이렇게 나타나지 않은 많은 익명의 제자들에 의해 수행되고 완
전해 집니다. 성경은 그들의 수고를 이렇게 간략하게나마 소개하
고 있습니다.

네 종류의 밭

4각 동네 사람들이 예수께로 나아와 큰 무리를 이루니 예수께서 비유로 말씀하시되 5씨를 뿌리는 자가 그 씨를 뿌리러 나가서 뿌릴새 더러는 길 가에 떨어지매 밟히며 공중의 새들이 먹어버렸고 6더러는 바위 위에 떨어지매 싹이 났다가 습기가 없으므로 말랐고 7더러는 가시떨기 속에 떨어지매 가시가 함께 자라서 기운을 막았고 8더러는 좋은 땅에 떨어지매 나서 백 배의 결실을 하였느니라 이 말씀을 하시고 외치시되 들을 귀 있는 자는 들을지어다(눅 8:4-8)

이스라엘의 파종법을 알아야 이해가 가능한 비유가 있습니다. 밭에 씨앗을 뿌리기 전에 밭갈이를 할 때에 씨를 하나씩 심지 않고, 농부가 뒷걸음을 치면서 한 줌의 씨를 좌우로 흩뿌립니다. 그렇게 하면 자연히 씨가 길에도 약간 떨어지고, 흙이 얕은 돌 위에도 떨어지고, 가시덤불에도 떨어지고, 좋은 땅에도 떨어지게 됩니다. 같은 씨지만 어떤 밭에 떨어지느냐에 따라서 결과는 전혀 달라집니다. 이 비유는 큰 무리들이 예수님께 모여왔을 때 예수님이 하신 말씀입니다. 지금도 예수님의 같은 말씀이 선포되고 있지만 큰 무리는 다양한 마음의 밭을 가지고 있습니다. 마음이 옥토인 사람은 100배의 결실을 얻게 될 것입니다. 이 말씀 앞에 먼저 나는 과연 어떤 밭인가를 생각해 보아야 합니다. 물론 좋은 땅이 되고 싶겠죠. 그럼, 좋은 땅은 무엇입니까? 말씀을 믿음으로써 경청하는 마음입니다. 바로 들을 귀를 갖는 것입니다.

NOTE 64

하나님 나라의 비밀

9제자들이 이 비유의 뜻을 물으니 10이르시되 하나님 나라의 비밀을 아는 것이 너희에게
는 허락되었으나 다른 사람에게는 비유로 하나니 이는 그들로 보아도 보지 못하고 들어도
깨닫지 못하게 하려 함이라 11이 비유는 이러하니라 씨는 하나님의 말씀이요 12길 가에 있
다는 것은 말씀을 들은 자니 이에 마귀가 가서 그들이 믿어 구원을 얻지 못하게 하려고 말
씀을 그 마음에서 빼앗는 것이요 13바위 위에 있다는 것은 말씀을 들을 때에 기쁨으로 받
으나 뿌리가 없어 잠깐 믿다가 시련을 당할 때에 배반하는 자요 14가시떨기에 떨어졌다는
것은 말씀을 들은 자이나 지내는 중 이생의 염려와 재물과 향락에 기운이 막혀 온전히 결
실하지 못하는 자요 15좋은 땅에 있다는 것은 착하고 좋은 마음으로 말씀을 듣고 지키어
인내로 결실하는 자니라(눅 8:9-15)

    친절한 예수님입니다. 비유로 말하는 이유는 진리를 쉽게 설명
하려는 것인데, 비유를 설명하면 비유의 맛이 제대로 살아나지 않
습니다. 그래도 샘플로 해석을 해 주십니다. 하나님 나라의 비밀
은 사실상 공개된 비밀입니다. 알지 못하는 자들은 스스로 눈과 귀
를 막고, 마음을 완악하게 하기 때문입니다. 말씀은 씨입니다. 결
실하지 못하는 밭들은 각각 원수가 있습니다. 신앙생활의 3대 적
입니다. 길가의 원수는 공중의 새로 표현된 마귀입니다. 당시 마
음이 완악하고 닳아빠진 헤롯이나 바리새인 같은 사람들입니다.
바위의 원수는 시련과 유혹에 약해 넘어지는 육신입니다. 기쁘으

로 예수님을 따르다가도 위협 앞에 힘없이 무너지는 베드로, 예수
님의 치유와 기적을 보고 따르다가 일시에 뒤돌아서는 군중들입니
다. 가시떨기의 원수는 세상입니다. 세상의 염려와 재물과 향락 때
문에 예수님의 초청을 따를 수 없는 부자청년 같은 사람입니다. 이
들에게는 하나님 나라가 아직도 비밀에 붙혀 있습니다. 보아도 보
지 못하고 들어도 깨닫지 못하기 때문입니다. 좋은 땅은 착하고 좋
은 마음으로 하나님 말씀을 들을 뿐만이 아니라 어려움이 와도 낙
심하지 않고 꾸준히 실행함으로써 결실에 이르는 것입니다. 여기
에서 인내가 중요합니다.

NOTE 65
어떻게 들을까?

16누구든지 등불을 켜서 그릇으로 덮거나 평상 아래에 두지 아니하고 등경 위에 두나니 이는 들어가는 자들로 그 빛을 보게 하려 함이라 17숨은 것이 장차 드러나지 아니할 것이 없고 감추인 것이 장차 알려지고 나타나지 않을 것이 없느니라 18그러므로 너희가 어떻게 들을까 스스로 삼가라 누구든지 있는 자는 받겠고 없는 자는 그 있는 줄로 아는 것까지도 빼앗기리라 하시니라(눅 8:16-18)

밭의 비유는 결국 듣는 방법의 차이를 드러내는 것입니다. 어떻게 듣느냐에 따라 결과는 엄청나게 달라집니다. 그러므로 듣는 것을 주의해야 합니다. 그러면 우리는 무엇을 들어야 합니까? 예수님입니다. 등불은 예수 그리스도입니다. 그런데 어떤 사람에게는 그릇에 덮여있는 등불이며, 상아래 놓여 있는 등불입니다. 그래서 등불 역할을 못합니다. 원래 등불은 그렇게 놓이는 것이 목적이 아닙니다. 등경 위에 두어 모두를 비추는 빛이 되는 것입니다. 이런 메시야의 비밀은 드러나기 위해 있습니다. 그릇을 벗기고, 상 아래에서 등불을 드러내는 것이 바로 계시입니다. 경청하는 자에게 주어지는 것이지요. 점점 보이기 시작하고 들리기 시작하면 더 확실하게 윤곽이 드러나게 될 것입니다. 그러나 귀한 것을 알아보지 못하는 자에게는 결국 그 빛이 사라지고 말 것입니다.

NOTE 66

예수님의 가족

19예수의 어머니와 그 동생들이 왔으나 무리로 인하여 가까이 하지 못하니 20어떤 이가 알리되 당신의 어머니와 동생들이 당신을 보려고 밖에 서 있나이다 21예수께서 대답하여 이르시되 내 어머니와 내 동생들은 곧 하나님의 말씀을 듣고 행하는 이 사람들이라 하시니라(눅 8:19-21)

사랑은 원래 자기의 확장이 일어나는 것입니다. 결혼하면서 피가 섞이지 않았던 사람들이 나의 부모도 되고 형제도 됩니다. 사랑할수록 더욱 넓어지는 것입니다. 예수님은 혈연의 가족 관계를 부인하신 것이 아니라 확대된 새로운 가족관을 피력하고 계시는 것입니다. 예수님의 가족이 되는 조건은 하나님의 말씀을 듣고 행하는 것입니다. 여기서 말씀은 피보다 더 진합니다. 인종, 문화, 언어, 시대가 달라도 우리는 한 가족입니다. 우리는 말씀을 함께 나누었기 때문입니다. 우리를 가족으로 묶는 것은 하나님의 말씀이 되어야 한다는 뜻이기도 합니다. 그래야 이 세상에서뿐만이 아니라 하나님 나라에까지 이어지는 참 가족이 될 수 있습니다. 교회 안에서 연세가 많으신 분은 어머니나 아버지처럼 존경해 드리고,

같은 또래는 형제와 자매처럼 다정하게 대하고, 어린 아이들은 자녀처럼 사랑하는 공동체적 가족을 이루는 것입니다. 앞으로 고령 사회로 갈수록 사회적 '효'가 중요해 지는 시점에서 예수님의 가족에 대한 생각은 혈연의 이기주의를 뛰어넘는 놀라운 대안이 될 것입니다.

NOTE 67

믿음의 자리

22하루는 제자들과 함께 배에 오르사 그들에게 이르시되 호수 저편으로 건너가자 하시매
이에 떠나 23행선할 때에 예수께서 잠이 드셨더니 마침 광풍이 호수로 내리치매 배에 물
이 가득하게 되어 위태한지라 24제자들이 나아와 깨워 이르되 주여 주여 우리가 죽겠나
이다 한대 예수께서 잠을 깨사 바람과 물결을 꾸짖으시니 이에 그쳐 잔잔하여지더라 25
제자들에게 이르시되 너희 믿음이 어디 있느냐 하시니 그들이 두려워하고 놀랍게 여겨 서
로 말하되 그가 누구이기에 바람과 물을 명하매 순종하는가 하더라(눅 8:22-25)

　　제자들이 행선하다가 광풍을 만나 자신들의 노력이 허사로 돌아
가자, 결국 예수님을 깨우며 "주여, 주여 우리가 죽겠나이다."하는
상황입니다. 예수님은 바람과 물결을 꾸짖으시며 잔잔케 하십니
다. 자연을 의인화시켜 표현하고 있습니다. 마치 광풍은 자연이 미
친 것으로, 꾸짖으시므로 자연이 순종하는 것으로 우주만물을 만
드신 창조주 하나님의 능력을 드러내고 있습니다. 이것은 다음에
나올 거라사 광인의 축귀 기사와 밀접한 연관이 있습니다. 우리는
인생의 광풍을 만났을 때, 마치 예수님이 우리 곁에 계시지 않는
것처럼 처신합니다. 믿음의 대처가 아니라 경험과 상식에 따라 대
처합니다. 믿음이 나와야 할 자리에 두려움이 나옵니다. 그리고 스

스로 결과를 예단합니다. 그러기에 예수님은 "너희 믿음이 어디 있느냐?" 물으십니다.

이때야 말로 믿음이 나와야 할 때인데, 그들의 모습에서 믿음이 실종되었습니다. 배에 타면서 예수님은 무어라고 말씀하셨습니까? "호수 저편으로 건너가자" 하셨습니다. 목적은 분명합니다. 호수 저편으로 가는 것입니다. 호수 가운데서 절대로 죽지 않습니다. 다만 풍랑은 우리의 믿음을 실습하는 훈련일 수 있습니다. 문제는 왜 그 상황에 믿음을 적용하지 않느냐 입니다. 믿음은 무엇을 위해 있는 것입니까? 인생 항해의 목적도 불투명하고, 죽을까봐 두려워하고, 예수님께 먼저 달려가지 않고, 예수님이 누구신지도 모른다면 믿음이 있다고 말할 수 있습니까?

네 이름이 무엇이냐?

26그들이 갈릴리 맞은편 거라사인의 땅에 이르러 27예수께서 육지에 내리시매 그 도시 사람으로서 귀신 들린 자 하나가 예수를 만나니 그 사람은 오래 옷을 입지 아니하며 집에 거하지도 아니하고 무덤 사이에 거하는 자라 28예수를 보고 부르짖으며 그 앞에 엎드려 큰 소리로 불러 이르되 지극히 높으신 하나님의 아들 예수여 당신이 나와 무슨 상관이 있나이까 당신께 구하노니 나를 괴롭게 하지 마옵소서 하니 29이는 예수께서 이미 더러운 귀신을 명하사 그 사람에게서 나오라 하셨음이라 (귀신이 가끔 그 사람을 붙잡으므로 그를 쇠사슬과 고랑에 매어 지켰으되 그 맨 것을 끊고 귀신에게 몰려 광야로 나갔더라) 30예수께서 네 이름이 무엇이냐 물으신즉 이르되 군대라 하니 이는 많은 귀신이 들렸음이라 (눅 8:26-30)

내 안에 누구를 모시느냐에 따라 전혀 다른 사람이 됩니다. 귀신이 들리게 되니, 도시의 자기 집에서 옷을 입고 살던 사람이 무덤 사이에서 옷도 입지 않고 대신 쇠사슬에 메여 살고 있습니다. 사람처럼 사는 것이 아니라 짐승처럼 살고 있습니다. 많은 귀신, 더러운 귀신, 강한 귀신이 들려서 자기 삶의 통제권을 완전히 **빼앗긴** 상태입니다. 예수님은 귀신을 드러냅니다. 귀신도 예수님을 단번에 알아보고 엎드리며 큰 소리로 부르짖었습니다. "지극히 높으신 하나님의 아들 예수여!" 만일 이 말만 듣고 보면 예배하는 사람이

나 제자들의 말과 같습니다. 그러나 이런 지식이 믿음을 동반하지 않는다면 아무런 소용이 없습니다. 아는 것이 우리를 구원할 수 없습니다. 믿음이 우리를 구원합니다. 스스로도 예수님과 상관이 없다고 밝히지 않습니까? 말을 이렇게 바꾸었으면 얼마나 좋을까요? "지극히 높으신 하나님의 아들 예수여, 잘 오셨습니다. 나는 당신의 자녀입니다. 나를 구원하소서."라고 말입니다.

예수님은 "네 이름이 무엇이냐?"라고 물으십니다. 자신의 본래 이름을 말하는 대신 귀신의 정체를 드러냅니다. "군대라." 귀신에 사로잡힌 사람은 자기의 정체성을 잃어버렸습니다. 내 안에 들어있는 것이 나의 이름이 됩니다. 나는 누구입니까? 하나님의 자녀입니다.

귀신의 간구도 허락하시나?

31무저갱으로 들어가라 하지 마시기를 간구하더니 32마침 그 곳에 많은 돼지 떼가 산에서 먹고 있는지라 귀신들이 그 돼지에게로 들어가게 허락하심을 간구하니 이에 허락하시니 33귀신들이 그 사람에게서 나와 돼지에게로 들어가니 그 떼가 비탈로 내리달아 호수에 들어가 몰사하거늘 34치던 자들이 그 이루어진 일을 보고 도망하여 성내와 마을에 알리니 (눅 8:31-34)

무저갱에 들어가지 말게 해달라고 귀신이 간청을 했는데, '이것도 간구라고 할 수 있을까요? 이런 귀신의 간구도 들어주시는가?'라는 질문이 먼저 생깁니다. 무저갱은 사탄이 결박되어 갇혀 있는 곳(계 9:1,2,11, 20:1-3)으로, 사람으로 말하면 감옥 같은 곳인데, 예수님에게 선처를 호소하는 것 같습니다. 그런데 왜 예수님은 귀신을 말살하거나 무저갱에 깊이 잡아넣으시지 않고, 돼지 떼에게 옮겨 가는 것을 허락했을까요? 오늘날 같으면 동물애호가들도 항의하고 나설 일입니다. 더구나 남의 소유인데 말입니다. 저로서는 그 이유를 잘 알 수가 없어서 난처합니다.

예수님이 마침 하시려는 일과 귀신의 말이 일치한 것인가요? 아니면, 마태복음이 시사하는 바와 같이(마 8:29 "때가 이르기 전에") 종말론적 심판을 유보하신 것인가요? 아니면 다음에 사람들이 보이는 반응을 보기 위해서 일까요? 궁금증이 더 합니다. 성경의 기자는 오늘 우리가 질문하는 것을 별로 염두에 두지 않았던 것 같습니다. 제가 난감해 할 것을 모르는 것 같습니다. 성경은 이런 질문을 제기하는 관점과는 다른 관점에서 사건을 보고 있는 것이 분명합니다. 만일 그 돼지가 식용이 아닌 이방 희생제사에 쓰였던 부정한 짐승이라면, 귀신의 파괴적인 본성이 얼마나 큰가를 보여주기 위함이라면, 예수님의 사역이 모든 부정한 것들을 몰아내는 것이었다면, 하나님의 능력이 임하는 것을 가시적으로 보여주는 것이라면, 인간 구원의 가치가 얼마나 큰 것인가를 보여주는 것이라면 얼마든지 가능한 기록입니다. 본문에서 우리는 성경의 저자의 의도에 따라 예수님은 얼마나 능력이 크신지, 사람의 가치가 얼마나 큰지, 하나님의 나라가 임할 때 어떻게 귀신이 떠나가는지 보는 것으로써 우선 위안을 삼아야 하겠습니다.

NOTE 70

두려움과 믿음 사이

35사람들이 그 이루어진 일을 보러 나와서 예수께 이르러 귀신 나간 사람이 옷을 입고 정신이 온전하여 예수의 발치에 앉아 있는 것을 보고 두려워하거늘 36귀신 들렸던 자가 어떻게 구원 받았는지를 본 자들이 그들에게 이르매 37거라사인의 땅 근방 모든 백성이 크게 두려워하여 예수께 떠나가시기를 구하더라 예수께서 배에 올라 돌아가실새 38귀신 나간 사람이 함께 있기를 구하였으나 예수께서 그를 보내시며 이르시되 39집으로 돌아가 하나님이 네게 어떻게 큰 일을 행하셨는지를 말하라 하시니 그가 가서 예수께서 자기에게 어떻게 큰 일을 행하셨는지를 온 성내에 전파하니라(눅 8:35-39)

목격자들의 증언을 듣고 나온 마을 사람들은 벗고, 소리 지르며, 무덤 사이에 묶여 있던 사람이 옷을 입고, 정신이 온전해져서, 예수님 발치에 얌전히 앉아 있는 것을 보고 기뻐하기 보다는 두려움이 들었습니다. 왜 사람들은 이런 상황에서 믿음이 생기지 않고 두려움부터 생기나요? 왜 같이 기뻐하며 예수님께서 그들과 함께 계시기를 간청하지 않고, 크게 두려워하며 빨리 떠나시기를 구하나요? 알 수 없는 일입니다. 예수님은 두려움의 대상이 아니라 믿음의 대상입니다. 그분의 사역도 마찬가지입니다. 여기에서도 두려움은 믿음의 반대입니다.

그들이 물질적인 손해를 입어서 더 많은 손실이 생길까봐 경제적인 이유로 그랬을까요? 아니면 "군대" 귀신이 쫓기는 것에서 로마 군대를 연상하면서 보복을 당할까봐 정치적인 이유에서 그랬을까요? 하여간 무슨 일이 있으면 사람들은 자기중심적으로 자기에게 돌아올 손익을 계산하기에 바쁘고, 현실적인 판단을 하면서 결론에 도달합니다. 그렇게 해서는 하나님의 새역사를 경험할 수 없습니다. 그러나 귀신들렸다가 나은 사람은 예수님과 함께 있기를 구하였습니다. 예수님은 그에게 일상생활로 복귀를 명하시고, 아울러 일상의 삶에서 하나님이 어떻게 큰일을 행하셨는가를 말하라고 하셨습니다. 그는 예수님의 위임을 받아 예수님 대신 거라사의 전도자가 되었습니다. 전파의 내용은 "예수께서 내게 어떻게 큰일을 행하셨는가?"입니다. 전도는 다름이 아니라 자기가 만난 예수님, 예수님을 통해 변화된 이야기를 나누는 것입니다.

밤새 광풍을 헤치고 이곳에 오신 예수님은 문전에서 박대를 당하고 발길을 돌려야 했습니다. 결국 그 어려움을 겪고 거라사에 오셔서 귀신들린 사람 하나 구원하시고 가시는 것입니다. 그래도 예수님은 기뻐하셨을 것입니다. 예수님은 한 영혼을 위해 언제라도 다시 그 밤, 광풍을 뚫고 오실 것입니다.

믿음의 터치

40예수께서 돌아오시매 무리가 환영하니 이는 다 기다렸음이러라 41이에 회당장인 야이로라 하는 사람이 와서 예수의 발 아래에 엎드려 자기 집에 오시기를 간구하니 42이는 자기에게 열두 살 된 외딸이 있어 죽어감이러라 예수께서 가실 때에 무리가 밀려들더라 43이에 열두 해를 혈루증으로 앓는 중에 아무에게도 고침을 받지 못하던 여자가 44예수의 뒤로 와서 그의 옷 가에 손을 대니 혈루증이 즉시 그쳤더라 45예수께서 이르시되 내게 손을 댄 자가 누구냐 하시니 다 아니라 할 때에 베드로가 이르되 주여 무리가 밀려들어 미나이다 46예수께서 이르시되 내게 손을 댄 자가 있도다 이는 내게서 능력이 나간 줄 앎이로다 하신대 47여자가 스스로 숨기지 못할 줄 알고 떨며 나아와 엎드리어 그 손 댄 이유와 곧 나은 것을 모든 사람 앞에서 말하니 48예수께서 이르시되 딸아 네 믿음이 너를 구원하였으니 평안히 가라 하시더라(눅 8:40-48)

　　예수님이 회당장 야이로의 열 두 살 된 외동딸을 살리려 가시는 길에 열 두 해 동안 혈루증으로 앓던 여인의 이야기가 삽입되어 있어서 본문은 샌드위치 구조입니다. 분초를 다투며 회당장이 앞서고 수많은 무리가 따르는 거대한 행렬을 일시에 정지시킨 여인의 이야기입니다. 베드로의 말대로 많은 사람이 예수님에게 접촉을 하였겠지만 이 여인은 믿음으로 접촉을 하였습니다. 축복은 위에서 임하지만 능력은 안에서 밖으로 나갑니다. 믿음을 연결고리로 하여 능력은 나타나게 됩니다. 여인은 예수님 뒤에서 옷 가에 손을 댄 것 밖에 없었지만 믿음으로 손을 내 밀었을 때에 열 두 해 동안 앓고 있으면서, 어느 누구에게도 고침을 받을 수 없었던 혈루증이 즉각 치유되었습니다. 예수님이 안수하신 것이 아니라 오히려 그 여인이 예수님을 만졌습니다. 물론 많은 사람들이 예수님을 만졌습니다. 그러나 어떤 마음으로 만졌느냐가 중요합니다. 그 여인은 믿음의 터치였습니다. 그 여인이 다른 사람에게 접촉하면 다른 사람이 부정을 타지만 예수님에게 접촉하니 오히려 예수님의 능력이 흘러들어 갔습니다. 우리가 하나님을 접촉하면 하나님을 부정하게 만드는 것이 아니라 오히려 하나님의 거룩으로 우리가 정결하게 됩니다. 예수님은 그 여인의 육체의 치유에 이어 마음과 영혼에 구원의 말씀을 선언하십니다. "딸아 네 믿음이 너를 구원하였으니 평안히 가라"

NOTE 72

죽음 너머의 기회

49아직 말씀하실 때에 회당장의 집에서 사람이 와서 말하되 당신의 딸이 죽었나이다 선생님을 더 괴롭게 하지 마소서 하거늘 50예수께서 들으시고 이르시되 두려워하지 말고 믿기만 하라 그리하면 딸이 구원을 얻으리라 하시고 51그 집에 이르러 베드로와 요한과 야고보와 아이의 부모 외에는 함께 들어가기를 허락하지 아니하시니라 52모든 사람이 아이를 위하여 울며 통곡하매 예수께서 이르시되 울지 말라 죽은 것이 아니라 잔다 하시니 53그들이 그 죽은 것을 아는 고로 비웃더라 54예수께서 아이의 손을 잡고 불러 이르시되 아이야 일어나라 하시니 55그 영이 돌아와 아이가 곧 일어나거늘 예수께서 먹을 것을 주라 명하시니 56그 부모가 놀라는지라 예수께서 경고하사 이 일을 아무에게도 말하지 말라 하시니라(눅 8:49-56)

회당장 야이로의 집에 사는 사람이 와서 그의 외동딸이 결국 죽었다고 전달했을 때, 야이로의 마음은 어땠을까요? 전달한 사람의 말처럼 더 이상 예수님이 아무 소용없다고 생각했을까요? 아니면 그럴 줄 알았으면 임종이라도 볼 것을 괜히 예수님을 찾으러 왔다고 후회를 했을까요? 그것도 아니면 도중에 나타나 예수님의 발길을 멈추게 한 혈루증 앓던 여인을 탓하였을까요? 이 모든 것은 우리가 죽음이 마지막이라고 설정을 해 놓았기에 가능한 생각들입니다. 만일 예수님이 죽음 너머에도 역사하실 수 있다면 아무 것도 달라진 것이 없습니다. 하나님이 영원하시다는 것은 우리의 시간에 한정되지 않는다는 뜻입니다.

우리가 세상에서 생명이 시작되기 전부터 우리가 세상에서 죽음을 맞이한 후에도 우리는 하나님 안에 있습니다. 우리는 죽음 너머에 까지 소망을 가지고 있습니다. 우리에게는 죽음조차도 하나님 안에서 자는 것이 됩니다. 예수님은 야이로에게 "두려워하지 말고 믿기만 하라"고 말씀하셨습니다. 여기에서 '두려움'은 '믿음'의 대격으로 나와 있습니다. 두려움은 믿음이 없는 상태입니다. 예수님은 아이의 손을 잡고 '달리다굼', '아이야 일어나라' 하셨습니다. '달리다굼'은 엄마가 아침에 아이를 깨울 때 하는 다정한 말입니다. '먹을 것을 주라'는 것은 아이가 완전히 치유된 것을 확증해 주는 말씀입니다.

NOTE 73

능력전도

1예수께서 열두 제자를 불러 모으사 모든 귀신을 제어하며 병을 고치는 능력과 권위를 주시고 2하나님의 나라를 전파하며 앓는 자를 고치게 하려고 내보내시며 3이르시되 여행을 위하여 아무 것도 가지지 말라 지팡이나 배낭이나 양식이나 돈이나 두 벌 옷을 가지지 말며 4어느 집에 들어가든지 거기서 머물다가 거기서 떠나라 5누구든지 너희를 영접하지 아니하거든 그 성에서 떠날 때에 너희 발에서 먼지를 떨어 버려 그들에게 증거를 삼으라 하시니 6제자들이 나가 각 마을에 두루 다니며 곳곳에 복음을 전하며 병을 고치더라
(눅 9:1-6)

예수님은 열두 제자를 보내시면서 예수님께서 하셨던 사역을 실습하도록 하십니다. 그것은 병을 고치는 것과 하나님 나라를 전파하는 것입니다. 사람들은 병 고침을 통하여 하나님의 능력을 체험하고, 믿음을 갖게 됩니다. 이것이 능력전도입니다. 그러므로 우리는 믿음으로 약한 자들을 위해 먼저 기도하여 치유를 받게 하고 하나님 나라를 전해야 하겠습니다. 사실 하나님 나라는 모든 병든 것들이 회복되는 전인적인 것입니다. 치유는 하나님 나라가 임하는 표적이기도 합니다. 예수님은 우리에게 이러한 능력을 주셨습니다. 믿음으로 병자들을 위해 기도하면 치유가 일어납니다. 그리

고 예수님은 제자들을 파송하시면서 여행에 필요한 안전, 양식, 의복, 숙박 같은 필수적인 것조차 지참하지 말고 그냥 가라고 하십니다. 이것은 하나님을 향한 전적인 신뢰로 나가라는 것입니다. 하나님이 보호하시고, 먹이시고, 입히시고, 재우시는 것을 체험하라는 것입니다. 아브라함이 믿음으로 갈 바를 알지 못하고 나아가는 것과 같습니다.

이번 전도여행을 통하여 제자들은 하나님이 어떻게 자신들의 필요를 채우시는 가를 경험하게 될 것입니다. 하나님이 동역하셔서 어떻게 큰 능력이 나타나는 가를 스스로 체험하게 될 것입니다. 전도 대상자가 구원을 받는 것뿐 아니라 전도자 자신이 하나님을 체험하게 될 것입니다. 누구든지 영접하지 아니하거든 "너희 발의 먼지를 떨어 버리라"는 말씀은 실패의 먼지를 과감히 떨쳐버리고 앞으로 나가라는 권면입니다. 거절 받은 경험은 아픈 것이지만 빨리 마음으로부터 비워내야 다음을 위한 용기를 낼 수 있습니다. 그가 거절한 것은 당신 때문이 아닙니다. 그의 사정 때문입니다. 당신을 거부한 것이 아닙니다. 복음을 거부한 것입니다. 하나님의 나라의 가치를 모르기 때문입니다.

이 사람이 누군가?

7분봉 왕 헤롯이 이 모든 일을 듣고 심히 당황하니 이는 어떤 사람은 요한이 죽은 자 가운데서 살아났다고도 하며 8어떤 사람은 엘리야가 나타났다고도 하며 어떤 사람은 옛 선지자 한 사람이 다시 살아났다고도 함이라 9헤롯이 이르되 요한은 내가 목을 베었거늘 이제 이런 일이 들리니 이 사람이 누군가 하며 그를 보고자 하더라(눅 9:7-9)

"이 사람이 누군가?" 헤롯은 예수님의 하신 일을 듣고 혼란에 빠졌습니다. 헤롯은 자기의 잘못을 지적하는 세례요한을 침묵시키기 위해 죽였지만 결코 양심의 소리까지 죽이지는 못했습니다. 도둑이 제발 저리다고 이렇게 헤롯은 무슨 이야기만 들으면 노이로제에 걸렸습니다. 죄를 책망하는 자를 죽인다고 자기의 죄가 없어지지 않습니다. 헤롯은 세례요한 한 사람을 죽였지만 이제 더 많은 사람이 일어나 시도 때도 없이 헤롯을 괴롭게 할 것입니다. 예수님의 일을 듣고 사람들은 세례요한이 살아났다고 하거나 승천했던 엘리야가 나타났다고 하거나 옛 선지자 한 사람이 살아났다고 했습니다. 이런 예수님에 대한 세상 사람들의 이야기는 19절에도 다시 한 번 나옵니다. 헤롯은 자기의 입으로 "요한은 내가 목을 베었거늘"이라고 스스로의 악행을 인정하고 있습니다. 예수님은 과연 누구신가? 이것은 악인이나 선인이나 누구에게나 피할 수 없는 질문입니다. 그 질문에 대한 답변이 그들 자신의 운명을 결정지을 것입니다.

NOTE 75

너희가 먹을 것을 주라

10사도들이 돌아와 자기들이 행한 모든 것을 예수께 여쭈니 데리시고 따로 벳새다라는 고을로 떠나 가셨으나 11무리가 알고 따라왔거늘 예수께서 그들을 영접하사 하나님 나라의 일을 이야기하시며 병 고칠 자들은 고치시더라 12날이 저물어 가매 열두 사도가 나아와 여쭈오되 무리를 보내어 두루 마을과 촌으로 가서 유하며 먹을 것을 얻게 하소서 우리가 있는 여기는 빈 들이니이다 13예수께서 이르시되 너희가 먹을 것을 주라 하시니 여쭈오되 우리에게 떡 다섯 개와 물고기 두 마리밖에 없으니 이 모든 사람을 위하여 먹을 것을 사지 아니하고서는 할 수 없사옵나이다 하니(눅 9:10-13)

열 두 "제자"가 하나님 나라를 전파하는 사역을 감당하고 돌아온 후에는 열 두 "사도"라고 명칭이 다르게 나옵니다. 많은 무리들이 그들의 전도를 받고 예수님이 계신 곳까지 나아왔기 때문에 "사도"라고 칭하고 있는지 모르겠습니다. 아무튼 제자들의 사역은 성공적이었습니다. 거의 1만 명으로 추산되는 사람들이 원거리에서 벳새다 광야까지 예수님을 만나러 나왔습니다. 이 기사는 사복음서 모두에 기록될 만큼 놀라운 사건입니다. 더구나 날이 저물도록 말씀을 듣던 무리들을 마을로 돌려보내자고 건의하는 사도들에게 예수님은 "너희가 먹을 것을 주라"고 말씀을 하십니다.

사도들은 자신들에게 그럴 능력이 없다고 하고 예수님은 그들에게 주라고 하십니다. 예수님은 분명 그들에게서 그런 가능성을 보셨을 것입니다. 그리고 그 능력을 나타낼 기회를 주시는 것입니다. 물론 능력을 공급하시는 분은 하나님이십니다. 믿음만 있으면, 마음만 있으면 하나님이 통로로 쓰시는 것입니다. 돈의 부족이나 환경의 어려움이나 사람의 수효는 문제가 되지 않습니다. 돈이 없는 것이 아니라 믿음이 없습니다. 떡이 없는 것이 아니라 마음이 없습니다. 너희가 먹을 것을 주라는 것은 이미 문제에 대한 해답으로 우리를 준비하셨다는 것입니다. 세상 문제에 대한 하나님의 해답은 바로 당신입니다.

NOTE 76

나눌수록 더 많아지는 것

14이는 남자가 한 오천 명 됨이러라 제자들에게 이르시되 떼를 지어 한 오십 명씩 앉히라
하시니 15제자들이 이렇게 하여 다 앉힌 후 16예수께서 떡 다섯 개와 물고기 두 마리를 가
지사 하늘을 우러러 축사하시고 떼어 제자들에게 주어 무리에게 나누어 주게 하시니 17먹
고 다 배불렀더라 그 남은 조각을 열두 바구니에 거두니라(눅 9:14-17)

이제 다시 "사도"에서 "제자"로 명칭이 바뀝니다. 떡 다섯 개와
물고기 두 마리밖에 없어서 할 수 없다고 말하는 제자들에게 예수
님께서 시범을 보여 주십니다. 우선 50명씩 무리를 지어 앉혔습니
다. 100그룹이 되었을 것입니다. 여기 예수님의 네 가지 동작은
성만찬을 떠 올리게 합니다. 예수님께서 떡 다섯 개와 물고기 두
마리를 '가지사'(taken) 하늘을 우러러 '축사'(blessed)하시고 '떼
어'(broken) 제자들에게 '주어'(given) 무리에게 나누어 주게 하셨
습니다. 이것은 예수님이 십자가에서 육체를 깨트려 우리에게 나
누어 주신 것을 생각나게 합니다. 영원 무한한 생명의 양식입니다.
먹을 사람이 많을수록 적어지는 것이 아니라 많을수록 많이 남는
양식입니다.

서로 먹기 위해 경쟁을 해야 하는 유한한 양식이 아니라 서로 나누어 먹을수록 더욱 풍성해 지는 무한한 양식입니다. 혼자 소유하고 먹으면 떡 다섯 개와 물고기 두 마리에 불과하지만, 나누고 소통하면 만 명이 배불리 먹고도 남은 조각이 열두 바구니가 넘는 양식이 됩니다. 시작보다 끝이 더 많습니다. 나눌수록 많아지는 것, 이것은 비단 물질이적만이 아닙니다. 사랑, 은혜, 감사, 믿음, 말씀, 하나님께로부터 오는 모든 좋은 것들이 다 그렇습니다.

NOTE 77

나를 누구라고 하느냐?

18예수께서 따로 기도하실 때에 제자들이 주와 함께 있더니 물어 이르시되 무리가 나를 누구라고 하느냐 19대답하여 이르되 세례 요한이라 하고 더러는 엘리야라, 더러는 옛 선지자 중의 한 사람이 살아났다 하나이다 20예수께서 이르시되 너희는 나를 누구라 하느냐 베드로가 대답하여 이르되 하나님의 그리스도시니이다 하니 21경고하사 이 말을 아무에게도 이르지 말라 명하시고(눅 9:18-21)

"예수 그는 누구신가?" 이것은 온 인류가 대답하고 지나가야 할 질문입니다. 언젠가 온 인류는 이 질문 앞에 서게 될 것입니다. 그 대답에 따라 인생관도 가치관도 달라질 것입니다. 예수님은 먼저 사람들의 여론을 물으셨습니다. 광야의 외치는 소리 세례요한, 불을 내리던 능력의 종 엘리야, 선지자의 반열에 드는 분이라는 사람들의 말을 제자들은 대변했습니다. 이 대답의 공통점은 예수님이 훌륭한 사람이라는 것입니다. 물론 당시의 사람들이 이렇게 긍정적인 평가만을 했던 것은 아닙니다. 부정적인 평가도 있었지만 제자들이 걸러내고 말한 것입니다. 그러나 예수님은 아무런 반응도 하지 않으시고 단도직입적으로 제자들에게 물었습니다. "너희는 나를 누구라 하느냐?" 이 질문은 이제 우리 각자를 향하고 있습니다. 대답에는 예수님에 대한 개인적인 고백이 들어 있어야 합니다. 나의 대답이 예수님을 결정하는 것이 아니라 나를 결정합니다. 예수님을 아는 것은 결국 나 자신을 아는 것과 연결되어 있습니다. 예수님의 정체성과 나의 정체성은 상호 연관되어 있습니다. "하나님의 그리스도시니이다." 베드로의 대답은 메시야의 비밀을 드러내고 있습니다.

NOTE 78

십자가의 길

22이르시되 인자가 많은 고난을 받고 장로들과 대제사장들과 서기관들에게 버린 바 되어 죽임을 당하고 제삼일에 살아나야 하리라 하시고 23또 무리에게 이르시되 아무든지 나를 따라오려든 자기를 부인하고 날마다 제 십자가를 지고 나를 따를 것이니라(눅 9:22-23)

베드로의 신앙고백을 들으시고 예수님은 "하나님의 그리스도"에 이르시는 길을 설명하십니다. 메시아가 행하실 더 심오한 진리로, 더 깊은 비밀로 나아갑니다. 그 길은 많은 고난과 거절당함과 죽임 당함이 내포되어 있는 십자가의 길입니다. 그리고 헤롯, 빌라도, 장로, 서기관, 대제사장 그리고 군중들에 의해 십자가에서 죽으시고 삼일 만에 부활하시는 길입니다. 십자가를 모르고 예수님을 제대로 알 수 없습니다. 부활을 모르고 예수님을 제대로 알 수 없습니다. "하나님의 그리스도"에는 십자가와 부활이 함께 들어 있습니다. 이 길은 비단 예수님만이 걷는 길이 아닙니다. 무리가 제자가 되기 위해서는 자기를 부인하고 자기 십자가를 지고 따라야 합니다. 그것도 가끔 가다가 따르는 것이 아니라 '날마다' 따라

야 합니다. 자기를 부인한다는 것은 이기심, 자기주장, 자기 자랑
을 버리는 것입니다.

NOTE 79

긍정을위한부정

24누구든지 제 목숨을 구원하고자 하면 잃을 것이요 누구든지 나를 위하여 제 목숨을 잃
으면 구원하리라 25사람이 만일 온 천하를 얻고도 자기를 잃든지 빼앗기든지 하면 무엇
이 유익하리요(눅 9:24-25)

　세상적인 기준에서 보면 복음은 역설적인 내용이 많이 있습니
다. 죽고자 하면 살고, 살고자 하면 죽고. 높아지고사 하면 낮아지
고, 낮아지고자 하면 높아지고. 처음 된 자가 나중 되고 나중 된 자
가 먼저 되고. "제 목숨을 구원하고자 하면 잃을 것이요 누구든지
나를 위하여 제 목숨을 잃으면 구원하리라"라는 말씀도 마찬가지
입니다. 우리의 구원은 스스로 노력하여 얻어지는 것이 아니라 주
님을 위하여 목숨을 바칠 때 주어집니다. 베드로, 스테반, 짐 엘리
엇, 문준경 같은 믿음의 선배들이 모두 그렇게 죽었으며 다시 영원
히 살았습니다. 단순히 자신을 부인하는 것이 아니라 더 나은 긍정
을 바라고 자신을 내려놓은 것입니다. 우리의 구원도 그렇지만 우
리의 목숨도 스스로 지킬 수가 없습니다. 그렇다고 우리의 생명이

가치 없다는 것이 아닙니다. 우리 영혼의 가치는 천하를 주고도 살 수 없는 것입니다. 그러나 그 귀한 생명이 구원을 얻는 길은 예수님을 위해 자기의 생명을 내어드리는 것입니다. 우리의 생명은 천하보다 귀한 것이지만, 예수님은 우리의 생명보다 귀한 분입니다.

오, 불치복음(不恥福音)

26누구든지 나와 내 말을 부끄러워하면 인자도 자기와 아버지와 거룩한 천사들의 영광으로 올 때에 그 사람을 부끄러워하리라 27내가 참으로 너희에게 이르노니 여기 서 있는 사람 중에 죽기 전에 하나님의 나라를 볼 자들도 있느니라(눅 9:26~27)

어떻게 하는 것이 예수님과 그의 말씀을 부끄러워하는 것일까요? 예수님을 믿는 사람임을 공개적으로 표명하지 않는 것입니다. 예수님 믿는 것을 자랑스럽게 여기지 않는 것입니다. 예수님의 이름으로 행하지 않는 것입니다. 다른 사람에게 복음을 전하지 않는 것입니다. 말씀대로 담대하게 살지 않는 것입니다. 예수님과 말씀을 부끄러워하지 않는 삶은 다른 말로 하면 예수님과 복음을 삶에서 시인하는 것입니다. 이런 사람을 예수님도 심판 때에 하나님 앞에서 시인해 주십니다. 바울은 '나는 복음을 부끄러워하지 않나니(不恥福音!)복음은 구원을 주시는 하나님의 능력이다.'라고 말한 적이 있습니다. 바울은 예수님의 십자가만을 자랑하겠다고 했습니다. "죽기 전에 하나님 나라를 볼 자"가 있다는 말씀은 변화산

의 체험을 예고하는 것이라고 해석하는 분들도 있지만 이 복음을
읽는 우리를 위한 말씀이라고 봅니다. 예수님을 믿는 우리들 말입
니다.

NOTE 81

기도 체험

28이 말씀을 하신 후 팔 일쯤 되어 예수께서 베드로와 요한과 야고보를 데리고 기도하시러 산에 올라가사 29기도하실 때에 용모가 변화되고 그 옷이 희어져 광채가 나더라 30문득 두 사람이 예수와 함께 말하니 이는 모세와 엘리야라 31영광중에 나타나서 장차 예수께서 예루살렘에서 별세하실 것을 말할새(눅 9:28-31)

소위 변화산 체험은 예수님이 산에서 기도하실 때에 일어난 사건입니다. 베드로, 요한, 야고보는 졸고 있다가 이런 놀라운 광경을 목격했습니다. 기도할 때 변화가 일어납니다. 제자들은 기도의 효과를 실재적으로 체험했을 것입니다. 기도하시던 예수님이 변모되고 옷이 희어지고 광채가 났습니다. 하나님의 영광이 임한 모습이었습니다. 스위치를 올리면 전구에 불이 들어오듯이 기도는 일상이 초월에 접하여 영광으로 화하는 것입니다. 시공을 초월하여 모세와 엘리야가 나타났습니다. 그들은 율법과 선지자를 대표하는 분들로 예수님의 사역이 바로 율법과 예언의 완성이라는 뜻을 보여 줍니다. 구약과 신약의 연결고리를 확인시켜 주는 대목입니다. 두 사람은 산과 깊은 관계가 있었고, 시체를 남기지 않고 부름을 받았다는 공통점도 있습니다. 구약의 율법과 예언을 이루는 길은 예수님께서 예루살렘에서 십자가를 지시는 것입니다. 모세와 엘리야가 영광중에 나타나서 예수님께서 별세할 것을 말하는 것은 십자가가 영광의 십자가임을 미리 확증해 주는 것입니다. 예수님의 죽음은 억울한 죽음이 아니라 하나님의 뜻을 이루는 대속의 죽음입니다.

NOTE 82

열림

32베드로와 및 함께 있는 자들이 깊이 졸다가 온전히 깨어나 예수의 영광과 및 함께 선 두 사람을 보더니 33두 사람이 떠날 때에 베드로가 예수께 여짜오되 주여 우리가 여기 있는 것이 좋사오니 우리가 초막 셋을 짓되 하나는 주를 위하여, 하나는 모세를 위하여, 하나는 엘리야를 위하여 하사이다 하되 자기가 하는 말을 자기도 알지 못하더라 34이 말할 즈음에 구름이 와서 그들을 덮는지라 구름 속으로 들어갈 때에 그들이 무서워하더니 35구름 속에서 소리가 나서 이르되 이는 나의 아들 곧 택함을 받은 자니 너희는 그의 말을 들으라 하고 36소리가 그치매 오직 예수만 보이더라 제자들이 잠잠하여 그 본 것을 무엇이든지 그 때에는 아무에게도 이르지 아니하니라(눅 9:32-36)

제자들은 먼저 신령한 세계를 보는 눈이 열렸습니다. 누가 소개를 해 주지 않았는데도 즉각적으로 모세와 엘리야를 알아보았습니다. 다음에 입이 열렸습니다. "주여 우리가 여기 있는 것이 좋사오니"하고 초막 셋을 짓고 살자고 제안을 했습니다. 얼마나 황홀했던지 자신들을 위한 초막은 고려하지도 않았습니다. 그러는 사이에 귀가 열려 음성을 듣게 되었습니다. "이는 나의 아들 곧 택함을 받은 자니 너희는 그의 말을 들으라." 모세와 엘리야 뿐 아니라 하나님 자신이 예수님을 증거하십니다. 이렇게 세 제자가 예수님과 함께 할 때 신령한 눈과 신령한 귀가 열려, 보지 못하던 것을 보았고,

듣지 못했던 음성을 들었습니다. 베드로는 이때의 체험을 베드로후서 1장 16절에서 18절까지 증언하고 있습니다. "우리는 그의 크신 위엄을 친히 본 자라 지극히 큰 영광중에서 이러한 소리가 그에게 나기를 이는 내 사랑하는 아들이요 내 기뻐하는 자라 하실 때에 그가 하나님 아버지께 존귀와 영광을 받으셨느니라." 그러나 이 모든 체험 중에도 "오직 예수"에 초점을 두는 신앙이 중요합니다.

믿음결핍증

37이튿날 산에서 내려오시니 큰 무리가 맞을새 38무리 중의 한 사람이 소리 질러 이르되 선생님 청컨대 내 아들을 돌보아 주옵소서 이는 내 외아들이니이다 39귀신이 그를 잡아 갑자기 부르짖게 하고 경련을 일으켜 거품을 흘리게 하며 몹시 상하게 하고야 겨우 떠나 가나이다 40당신의 제자들에게 내쫓아 주기를 구하였으나 그들이 능히 못하더이다 41예 수께서 대답하여 이르시되 믿음이 없고 패역한 세대여 내가 얼마나 너희와 함께 있으며 너희에게 참으리요 네 아들을 이리로 데리고 오라 하시니 42올 때에 귀신이 그를 거꾸러 뜨리고 심한 경련을 일으키게 하는지라 예수께서 더러운 귀신을 꾸짖으시고 아이를 낫게 하사 그 아버지에게 도로 주시니 43사람들이 다 하나님의 위엄에 놀라니라 그들이 다 그 행하시는 모든 일을 놀랍게 여길새 예수께서 제자들에게 이르시되(눅 9:37-43)

그는 아주 귀한 외아들이지만 귀신이 들리면 괴성을 지르며 경 련을 일으키며 거품을 흘리며 자신을 스스로 상해하다가 쓰려집니 다. 부모로서는 차마 볼 수가 없었을 것입니다. 이렇게 우리 안에 누가 사느냐에 따라 모습이 달라집니다. 귀신은 우리를 더럽게 하 고 괴롭게 하고 망하게 합니다. 예수님이 변화산에 계시는 동안 부 모는 아이를 데리고 와서 남은 아홉 제자들에게 부탁을 했지만 아 무 소용이 없었습니다. 결국 모두 예수님 오실 때까지 넉 놓고 있 다가 예수님에게 자초지종을 말하고 있는 것입니다. 예수님은 '기다리느라 수고했다'라고 말하지 않았습니다. 오히려 예수님은 "믿음이 없고 패역한 세대여 내가 얼마나 너희와 함께 있으며 너희에게 참으리요"라고 제자들을 책망 하셨습니다. 예수님은 제자들의 무능력을 그들의 믿음의 결핍으로 보셨습니다. 예수님이 실망하실 때는 물질이 없거나, 지위가 낮거나, 건강이 없을 때가 아니라 주로 믿음이 없을 때입니다.

예수님은 제자들의 믿음의 결핍과 기도의 부족을 나무라는 것입니다. 이렇게 예수님이 말씀하시는 데는 다 이유가 있습니다. 이미 9장 1절에 예수님은 제자들에게 "모든 귀신을 제어하며 병을 고치는 능력과 권세"를 주셨기 때문입니다. 다만 문제는 제자들이 그 믿음의 권세를 활용하지 않는 것이 답답한 것입니다. 얼마나 더 예수님이 함께 있어야 하며 얼마나 더 인내해야 하는가라고 반문하고 있습니다. 이제는 더 많은 믿음과 더 많은 능력과 더 많은 기도를 보여야 할 때인데, 아직도 초보에 머물러 있는 답보 상태의 제자들을 경책하신 것입니다. 아이를 데리고 예수님에게 나오는 길에 귀신이 예수님을 알아보고 아이를 거꾸러뜨리며 심한 경련을 일으켰습니다. 예수님은 귀신을 꾸짖어 쫓아내므로 아이를 치유하셨습니다. 하나님의 위엄을 보여주셨습니다.

NOTE 84

귀담아두라

43사람들이 다 하나님의 위엄에 놀라니라 그들이 다 그 행하시는 모든 일을 놀랍게 여길 새 예수께서 제자들에게 이르시되 44이 말을 너희 귀에 담아 두라 인자가 장차 사람들의 손에 넘겨지리라 하시되 45그들이 이 말씀을 알지 못하니 이는 그들로 깨닫지 못하게 숨긴 바 되었음이라 또 그들은 이 말씀을 묻기도 두려워하더라(눅 9:43-45)

　귀담아 들을 내용이 있습니다. 중요한 것이며 현재 이해하지 못해도 앞으로 알게 될 내용입니다. 예수님은 이렇게 한참 클라이막스에 오를 때 수난예고를 하십니다. 그런데 제자들은 예수님의 말씀을 이해하지 못했습니다. 더구나 놀라운 치유의 이적을 행하신 다음에 이런 말씀을 하시니 더욱 의아했을 것입니다. 이런 놀라운 역사를 통하여 하나님의 위엄을 보여주었다면 다음은 당연히 영광을 받으시는 것을 말씀해야 이해가 되지 않겠습니까? 그런데 "인자가 장차 사람들의 손에 넘겨지리라"는 말씀은 전혀 의외입니다. 아직 이해할 수 없어서 정말 귀에 담아 두어야 할 내용입니다. 언젠가는 이 말의 의미를 알게 될 것입니다. 모르면서도 다시 그 의미를 물을 수 없었던 제자들의 입장을 이해하십니까? 믿고 싶지 않은 것입니다. 아니, 그렇게 되는 것을 인정할 수 없는 것입니다. 차라리 모르고 사는 것이 좋다고 생각할지 모릅니다. 안 들은 것으로 하고 싶었을 것입니다. 그러나 귀에 담아 두라는 것은 명심하라는 것입니다.

누가 크냐

46제자 중에서 누가 크냐 하는 변론이 일어나니 47예수께서 그 마음에 변론하는 것을 아시고 어린 아이 하나를 데려다가 자기 곁에 세우시고 48그들에게 이르시되 누구든지 내 이름으로 이런 어린 아이를 영접하면 곧 나를 영접함이요 또 누구든지 나를 영접하면 곧 나를 보내신 이를 영접함이라 너희 모든 사람 중에 가장 작은 그가 큰 자니라(눅 9:46-48)

그런데 이해할 수 없는 것은 예수님의 수난예고 기사 다음에 제자들이 서로 "누가 크냐"라고 변론하는 것입니다. 부모의 임종을 앞두고 유산 다툼을 하는 패륜아들과 다를 바가 없어 보입니다. 예수님은 결국 어린 아이를 데려다가 세우시고 제자들이 잊을 수 없는 교훈을 말씀해 주셨습니다. 보여주고 말하기(show & tell) 입니다. 얼마 전 소천하신 김준곤 목사님은 이런 말씀을 하셨다고 합니다. "바구니의 사과는 헤아릴 수 있어도 사과 안에 들어 있는 씨앗이 품고 있는 사과는 헤아릴 수 없다." 작은 것에 큰 것이 들어 있다는 것이고, 그것을 보는 눈을 가져야 한다는 뜻일 것입니다. 그것을 보지 못한다면 전도도, 교육도, 역사도, 허망한 것입니다. 작은 것에서 큰 것을 보는 것이 예수님의 관점입니다. 어린아이를 그냥 어린아이로만 보아서는 안 됩니다. 보이지 않으면서 그 안에 있는 분을 보아야 합니다. 어린아이에게 예수님이 들어 있고 예수님에게 하나님이 들어 있습니다. 주께 하듯이 어린아이를 영접하면 예수님과 하나님을 동시에 영접하는 것입니다. 그것이 예수님의 마음입니다. 바울은 빌립보서 2장에서 예수님의 낮아지심을 그렇게 설명하였습니다. 큰 사람이 되는 길은 내가 얼마나 자신을 낮출 수 있느냐에 달려 있습니다. 서로 앞을 다투어 차지할 수 있는 자리 쟁탈전이 아닙니다. 하나님 나라는 상하도치(上下倒置)! 가장 작은 자가 가장 큰 자입니다.

NOTE 86

중간층 끌어앉기

49요한이 여짜오되 주여 어떤 사람이 주의 이름으로 귀신을 내쫓는 것을 우리가 보고 우리와 함께 따르지 아니하므로 금하였나이다 50예수께서 이르시되 금하지 말라 너희를 반대하지 않는 자는 너희를 위하는 자니라 하시니라(눅 9:49-50)

(자기들은 귀신을 쫓아내지 못하는데), 자기들 그룹에 속하지 않은 어떤 사람이 예수님의 이름으로 귀신을 쫓아내는 것을 보고 금지시켰다고 요한은 자랑스럽게 예수님께 보고하고 있습니다. 그런데 예수님에게서 돌아오는 것은 칭찬이 아니라 훈계였습니다. "어떤 사람"은 분명 예수님을 믿는 익명의 사람이었을 것입니다. 귀신은 단순히 예수님의 이름을 사칭한 사람의 말만을 듣고 쫓겨가는 그런 존재가 아닙니다. 오히려 '내가 예수도 아는데 너는 누구냐?'하고 달려들 것입니다. 그런데 귀신이 쫓겨 갔다는 것입니다. 그것을 금지했다는 것에는 벌써 제자들의 경쟁의식, 독점의식, 특권의식, 파벌의식이 들어가 있습니다. 요한은 함께 하지 않는 자를 다 대적으로 보았습니다. 그러나 예수님은 "반대하지 않는 자는

너희를 위하는 자"라고 말씀하셨습니다. 예수님과 요한 사이에는 동조하지도 않고, 반대하지도 않는 중간층에 대한 이해가 엇갈리고 있습니다. 요한은 중간층을 대적으로 분류하는 반면 예수님은 중간층까지 끌어 앉고 있습니다. 예수님은 관용정신, 포용정신, 동역정신이 내포되어 있습니다. 하나님은 우리가 전매특허 할 수 있는 존재가 아닙니다. 나와 다르다 하더라도 하나님이 쓰시는 사람이 얼마든지 있습니다. 하나님 나라를 위하여 그들과 연대할 줄 알아야 합니다. 예수님은 제자들의 자세로서 겸손과 섬김 그리고 포용을 말씀하고 있습니다. 예수님은 최측근, 중도파, 반대파를 어떻게 다룰 것인가를 여기에서 가르쳐 주고 있습니다. 포용력이 필요한 때입니다.

주술이냐 믿음이냐

51예수께서 승천하실 기약이 차가매 예루살렘을 향하여 올라가기로 굳게 결심하시고 52 사자들을 앞서 보내시매 그들이 가서 예수를 위하여 준비하려고 사마리아인의 한 마을에 들어갔더니 53예수께서 예루살렘을 향하여 가시기 때문에 그들이 받아들이지 아니 하는 지라 54제자 야고보와 요한이 이를 보고 이르되 주여 우리가 불을 명하여 하늘로부터 내려 저들을 멸하라 하기를 원하시나이까 55예수께서 돌아보시며 꾸짖으시고 56함께 다른 마을로 가시니라(눅 9:51–56)

"승천하실 기약"이 찬다는 말씀은 그 일 전에 일어나야 할 고난과 십자가 그리고 부활을 내포하고 있는 예수님 생애의 마지막 중대한 여정을 예고하고 있습니다. 그 여정은 예루살렘으로 올라가는 것으로 시작됩니다. 예수님은 굳게 결심하고 제자들을 먼저 사마리아로 보내십니다. 그런데 여기 사마리아 사람들의 편견과 편협함이 나와 있습니다. 예수님 일행이 사마리아를 목적지가 아닌 경유지로 택한 것에 대한 불만 때문에 거부반응을 보였습니다. 여기에 우뢰의 아들 야고보와 요한도 "불을 명하여" 저들을 멸하자는 적개심을 표출하였습니다. 아니, 지금 생명을 구원하러 가는데, 심판하자고 건의하고 있습니다. 그리고 자기들이 명한다고 불이 내려옵니까? 믿음이 무슨 마술입니까?

　　원래 주술은 우리의 목적을 위해 초월을 조종하려는 것이고, 믿음은 초월하신 분의 뜻에 자신을 맞추는 것입니다. 요한과 야고보가 말하는 것은 믿음이 아니라 주술입니다. 종교가 목적이 되면 사람을 살리는 것이 아니라 오히려 죽이는 종교가 됩니다. 예수님은 그들을 꾸짖었습니다. 예수님은 멸망이 아니라 구원하기 위해 오셨다고 하십니다. 그리고 다른 마을로 우회하여 예루살렘으로 가십니다. 본문에 "가다"라는 말이 계속 나옵니다. 예수님의 리더십이 나옵니다. 중간층을 끌어안고, 반대자는 우회하여 포용하고, 적극지지자는 분별해야 한다는 것 말입니다. 링컨의 리더십이 예수님을 닮았습니다.

제자의 대가

57길 가실 때에 어떤 사람이 여짜오되 어디로 가시든지 나는 따르리이다 58예수께서 이르시되 여우도 굴이 있고 공중의 새도 집이 있으되 인자는 머리 둘 곳이 없도다 하시고 59또 다른 사람에게 나를 따르라 하시니 그가 이르되 나로 먼저 가서 내 아버지를 장사하게 허락하옵소서 60이르시되 죽은 자들로 자기의 죽은 자들을 장사하게 하고 너는 가서 하나님의 나라를 전파하라 하시고 61또 다른 사람이 이르되 주여 내가 주를 따르겠나이다마는 나로 먼저 내 가족을 작별하게 허락하소서 62예수께서 이르시되 손에 쟁기를 잡고 뒤를 돌아보는 자는 하나님의 나라에 합당하지 아니하니라 하시니라(눅 9:57-62)

예수님이 길을 가실 때에 어떤 사람이 나아와 어디든지 예수님을 따르겠다고 자원하였습니다. 제자가 되겠다는 것입니다. 그런데 예수님은 그에게 "여우도 굴이 있고 공중의 새도 집이 있지만 인자는 머리 둘 곳이 없다"고 하십니다. 우리는 알 수 없지만 마음을 꿰뚫어 보시는 예수님께서 그 사람이 예수님을 따르려면 어떤 기대심을 내려놓고 노숙자가 될 각오부터 하라는 말씀으로 들립니다. 그가 어떻게 반응을 했을까요? 이번에는 또 다른 사람에게 예수님이 "나를 따르라"고 부르십니다. 그런데 그는 "먼저" 아버지를 장사 지내고 올 수 있도록 허락해 달라고 합니다. 지금 상중이라면 이렇게 나와 있을 리가 없기 때문에 아마 이 말은 아버지가 연로했으니 아버지의 임종시까지 자기에게 말미를 달라는 요구였을 것입니다. 요사이도 전도하면 부모님이 불교 신자인데, 돌아가시면 교회에 나오겠다고 말하는 사람이나 매 한가지입니다.

예수님은 죽은 자들로 죽은 자를 장사하게 하고 너는 가서 하나님의 나라를 전파하라고 하십니다. 어떻게 죽은 자들이 장사를 지낼 수 있습니까? 육신적으로만 살아 있는 자를 영적으로 죽은 자라고 부르는 것입니다. 이 사람도 어떻게 반응을 했는지 알 길이 없습니다. 또 다른 사람은 따르겠다고 자원하면서도 '먼저' 가족과 작별의 시간을 갖게 해 달라고 합니다. 예수님은 "손에 쟁기를 잡고 뒤를 돌아보는 자는 하나님의 나라에 합당하지 않다"고 말씀하십니다. 이 사람도 어떻게 되었는지 알 수가 없습니다. 이 세 사람과 예수님의 대화는 제자가 되기 위해 치뤄야 할 대가가 무엇인가를 알려주고 있습니다. 안락을 포기해야 하고, 때로는 매정하게 부모나 가족을 떠나야 합니다. 나나 부모나 가족보다 "먼저"하나님 나라를 구해야 합니다. 세 사람이 어떻게 응답했는지 알 수 없지만 '나라면 어떻게 했을까?' 자문해 볼 필요가 있습니다. 제자는 확실히 보이는 것을 붙들기 보다는 하나님을 붙드는 것이며, 하나님 나라를 최우선 순위로 살아야 한다는 것입니다. 즉 하나님 나라의 긴급성을 말해 주고 있습니다.

NOTE 89

추수할 것은 많다

1그 후에 주께서 따로 칠십 인을 세우사 친히 가시려는 각 동네와 각 지역으로 둘씩 앞서 보내시며 2이르시되 추수할 것은 많되 일꾼이 적으니 그러므로 추수하는 주인에게 청하여 추수할 일꾼들을 보내 주소서 하라 3갈지어다 내가 너희를 보냄이 어린 양을 이리 가운데로 보냄과 같도다(눅 10:1-3)

9장 1절에는 열 두 사도를 파송하는 기사가 나오는데, 10장에는 칠십인(또는 칠십이인)을 보내시는 기사가 나옵니다. 파송을 받는 숫자가 나날이 늘어나는 건 아주 고무적인 일입니다. 둘씩 팀을 지어 보내시는 팀전도인데, 예수님의 가시는 길을 예비하도록 보내십니다. 예수님은 이들에게 "추수할 것은 많되 일꾼이 적다"라고 말씀하십니다. 우리는 전도 대상자를 정하라고 하면 대체로 전도는 하고 싶은 데, 전도할 대상자가 없다고 합니다. 일꾼은 많은데, 추수감이 없다는 식입니다. 그런데 예수님의 안목에는 이미 추수할 때가 지나 들판에 곡식이 무르익었는데, 일꾼이 없어 곡식이 그대로 썩거나 다시 싹이 날 지경입니다. 이런 경우 농부의 속은 타

들어갈 지경입니다. 일할 만한 사람은 모두 불러 추수를 하게 할 것입니다. 예수님은 칠십인에게 "갈지어다"라고 발길을 재촉하십니다. 그러면서 의미 있는 한 마디를 하셨습니다. "너희를 보냄이 어린 양을 이리 가운데로 보냄과 같도다.", '아니, 이런 위험한 일을!' 이리는 호시탐탐 어린 양을 헤치기 위해 틈을 엿보고 있는데, 그런 가운데로 보낸다는 것이 무슨 말씀입니까? 어린 양은 스스로의 힘과 지혜로는 이리를 당할 재간이 없습니다. 그러므로 이리 가운데로 가기 위해서는 무엇이 필요합니까? 목자입니다. 목자의 인도와 보호를 받아야 합니다. 우리는 자기의 힘이나 지혜를 의지하는 것이 아니라 주님의 뜻과 힘을 의지하고 나아가야 합니다.

NOTE 90

네 단계 전도법

4전대나 배낭이나 신발을 가지지 말며 길에서 아무에게도 문안하지 말며 5어느 집에 들어가든지 먼저 말하되 이 집이 평안할지어다 하라 6만일 평안을 받을 사람이 거기 있으면 너희의 평안이 그에게 머물 것이요 그렇지 않으면 너희에게로 돌아오리라 7그 집에 유하며 주는 것을 먹고 마시라 일꾼이 그 삯을 받는 것이 마땅하니라 이 집에서 저 집으로 옮기지 말라 8어느 동네에 들어가든지 너희를 영접하거든 너희 앞에 차려놓는 것을 먹고 9거기 있는 병자들을 고치고 또 말하기를 하나님의 나라가 너희에게 가까이 왔다 하라
(눅 10:4-9)

예수님은 비교적 소상하게 행동지침과 사역지침을 주십니다. 먼저 하나님만을 전적으로 신뢰하고 나가라고 하십니다. 있는 그대로 나가라는 것입니다. 비상금이나 비상 음식, 여분의 옷이나 신발조차 가지지 말고 가라는 것입니다. 하나님이 역사하실 여지를 많이 만드는 것입니다. 하나님이 개입하시는 것을 느낄 수 있도록 말입니다. 다른 사람에게 전도하기 전에 먼저 하나님의 공급하심과 예비하심을 체험하라는 것이며 그 안에서 사역하라는 말씀입니다. "길에서 아무에게도 문안하지 말라"는 말씀은 아무래도 사람의 친분을 이용하지 말라는 말씀으로 들립니다. 집으로 곧장 찾아가

는 것입니다. 이렇게 행동지침을 주셨다면 이제는 사역지침을 주십니다.

네 단계에 걸쳐서 사역을 수행해 나갑니다. 제일 먼저 평안을 빕니다. 그 가정을 축복 하는 것입니다. 마음의 문을 여는 것입니다. 다음에는 그들과 함께 지내면서 주는 것을 먹고 마시는 것입니다. 도울 일이 있으면 함께 일도 할 것입니다. 교제하는 것입니다. 다음은 병을 고쳐주는 것입니다. 치유는 비단 육체에만 해당되는 것이 아닐 것입니다. 가정과 사회를 치유하는 것으로까지 나아갈 수 있습니다. 치유는 하나님의 능력을 나타내는 것입니다. 필요를 채워주는 것입니다. 마지막으로 가장 중요한 복음을 말합니다. "하나님 나라가 너희에게 가까이 왔다." 중요한 본론이 마지막에 옵니다. 그만큼 사전 준비가 필요하다는 말씀이 됩니다. 전도 할 때 활용할 대목입니다. 먼저는 평안을 구하고, 교제를 가지면서, 필요도 채워주고, 다음에 하나님 나라 복음을 전합니다.

NOTE 91

실패의 먼지를 떨어버리라

10어느 동네에 들어가든지 너희를 영접하지 아니하거든 그 거리로 나와서 말하되 11너희
동네에서 우리 발에 묻은 먼지도 너희에게 떨어버리노라 그러나 하나님의 나라가 가까이
온 줄을 알라 하라 12내가 너희에게 말하노니 그 날에 소돔이 그 동네보다 견디기 쉬우리
라 13화 있을진저 고라신아, 화 있을진저 벳새다야, 너희에게 행한 모든 권능을 두로와 시
돈에서 행하였더라면 그들이 벌써 베옷을 입고 재에 앉아 회개하였으리라 14심판 때에 두
로와 시돈이 너희보다 견디기 쉬우리라 15가버나움아 네가 하늘에까지 높아지겠느냐 음
부에까지 낮아지리라 16너희 말을 듣는 자는 곧 내 말을 듣는 것이요 너희를 저버리는 자
는 곧 나를 저버리는 것이요 나를 저버리는 자는 나 보내신 이를 저버리는 것이라 하시니
라(눅 10:10-16)

당시 환대의 미덕은 복음을 전하는 유랑전도자들에게 유익한 관
습이었습니다. '환대'(hospitality)에서 '병원'(hospital)이 유래되
었을 정도로 환대는 낯선 나그네, 고아와 과부, 약한 자들을 용납
하고 대접하는 성경의 미덕이었습니다. 아브라함은 나그네를 대
접하다가 복을 받고 장래에 대한 일들을 알게 되었습니다. 전도자
를 영접함으로써 그를 통해 복된 소식을 듣게 되고 평안을 선물로
얻게 됩니다. 그러나 전도자를 영접하지 않고, 핍박하는 경우도 있
습니다. 그럴 때에 전도자는 그 거부당한 느낌을 개인적으로 받아

드려 상심하지 말라는 것입니다.

누가복음 9장 5절에서 예수님께서는 열 두 제자를 보내실 때와 마찬가지로 70인에게도 "발에 묻은 먼지를 떨어버리라"고 말씀하셨습니다. 이는 전도의 여정에서 경험한 실패의 추억을 과감하게 버리라는 것입니다. 그것을 개인에 대한 것으로 받아드려 자신을 탓하지 말라는 것입니다. 예수님을 저 버리는 것이요, 하나님을 저 버리는 것이요, 복음을 저 버리는 것입니다. 반대로 전도자를 영접하고 말씀을 잘 듣는다고 해서, 전도자가 스스로 우쭐하고 교만할 것도 없습니다. 전도는 예수님을, 하나님을, 복음을 받아들이는 것이기 때문입니다. 우리는 그 일의 대행자일 뿐입니다. 당시의 고라신, 벳새다, 가버나움이 과거의 소돔, 두로, 시돈 사람들을 완악하다고 비판하고 자기들은 그들과 다르다고 했을지 모르지만, 예수님의 눈에는 그 많은 이적을 보고도 믿지 않고 교만한 고라신, 벳새다, 가버나움 동네가 받을 심판이 더 크다고 하셨습니다.

NOTE 92

진정 기뻐할 일

17칠십 인이 기뻐하며 돌아와 이르되 주여 주의 이름이면 귀신들도 우리에게 항복하더이다 18예수께서 이르시되 사탄이 하늘로부터 번개 같이 떨어지는 것을 내가 보았노라 19내가 너희에게 뱀과 전갈을 밟으며 원수의 모든 능력을 제어할 권능을 주었으니 너희를 해칠 자가 결코 없으리라 20그러나 귀신들이 너희에게 항복하는 것으로 기뻐하지 말고 너희 이름이 하늘에 기록된 것으로 기뻐하라 하시니라(눅 10:17-20)

70인이 기쁨에 들떠 사역 결과를 예수님께 보고 하였습니다. 마치 무용담을 앞 다투어 주고받는 것과 같았습니다. "주여, 주의 이름이면 귀신들도 우리에게 항복하더이다." 예수님의 이름의 권세가 얼마나 큰가를 사역의 현장에서 확인했던 것입니다. 주의 이름으로 많은 역사가 일어났습니다. 특별히 영적으로 어떻게 할 수 없다고 생각했던 귀신까지도 예수님 이름 앞에 벌벌 떨며 쫓겨 나가는 것은 너무나 경이로운 사건이었습니다. 예수님께서 그들의 축귀 사역을 이미 알고 계셨습니다. "사탄이 하늘로부터 번개같이 떨어지는 것을 내가 보았노라." 그러나 예수님께서 흥분하시지 않는 것은 약간 맥이 빠지는 것입니다. 예수님께서는 당연한 듯이 말씀을 하셨습니다. 기적이 상식처럼 되고 말았습니다. 예수님이 주신 능력을 믿고 활용하는 자들에게 역사가 나타났을 뿐입니다. 예수님은 그들에게 뱀과 전갈을 밟으며, 원수의 모든 능력을 제어할 권능을 주셨기 때문에 누구도 대적이 될 수 없었습니다.

그리고 예수님은 정말 기뻐해야 할 일이 따로 있다고 하셨습니다. 그것은 그들의 권능이 아니라 구원입니다. "귀신들이 너희에게 항복하는 것으로 기뻐하지 말고 너희 이름이 하늘에 기록된 것으로 기뻐하라.", '우리가 무엇을 했는가?'보다는 '우리가 누구인가?'가 더 중요합니다. 우리의 사역보다 더 중요한 것은 우리의 정체성입니다. 사역에서 나타나는 능력은 가변적인 것이지만, 하나님의 자녀가 된 것은 불변하는 것입니다. 만약 우리의 기쁨의 근거를 사역에서 찾는다면, 영적 흥분과 침체 사이를 오락가락 할 것입니다. 그러나 하나님의 자녀가 된 것이 우리가 기뻐할 근거라면, 우리는 세상이 빼앗아 갈 수 없는 영원한 기쁨을 소유한 것입니다.

NOTE 93

예수님의 감사기도

21그 때에 예수께서 성령으로 기뻐하시며 이르시되 천지의 주재이신 아버지여 이것을 지혜롭고 슬기 있는 자들에게는 숨기시고 어린 아이들에게는 나타내심을 감사하나이다 옳소이다 이렇게 된 것이 아버지의 뜻이니이다 22내 아버지께서 모든 것을 내게 주셨으니 아버지 외에는 아들이 누구인지 아는 자가 없고 아들과 또 아들의 소원대로 계시를 받는 자 외에는 아버지가 누구인지 아는 자가 없나이다 하시고 23제자들을 돌아 보시며 조용히 이르시되 너희가 보는 것을 보는 눈은 복이 있도다 24내가 너희에게 말하노니 많은 선지자와 임금이 너희가 보는 바를 보고자 하였으되 보지 못하였으며 너희가 듣는 바를 듣고자 하였으되 듣지 못하였느니라(눅 10:21-24)

여기에 예수님께서 성령으로 기뻐하시면서 드리는 감사기도가 나옵니다. 성령으로 기뻐하신다는 것은 성령이 주시는 기쁨이라고 이해해도 될 것입니다. 성령의 열매 가운데 하나가 기쁨입니다. 예수님의 기도에는 먼저 감사가 나오고, 하나님의 뜻이 나옵니다. 누가복음 21절에는 예수님, 성령님, 하나님이 한 번에 나옵니다. 기도는 삼위일체 하나님이 함께하는 영역입니다. 우리가 기도할 때 우리가 그 거대한 영역 안으로 들어가게 되는 것입니다. 예수님은 먼저 기도의 대상을 부릅니다. "천지의 주재이신 아버지여." 그리고 감사를 드립니다. "나타내심을 감사하나이다." 나타내는 것은 계시하시는 것인데. 무엇을? "이것을"—하나님 나라의 비밀, 복음의 비밀, 누구에게? 어린아이들에게. 그러나 스스로 지혜롭고 슬기 있다고 하는 자들에게는 숨기시고.

여기에서 어린아이는 순수하고, 겸손하게 자기를 낮추는 선택받은 자들을 의미합니다. 하나님의 나라나 예수님은 강제하지 않습니다. 고라신, 벳새다, 가버나움의 패역한 사람들처럼 자칭 지혜 있고 슬기로운 사람들, 바리새인, 사두개인, 율법학자, 종교지도자들은 알 수가 없습니다. 철부지 어린아이와 같은 제자들은 하나님 나라의 수혜자들이 됩니다. 이들이 복됩니다. 어린 아이와 같이 된다는 것은 어리석을 정도로 순박하고, 어린 양처럼 볼품없고, 전적으로 순종하는 사람이 되는 것입니다. 여기에서 어린 아이는 무조건적인 수용성, 겸허한 신뢰성, 순수한 의존성을 은유하고 있습니다. 분명 하나님의 관점과 세상의 관점은 다릅니다.

어떻게 읽느냐?

25어떤 율법교사가 일어나 예수를 시험하여 이르되 선생님 내가 무엇을 하여야 영생을 얻
으리이까 26예수께서 이르시되 율법에 무엇이라 기록되었으며 네가 어떻게 읽느냐
(눅 10:25-26)

율법교사는 예수님을 시험하기 위해 질문하였습니다. 질문하는
것은 좋은 것입니다. 더구나 세상 일이 아니라, "영생"에 대한 질
문은 아주 좋은 질문입니다. 그러나 질문을 하는 것 못지않게 질문
을 하는 의도도 중요합니다. 율법교사의 질문은 바른 동기에서 시
작된 것이 아닙니다. 예수님을 '시험'하려는 의도가 있었기 때문입
니다. 우리의 질문은 믿음을 실천하며 살기 위해서 해야 합니다.
예수님은 그에게 되묻는 방식으로 질문을 다루십니다. 당시의 율
법교사들은 율법을 해석하는 가운데 실행세칙들을 만들어 놓고 율
법의 요구 조항을 늘려나갔습니다. 그래서 율법이 613개 조항이
되었다는 말도 있는데, 이 정도가 되면 전문 율법사도 율법을 정확
하게 알기가 힘듭니다. 그래서 성경은 오히려 율법을 요약하여 말

씀하곤 합니다. 십계명이 그렇고 예수님이 요약하신 것이 그렇습니다. 그래야 율법의 정신을 바로 알게 되고, 혹시 상세 조항을 알지 못하더라도 응용할 수 있게 되는 것입니다.

예수님은 "율법에 무엇이라 기록되어 있으며 네가 어떻게 읽느냐?"라고 물으십니다. 여기에 있는 두 가지 요소에 주목하십시오. '무엇(What)이라 기록되었는가?'와 '어떻게(How) 읽느냐?'입니다. 먼저 기록되어 있는 것을 아는 것은 일종의 성경 지식에 해당하는 것입니다. 그러나 기록되어 있는 것을 아는 것만으로 신앙생활을 다 하는 것이 아닙니다. 생명을 얻는 것도 아닙니다. 성경 지식은 사탄도 가지고 있습니다. 성경지식을 아는 것은 신앙생활의 절반도 안 됩니다. 예수님의 강조점은 "무엇"(What) 보다는 "어떻게"(How), 다시 말해 말씀에 대한 지식보다는 실천에 있습니다. 즉 성경말씀을 "어떻게 읽느냐?"가 중요합니다. 아래에 여러 가지 독서법이 소개되겠지만, 예수님이 권하는 독서법은 몸으로 말씀을 읽는 것입니다. 이는 실천적인 독서법입니다. 믿는 자들은 말씀을 아는 것에서 그치지 말고 실천하면서 살아야 합니다. 실천으로써 적용하지 않는 인용은 아무 소용이 없는 것입니다. 말씀을 인용하지만 말고 적용해야 합니다.

NOTE 95

행하라 그러면 살리라

27대답하여 이르되 네 마음을 다하며 목숨을 다하며 힘을 다하며 뜻을 다하여 주 너의 하나님을 사랑하고 또한 네 이웃을 네 자신 같이 사랑하라 하였나이다 28예수께서 이르시되 네 대답이 옳도다 이를 행하라 그러면 살리라 하시니(눅 10:27-28)

율법교사는 정확하게 율법에 대한 지식을 피력하고 있습니다. 그의 지식은 놀라운 것입니다. 신명기 6장 5절과 레위기 19장 18절에서 율법의 정신을 찾아 간단하게 요약하고 있기 때문입니다. 그 내용은 하나님을 사랑하고 이웃을 사랑하라는 것입니다. 그런데 그 수식어에 주목할 필요가 있습니다. 하나님을 사랑하는데 있어서, "마음을 다하고, 목숨을 다하고, 힘을 다하고, 뜻을 다하여" 하라는 것입니다. 여기에서 "다한다."는 것은 전심을 다하는 것을 의미합니다. 이는 부분적인 것이 아니라 전적인 것입니다. 진심이 아니라 전심입니다. 우리는 진심으로 하나님을 사랑하고, 진심으로 세상을 사랑할 수도 있습니다. 그러나 전심으로 사랑할 수 있는 것은 오직 하나의 대상밖에 없습니다.

하나님을 전심으로 사랑하면 세상은 사랑할 수가 없습니다. 하나님을 향한 사랑은 진심으로 충분하지 않습니다. 오직 전심이어야만 합니다. 심력, 영력, 체력, 지력을 모두 동원하여 하나님을 사랑하는 것입니다. 다음은 이웃을 사랑하는 것인데, 이웃을 자신같이 사랑하라는 것입니다. 자기관리와 인간관계는 서로 연결되어 있는데, 자신의 정체성과 자긍심이 이웃 사랑의 근간을 이룹니다. 율법이나 십계명은 이와 같이 하나님과의 관계에서 시작하여 자신과의 관계와 이웃과의 관계로 이어지는데, 그 밑바닥에는 사랑이 자리하고 있습니다. 율법사는 기록된 것에 대한 정확한 지식을 가지고 있었습니다. 그래서 예수님은 "네 대답이 옳도다." 하셨습니다. 그러나 그 지식이 영생을 가져다주지 않습니다. 예수님은 "이를 행하라 그러면 살리라" 하셨습니다. 아는 것을 사는 것으로 옮기라는 말씀입니다. 하나님의 말씀을 알고 행하지 않으면 위선자가 될 뿐입니다. 행해야 삽니다.

누가이웃인가?

29그 사람이 자기를 옳게 보이려고 예수께 여짜오되 그러면 내 이웃이 누구니이까 30예수께서 대답하여 이르시되 어떤 사람이 예루살렘에서 여리고로 내려가다가 강도를 만나매 강도들이 그 옷을 벗기고 때려 거의 죽은 것을 버리고 갔더라 31마침 한 제사장이 그 길로 내려가다가 그를 보고 피하여 지나가고 32또 이와 같이 한 레위인도 그 곳에 이르러 그를 보고 피하여 지나가되(눅 10:29-32)

율법교사는 "자기를 옳게 보이려고" 다시 질문하고 있습니다. 그는 자기의 의를 드러내려는 의도로 묻습니다. 역시 질문의 의도가 잘못되어 있습니다. 만일 '예수님, 제가 하나님을 사랑한다고 하고 전심으로 사랑하지 못했습니다. 이웃을 사랑한다고 말은 했지만 제대로 사랑하지 못했습니다.'라고 자백했다면 얼마나 좋습니까? 말씀 앞에 자신을 비추어 부족한 것을 깨닫지 않고 질문에서 질문으로 도망을 갑니다. "그러면 내 이웃이 누구니이까?" 여기에서 소위 착한 사마리아인의 비유가 나옵니다. 예수님은 이웃에 대한 개념적인 답변보다는 실재적인 이야기로 이웃이 된다는 것은 무엇을 의미하는지 알려주고 있습니다. 이웃은 무엇을 하는 사람이며 어떻게 이웃이 될 수 있는지를 설명합니다. "어떤 사람이 예루살렘에서 여리고로 내려가다가 강도를 만나매", '예루살렘에서 여리고로 내려가는 것'에 의미를 부여하여 해석하는 분들도 있습니다. 신앙적으로도 그렇고, 인생에서도 내려가는 길에 조심해야 한다는 것입니다. 예기치 못한 강도는 여러 가지를 의미할 수 있습니다.

질병, 사고, 악한 사람… 그 강도는 소유뿐 아니라 옷까지 벗기고, 죽도록 때리고, 내버리고 갔습니다. 얼마나 살려달라고 애걸을 했겠습니까? 그러나 매정하게 죽도록 내 버렸습니다. 얼마나 시간이 지났을까요. 그런데 그곳에 "마침" 한 제사장이 지나게 되었습니다. 여기 "마침"이라는 말에 주목해야 합니다. 아주 적절한 타이밍입니다. 기대가 반영되어 있는 말입니다. 더구나 제사장이 지나갑니다. 이 비유를 듣고 있는 청중들이 율법사를 비롯한 유대인임을 감안할 때, 모두 다 '불행 중 다행'이라고 생각을 했을 것입니다. 용케 제사장은 그 어려움을 당한 사람을 보게 되었습니다. 청중들은 제사장이 당연히 도움의 손길을 주었겠구나 생각했는데, "피하여 지나가고"라고 예수님은 말씀하십니다. '아니, 그럴수가!' 청중들의 기존 생각을 완전히 빗나간 행동을 제사장이 하고 있습니다. 순간 부끄러움이 밀려왔을 것입니다. '무슨 특별한 사정이 있나'라고 생각도 했을 것입니다. 그런데 잠시 후에 "한 레위인"도 그 지점에 이르러 사경에 처한 사람을 보았습니다. 역시 '이번에는' 하고 청중들은 같은 기대를 했겠지요. 그런데 그도 그냥 지나가고 말았습니다.

청중들은 이렇게 이야기를 전개하는 예수님에게 화가 났을 것입니다. 누구보다 존경받고 율법을 가르쳐주시던 분들이 그냥 지나쳤다는 것은 아무리 이야기라도 너무 도전적입니다. 비유는 이렇게 기존의 세계관을 뒤흔듭니다. 흥미로운 것은 제사장도 레위인도 혼자 지날 때, 강도 만난 사람을 보았다는 것입니다. 만일 동행이 있었다면 그의 시선을 의식해서라도 이렇게 도망치지는 않았을 것입니다. 당신은 혼자 있을 때 누구입니까? 아무도 보는 이가 없을 때. (사실은 하나님이 보고 계십니다.)

NOTE 97

이와 같이 하라

33어떤 사마리아 사람은 여행하는 중 거기 이르러 그를 보고 불쌍히 여겨 34가까이 가서 기름과 포도주를 그 상처에 붓고 싸매고 자기 짐승에 태워 주막으로 데리고 가서 돌보아 주니라 35그 이튿날 그가 주막 주인에게 데나리온 둘을 내어 주며 이르되 이 사람을 돌보 아 주라 비용이 더 들면 내가 돌아올 때에 갚으리라 하였으니 36네 생각에는 이 세 사람 중에 누가 강도 만난 자의 이웃이 되겠느냐 37이르되 자비를 베푼 자니이다 예수께서 이 르시되 가서 너도 이와 같이 하라 하시니라(눅 10:33-37)

"어떤 사마리아 사람이 거기 이르러"라고 예수님이 말씀하셨을 때에, 청중들은 '엎친데 덮친 격이라니'라고 생각했을 것입니다. 그 런데 웬걸 사마리아인은 강도 만난 사람을 완벽하게 돌보아 주었 습니다. 강도당한 사람의 이웃이 되었던 사람은 이방인이나 대적 으로 간주되던 사마리아인이었습니다. 사마리아인은 청중들에게 놀라움을 주기 위해 선택되었는데, 사마리아인과 선행을 연결시 켰을 때, 이야기는 비틀려서 역설적이고 충격적인 진리를 드러냅 니다. 당시의 사회상을 풍자하려는 예수님의 의도가 갈린 설정입 니다. 여기에 사마리아인의 공감하는 마음(compassion), 정확한 판단력(assessment), 신속한 행동(action), 희생적 돌봄(caring), 지속적인 도움(continuance of help)의 단계적인 노력이 비교적 상세하게 기록되어 있습니다.

　응급상황이 발생했을 때 취할 수 있는 개인적 처방의 이상적인 모델을 보는 것 같습니다. 예수님은 율법사에게 다시 묻습니다. "이 세 사람 중에 누가 강도 만난 자의 이웃이 되겠느냐?" 예수님은 이야기 속의 구체적인 인물을 거명하도록 물었으나 자존심이 상했는지 율법사는 "자비를 베푼 자"라고 일반화시켜 답변을 했습니다. 예수님은 "너도 이와 같이 하라"고 말씀하십니다. "이와 같이"는 자신들이 처한 상황에서 이 이야기를 창의적으로 적용하라는 말씀입니다. 예수님은 비유가 구체화되고 인격화되어 실행되기를 바라십니다. 그것은 율법사가 일반화하고 객관화하고 개념화하는 것과는 다릅니다. 예수님은 사마리아인의 성경읽기를 추천합니다. 몸으로 말씀을 실천하므로 읽는 것입니다.

NOTE 98

균형의 영성

38그들이 길 갈 때에 예수께서 한 마을에 들어가시매 마르다라 이름하는 한 여자가 자기 집으로 영접하더라 39그에게 마리아라 하는 동생이 있어 주의 발치에 앉아 그의 말씀을 듣더니 40마르다는 준비하는 일이 많아 마음이 분주한지라 예수께 나아가 이르되 주여 내 동생이 나 혼자 일하게 두는 것을 생각하지 아니하시나이까 그를 명하사 나를 도와 주라 하소서 41주께서 대답하여 이르시되 마르다야 마르다야 네가 많은 일로 염려하고 근심하나 42몇 가지만 하든지 혹은 한 가지만이라도 족하니라 마리아는 이 좋은 편을 택하였으니 빼앗기지 아니하리라 하시니라(눅 10:38-42)

중세 교회의 전통은 본문을 예수님이 음식을 준비하기 위해 분주한 마르다보다는 예수님의 발아래에서 말씀을 듣던 마리아를 칭찬하신 사건을 들어 관조하는 생활이 봉사하는 생활보다 우위에 있다고 해석을 했습니다. 그러나 칼빈은 이 특별한 경우의 사건을 일상의 모든 일에 일반적으로 적용하여 일을 경시하는 것은 잘못된 해석이라고 보았습니다. 그는 모든 사람은 여러 가지 일로 부름을 받았으며, 자신의 부름에 충실한 것보다 하나님을 기쁘시게 하는 제사는 없다고 하였습니다. 그리고 마리아와 마르다의 기사는 "일에 대한 구별"이 아니라 "때에 적합한 행위"라는 차원에서 보아야 한다고 하였습니다. 그 때는 마리아의 행위가 적합한 것이었지만, 때로는 마르다의 행위가 더 적합한 상황이 있을 수 있다는 것입니다. 말씀의 요점은 때에 대한 분별이지, 일에 대한 구별이 아니라는 것입니다.

칼빈의 말도 설득력이 있지만, 사실은 두 행위의 균형이 필요하다고 생각합니다. 말씀 안에서 사귐의 거실과 구체적인 음식을 나누는 섬김의 부엌 사이의 조화가 필요합니다. 말씀을 들음으로써 예수님의 신성을 받아드리고, 음식을 드림으로써 예수님의 인성을 받아들입니다. 하나님을 향한 열정(passion)과 사람을 향한 긍휼(compassion)입니다. 예배와 일, 들음과 드림, 사귐과 섬김의 조화가 필요합니다. 은사가 달라도 서로 합력하면 선을 이룰 수 있습니다. 문제는 다른 것을 틀린 것으로 보고 비판하거나 원망하거나 조종하려고 조급을 부리는 것입니다. 마리아와 마르다는 두 사람이지만, 우리 안에 있는 두 가지 성향으로도 볼 수 있습니다. 둘 사이의 조화로운 균형이 필요합니다.

NOTE 99

이렇게 기도하라

1예수께서 한 곳에서 기도하시고 마치시매 제자 중 하나가 여짜오되 주여 요한이 자기 제
자들에게 기도를 가르친 것과 같이 우리에게도 가르쳐 주옵소서 2예수께서 이르시되 너
희는 기도할 때에 이렇게 하라 아버지여 이름이 거룩히 여김을 받으시오며 나라가 임하시
오며 3우리에게 날마다 일용할 양식을 주시옵고 4우리가 우리에게 죄 지은 모든 사람을
용서하오니 우리 죄도 사하여 주시옵고 우리를 시험에 들게 하지 마시옵소서 하라
(눅 11:1-4)

세상에서 가장 아름다운 것 가운데 하나는 기도하는 모습일 것
입니다. 기도는 이미 하나님을 인정하는 믿음으로부터 시작하고
있습니다. 제자들은 예수님이 기도하시는 것을 보고 자기들도 저
렇게 기도하고 싶다는 생각이 들었던 것 같습니다. 예수님의 기도
모범을 따르고 싶었던 것입니다. 그래서 요한이 제자들에게 기도
를 가르치신 것 같이 자기들에게 기도를 가르쳐 주실 것을 부탁하
였습니다. 예수님께서 기도 내용을 가르쳐주신 것으로 소위 주기
도로 알려진 본문의 기도는 마태복음(6:9-15)과 약간의 차이가 있
습니다. 마태복음에는 하나님을 향한 3개의 간구(이름, 나라, 뜻)
와 자신을 위한 3개의 간구(양식, 용서, 시험)가 나와 있습니다만,

누가복음에는 하나님의 뜻에 대한 간구가 빠진 5개의 간구가 나옵니다. 타인에 대한 용서와 하나님께 용서를 비는 기도를 중심으로 하나님 이름의 거룩함과 나라의 임재를 구하고, 자신에게 필요한 일용할 양식과 시험에서의 보호를 구하고 있습니다. 용서는 하나님께서 우리를 위해 응답해야 할 기도이면서 동시에 타인을 위해 우리가 해야 할 일이기도 합니다. 우리가 해야 할 일도 기도해야 하는 것은 하나님이 주시는 힘으로 할 수 있기 때문입니다. 일용할 양식은 육체를 위한 현재적인 것이고, 용서는 마음을 위한 지난 과거의 것이며, 시험은 영혼을 위한 미래적인 것입니다.

NOTE 100

간청함을 인하여

5또 이르시되 너희 중에 누가 벗이 있는데 밤중에 그에게 가서 말하기를 벗이여 떡 세 덩이를 내게 꾸어 달라 6내 벗이 여행중에 내게 왔으나 내가 먹일 것이 없노라 하면 7그가 안에서 대답하여 이르되 나를 괴롭게 하지 말라 문이 이미 닫혔고 아이들이 나와 함께 침실에 누웠으니 일어나 네게 줄 수가 없노라 하겠느냐 8내가 너희에게 말하노니 비록 벗 됨으로 인하여서는 일어나서 주지 아니할지라도 그 간청함을 인하여 일어나 그 요구대로 주리라(눅 11:5-8)

앞의 주기도는 기도의 내용을 말했다면, 밤에 찾아온 친구의 비유는 기도의 방법을 가르쳐 주고 있습니다. 여기에 나오는 기도는 친구의 필요를 위해 대신 친구에게 가서 자신의 필요처럼 요청하는 것입니다. 자신의 필요를 위한 것보다 밤중에 찾아온 친구를 위한 요청으로 일종의 중보기도입니다. 이 비유에는 한밤중의 성가심과 친구의 우정 사이의 딜레마가 나와 있습니다. 한밤중의 성가심, 더구나 모든 가족이 침소에 들었을 때의 귀찮음, 가족들이 잠을 설치고 자신은 이불에서 나와 다시 옷을 입어야 하고, 불을 밝혀야 하고, 떡을 찾거나 만들어야 하는 상황은 사실 손님이나 친구가 아니라 불청객이고 원수입니다.

그러나 친구로서는 우정을 지켜야 하고, 친구의 부탁을 들어주어야 하고, 신앙적으로는 손님을 대접해야 하는 환대의 관습이 엄연합니다. 여기에 성가심과 우정 사이의 딜레마가 있습니다. 우정 때문에 기꺼이 들어 줄 수도 있고, 성가심 때문에 할 수 없이 들어 줄 수도 있습니다. 만일 친구가 우정 때문에 들어준다면 더 없이 좋겠지만, 성가심 때문에라도 그 요청을 받아드리지 않을 수 없다는 것입니다. 이런 경우 요청하는 친구를 위해서가 아니라 자신을 위해서 응답하는 것입니다. 친구도 그러한데 하물며 하나님 아버지께서 간청하는 자의 기도를 하나님께서 응답해 주시지 않겠냐는 역설입니다. 간청하는 기도를 가르치시는 것입니다. 기도를 들으시는 하나님 편에서 이렇게 말씀해 주시니 얼마나 좋습니까?

성령을 주시리라

9내가 또 너희에게 이르노니 구하라 그러면 너희에게 주실 것이요 찾으라 그러면 찾아낼 것이요 문을 두드리라 그러면 너희에게 열릴 것이니 10구하는 이마다 받을 것이요 찾는 이는 찾아낼 것이요 두드리는 이에게는 열릴 것이니라 11너희 중에 아버지 된 자로서 누가 아들이 생선을 달라 하는데 생선 대신에 뱀을 주며 12알을 달라 하는데 전갈을 주겠느냐 13너희가 악할지라도 좋은 것을 자식에게 줄 줄 알거든 하물며 너희 하늘 아버지께서 구하는 자에게 성령을 주시지 않겠느냐 하시니라(눅 11:9-13)

　본문은 기도하는 자세를 말하고 있는데, 앞에 나온 비유의 구체적인 적용으로 볼 수 있습니다. '구하라'(ask), '찾으라'(seek), '문을 두드리라'(knock) 연속적인 동작으로, 점진적으로 강도가 더해지는 느낌입니다. 입으로 구하고, 눈으로 찾고, 손으로 두드리고… '3K'입니다. 받게 되고, 찾게 되고, 열릴 것이 약속되어 있습니다. 더구나 아버지와 자식의 관계에서 구하는 것과 응답에 대한 것이 나와 있습니다. 모양은 비슷한지 모르지만 생선을 구했는데 대신 뱀을 주거나, 알을 구했는데 대신 전갈(마태복음에는 빵 대신 돌)을 주는 아버지는 없다는 것입니다. 기도 응답에 대한 확신입니다. 그 전제는 하나님이 우리의 아버지라는 것과 하나님은 전능자라는 사실입니다.

하나님의 사랑과 능력이 기도의 응답을 보증합니다. 세상의 아
버지는 구한 것보다 못한 것을 주지 않지만 하나님은 요청한대로
만 기계적으로 주시는 것이 아니라 더욱 '좋은 것'으로 주십니다.
무엇을 기도할 때 우리가 염려할 것이 없는 것은 응답이 구한 데로
만 오는 것이 아니라 하나님의 뜻을 따라 좋은 것으로 오기 때문입
니다. 그 좋은 것은 바로 성령님입니다. 하나님이 주실 수 있는 최
상의 것은 성령님입니다. 성령님은 모든 기도의 궁극적인 응답입
니다. 성령님 안에 모든 것이 있기 때문입니다. 우리는 성령님을
구해야 하고, 모든 기도는 성령님으로 연결됩니다.

NOTE 102

영적 분별력

14예수께서 한 말 못하게 하는 귀신을 쫓아내시니 귀신이 나가매 말 못하는 사람이 말하
는지라 무리들이 놀랍게 여겼으나 15그 중에 더러는 말하기를 그가 귀신의 왕 바알세불을
힘입어 귀신을 쫓아낸다 하고 16또 더러는 예수를 시험하여 하늘로부터 오는 표적을 구하
니 17예수께서 그들의 생각을 아시고 이르시되 스스로 분쟁하는 나라마다 황폐하여지며
스스로 분쟁하는 집은 무너지느니라 18너희 말이 내가 바알세불을 힘입어 귀신을 쫓아낸
다 하니 만일 사탄이 스스로 분쟁하면 그의 나라가 어떻게 서겠느냐 19내가 바알세불을
힘입어 귀신을 쫓아내면 너희 아들들은 누구를 힘입어 쫓아내느냐 그러므로 그들이 너희
재판관이 되리라(눅 11:14-19)

귀신의 일은 사람에게 행복보다는 불행을 가져옵니다. 귀신이
들려 말을 하지 못하게 된 것은 귀신도 힘은 가지고 있으나 사람으
로 하여금 자신의 기능을 다 발휘하지 못하도록 방해하는 것입니
다. 이런 귀신의 일을 멸하는 것이 바로 하나님의 역사입니다. 그
런데 고치시는 하나님의 역사를 귀신의 왕 바알세불의 일로 평가
절하 하는 어처구니없는 모함은 인간의 악한 마음을 들어 낼 뿐입
니다. 이렇게 말하는 자들은 영적 분별력이 없을 뿐 아니라 마음이
완악하고 선한 일을 시기하는 마음까지 있습니다. '하나님이 인간
의 행복을 위하느냐, 귀신이 인간의 행복을 위하느냐?' 묻기만 하

면 대답은 명확합니다.

　더구나 영적인 세계는 질서가 있습니다. 빛의 세력과 어둠의 세력은 명확하게 구분이 됩니다. 영계에는 하나님의 세계와 마귀의 세계 사이에 분명한 경계가 있습니다. 그러나 보이는 세상은 혼재되어 있는 것처럼 보입니다. 그래서 영적 싸움은 세상의 사람을 사이에 두고 벌어집니다. 영적인 세계에서의 싸움은 이미 성패가 분명하게 나 있습니다. 그러므로 하나님의 이름을 빌어 영적인 싸움을 해야 귀신이 쫓겨나갑니다. 지금 분명한 표적을 보면서도 또 다른 표적을 구하는 사람들도 나옵니다. 표적은 또 다른 표적을 구하고 끝이 없습니다. 예수님이 하늘로부터 오신 가장 확실한 표적입니다.

하나님의 손

20그러나 내가 만일 하나님의 손을 힘입어 귀신을 좇아낸다면 하나님의 나라가 이미 너
희에게 임하였느니라 21강한 자가 무장을 하고 자기 집을 지킬 때에는 그 소유가 안전하
되 22더 강한 자가 와서 그를 굴복시킬 때에는 그가 믿던 무장을 빼앗고 그의 재물을 나누
느니라 23나와 함께 하지 아니하는 자는 나를 반대하는 자요 나와 함께 모으지 아니하는
자는 헤치는 자니라(눅 11:20-23)

로마 바티칸 시스틴 채플에 가면 미켈란젤로의 천지창조 천정화
를 볼 수 있습니다. 사람을 창조하시는 하나님의 모습을 그렸는데,
하나님이 손가락으로 아담을 접촉하시는 형상으로 표현되어 있습
니다. 거기에서 영감을 얻어 스티븐 스필버그는 E.T.의 손가락에
불이 켜지는 것을 착안했다는 말도 있습니다. 하나님의 손가락으
로 만드신 세계는 하나님의 전능성을 드러내고 있습니다. 모세가
재앙을 내릴 때도 하나님의 손가락(출 8:19절)이 나타나고, 갑자
기 하나님의 손가락이 나타나서 벽에 글을 쓰는 것도 성경에 나옵
니다. 이적은 하나님 나라가 밀려오는 가시적인 표적입니다. 하나
님 나라가 임하면 귀신의 일이 떠나게 됩니다.

여기 '강한 자'는 귀신이고, '더 강한 자'는 하나님입니다. 이제까지 강한 자로 사람들에게 군림하던 귀신을 더 강한 자 하나님이 축출하십니다. 하나님은 사탄의 무장을 해체시키고 항복시키고 그에게 포로 되었던 사람을 이끌어 내십니다. 귀신에게는 사람이 재물정도로 여겨질지 모르지만 하나님께는 귀한 자녀입니다. 하나님은 귀신을 몰아내고 사람을 구원하십니다. 예수님과 함께 하지 않으면 귀신에게 속한 것입니다. 신앙에서 회색지대나 중립지대는 없습니다.

돌아온 귀신

24더러운 귀신이 사람에게서 나갔을 때에 물 없는 곳으로 다니며 쉬기를 구하되 얻지 못하고 이에 이르되 내가 나온 내 집으로 돌아가리라 하고 25가서 보니 그 집이 청소되고 수리되었거늘 26이에 가서 저보다 더 악한 귀신 일곱을 데리고 들어가서 거하니 그 사람의 나중 형편이 전보다 더 심하게 되느니라(눅 11:24-26)

귀신 앞에는 '더러운' 또는 '악한'이라는 수식어가 붙습니다. 이런 수식은 그들이 하는 일과 관련이 있습니다. 귀신이 일시적으로 나갔다고 안심할 일이 아닙니다. 다른 곳에서 있을 곳을 찾지 못하면 다시 돌아와 본다는 것입니다. 만일 청소도 하고 수리도 했지만 강력한 새 주인을 모시지 않으면 밖으로 돌면서 더 악한 귀신들까지 데리고 집단 이주를 하는 바람에 형편이 전보다 더 악화된다는 것입니다. 귀신들 자기들끼리는 정말 의리가 있습니다. 귀신은 스스로 분쟁하지 않는다는 말을 기억하시죠? 그러므로 집을 청소하고 수리하는 것도 중요하지만 주인을 바로 모셔야 합니다.

청소와 수리가 회개하는 것이라면 주인을 모시는 것은 믿음입니다. 어떤 종교는 자기를 비우라고 말 하지만 기독교는 비움을 목적으로 하지 않습니다. 비움은 채움을 전제로 할 때 의미가 있는 것입니다. 주인 없는 무주공산이 되어서는 안 됩니다. 사실상 아무 것도 없는 진공상태라는 것은 불가능한 것입니다. 귀신이든, 세상이든, 자신이든 그 자리를 차지하고 있는 것입니다. 중립으로 빈 공간은 없습니다. 하나님, 예수님, 성령님을 마음의 주인으로 모셔야 합니다. 앞의 이적과 연관을 지어 생각할 때, 귀신이 쫓겨나 간 그 상태에서 만족하지 말고 주님을 잘 모셔야 한다는 말씀으로 들립니다.

말씀을 듣고 지키는 자의 복

27이 말씀을 하실 때에 무리 중에서 한 여자가 음성을 높여 이르되 당신을 밴 태와 당신을 먹인 젖이 복이 있나이다 하니 28예수께서 이르시되 오히려 하나님의 말씀을 듣고 지키는 자가 복이 있느니라 하시니라(눅 11:27-28)

예수님이 전하는 말씀과 행하는 이적들을 보면 놀라움뿐만 아니라 부러움까지 있었을 것입니다. 나이든 여성들은 아마도 "저런 아들을 둔 사람은 얼마나 행복할까?"라는 생각을 했을 것입니다. 그래서 한 여자가 음성을 높여 "당신을 밴 태와 당신을 먹인 젖이 복이 있나이다"라고 했습니다. 물론 이 말은 엘리사벳이 마리아에게 했던 "여자 중에 네가 복이 있으며 네 태중의 아이도 복이 있도다"(눅 1:42)라는 말을 상기시켜 줍니다. 그러나 복을 꼭 그렇게 한정시킬 필요는 없습니다. 복을 혈육으로 제한하는 것은 너무 운명적이고, 오직 한 사람 마리아에게만 해당하는 복이 될 수 있습니다.

그래서 예수님은 이 말을 정정해 주십니다. "오히려 하나님의 말씀을 듣고 지키는 자가 복이 있느니라." 하나님의 말씀을 잘 듣고, 그 말씀을 행동에 옮기는 사람은 모친 마리아 못지않은 복을 받는다는 것입니다. 복의 개방성과 적극성입니다. 복이 혈육에 놓여있지 않고 결단에 달려 있다는 것입니다. 몇몇에게 한정되어 있지 않고 모두에게 약속되어 있다는 것입니다. 사실 복이 혈통에 따라 결정되는 것이 당시의 시대상이었습니다. 지체 높은 집안에서 태어나 상속 받은 재물이 많으면 저절로 복을 받았다고 생각하는 시대입니다. 지금도 그렇게 생각하는 사람들이 있습니다. 여기에는 개인의 결단이 작용할 여지가 거의 없어 보입니다. 그런데 예수님은 개인의 결단에 따라 얼마든지 복을 받을 수 있다고 말씀하십니다. 이것은 이 말을 하는 그 여자도 얼마든지 누릴 수 있는 복입니다. 누가복음 8장 19절부터 21절에서 예수님은 어머니와 동생들이 왔다고 전갈을 받았을 때, 말씀을 듣고 행하는 자들이 어머니요 동생이라는 확대된 가족관을 피력하셨는데, 동일선상에 있는 말씀입니다. 하나님의 축복은 혈통을 통하여 저절로 주어지는 복이 아니라 말씀을 듣는 자의 결단에 따라 주어지는 복입니다.

NOTE 106

보다더큰이

29무리가 모였을 때에 예수께서 말씀하시되 이 세대는 악한 세대라 표적을 구하되 요나의 표적 밖에는 보일 표적이 없나니 30요나가 니느웨 사람들에게 표적이 됨과 같이 인자도 이 세대에 그러하리라 31심판 때에 남방 여왕이 일어나 이 세대 사람을 정죄하리니 이는 그가 솔로몬의 지혜로운 말을 들으려고 땅 끝에서 왔음이거니와 솔로몬보다 더 큰 이가 여기 있으며32심판 때에 니느웨 사람들이 일어나 이 세대 사람을 정죄하리니 이는 그들이 요나의 전도를 듣고 회개하였음이거니와 요나보다 더 큰 이가 여기 있느니라
(눅 11:29-32)

바울은 유대인은 표적을 구하고, 헬라인은 지혜를 구하지만 자신은 십자가에 못박힌 그리스도를 전하니, 유대인에게는 거리끼는 것이요, 이방인에게는 미련한 것이지만 부르심을 받은 자들에게는 하나님의 능력이요, 하나님의 지혜라는 말씀을 전한 적이 있습니다(고전 1:22-25). 예수님은 유대인들에게 요나의 표적, 그리고 이방 사람들에게는 솔로몬의 지혜를 말씀하면서 인자는 요나보다 더 크고, 솔로몬보다 더 크다는 말씀을 하십니다. 예수님은 표적 중에 표적이며, 지혜 가운데 완전한 지혜이십니다.

완악한 니느웨 사람들은 마지못해 말씀을 전한 요나의 전도를 듣고도 회개했고, 남방 여왕(시바)은 솔로몬의 지혜를 듣기 위해 땅 끝에서 오는 수고를 마다하지 않았는데, 그들보다 크신 인자를 보고 직접 말씀을 들으면서도 회개하지 않고 믿지 않는다면 니느웨 사람과 남방 여왕이 일어나 이 세대 사람들을 정죄할 것이라고 하십니다. 그들이 천대하던 이방인들만도 못한 것입니다. 우리가 역사를 배우는 것은 현재에 적용되는 교훈을 받고자함입니다. 역사에서 배우지 못하고 똑같은 실수를 반복한다면 역사가 무슨 의미가 있겠습니까?

네 속에 있는 빛

33누구든지 등불을 켜서 움 속에나 말 아래에 두지 아니하고 등경 위에 두나니 이는 들어가는 자로 그 빛을 보게 하려 함이라 34네 몸의 등불은 눈이라 네 눈이 성하면 온 몸이 밝을 것이요 만일 나쁘면 네 몸도 어두우리라 35그러므로 네 속에 있는 빛이 어둡지 아니한가 보라 36온 몸이 밝아 조금도 어두운 데가 없으면 등불의 빛이 너를 비출 때와 같이 온전히 밝으리라 하시니라(눅 11:33~36)

예수님은 등불을 밝히는 일반적인 경우를 들어 설명하십니다. 등불을 켜서 잘 보이는 곳에 두어 사물을 분간할 수 있도록 해 준다는 것입니다. 몸의 등불은 눈인데 역시 잘 볼 수 있는 위치에서 밝히 보아야 온 몸이 제 기능을 할 수 있다는 것입니다. 이처럼 우리 마음에는 세상의 빛 되신 예수님을 모시는데, 삶의 구석구석을 잘 비추실 수 있도록 높여드리고 밝게 빛나게 해야 한다는 것입니다. 만일 그 빛이 내 안에서 어두워졌다면 그리고 전체의 삶을 조명해 줄 수 없다면 꺼진 등불이나 진배없습니다. 내 안에 있는 등불은 선한 행실을 통하여 빛 가운데 사는 삶을 통하여 빛을 발하게 될 것입니다.

내 눈을 통하여 세상을 비추는 빛은 세계관입니다. 예수님을 모시고 사는 사람은 세계관 즉 안목의 변화를 경험합니다. 예배와 기도를 통하여 예수님의 안목을 가지게 됩니다. 그것이 눈을 뜨는 진정한 기적입니다. 기독교적 세계관을 가지고 살면 삶의 모습이 완전히 달라집니다. 내 안에 있는 빛이 모습을 나타내는 것입니다.

내면의 정결

37예수께서 말씀하실 때에 한 바리새인이 자기와 함께 점심 잡수시기를 청하므로 들어가 앉으셨더니 38잡수시기 전에 손 씻지 아니하심을 그 바리새인이 보고 이상히 여기는지라 39주께서 이르시되 너희 바리새인은 지금 잔과 대접의 겉은 깨끗이 하나 너희 속에는 탐욕과 악독이 가득하도다 40어리석은 자들아 겉을 만드신 이가 속도 만들지 아니하셨느냐 41그러나 그 안에 있는 것으로 구제하라 그리하면 모든 것이 너희에게 깨끗하리라 (눅 11:37-41)

예수님과 바리새인들과의 일련의 논쟁이 시작됩니다. 먼저 정결전통에 대한 것입니다. 손 씻기는 위생상 좋은 것입니다만 그것을 규례로 삼고 남을 판단하는 기준으로 삼는 것은 형식이나 외식에 치우치기 쉽습니다. 손 씻기는 율법이 아니라 전통입니다. 이것을 행하므로 자신들의 의로움을 과시하려는 사람도 생겼을 것입니다. 그렇게 형식에 과도하게 집착하면 내용을 소홀히 하는 약점이 있습니다. 손을 씻는 행위는 좋은 것이지만 손을 씻으면서 마음으로 남을 판단하는 것은 잔과 대접의 겉은 깨끗이 하면서도 탐욕과 악독으로 내용물을 채우는 것과 같습니다.

지금 겉으로는 예수님을 초대했다고 하나 탐욕과 악독이 가득한 위선적인 행동이 되는 것입니다. 겉 다르고 속 다른 것입니다. 예수님은 이런 위선을 지적하는 것입니다. 탐욕을 이기는 길은 구제하는 것입니다. 악독을 제거하는 것은 선행을 하는 것입니다. 이렇게 내면을 깨끗하게 해야 진정 정결한 사람이 되는 것입니다. 여기에서 '정결'은 '뱁티조'인데, 세례와 같은 의미를 담고 있습니다. 물로 손을 씻는 것뿐 아니라 내면을 씻어야 정결한 사람이 됩니다.

NOTE 109

화(禍) 삼종세트

42화 있을진저 너희 바리새인이여 너희가 박하와 운향과 모든 채소의 십일조는 드리되 공의와 하나님께 대한 사랑은 버리는도다 그러나 이것도 행하고 저것도 버리지 말아야 할지니라 43화 있을진저 너희 바리새인이여 너희가 회당의 높은 자리와 시장에서 문안 받는 것을 기뻐하는도다 44화 있을진저 너희여 너희는 평토장한 무덤 같아서 그 위를 밟는 사람이 알지 못하느니라(눅 11:42-44)

말씀에서 주로 바리새인들의 외적 행동과 연관되어 있는 "화 있을 진저"는 세 가지로 볼 수 있습니다. 바리새인들이 하나님께 드리는 십일조는 물질적인 것만으로는 충분하지 않다는 것입니다. 물론 물질의 십일조도 드려야 하지만 사람에게 행하는 공의와 하나님께 대한 사랑을 아울러 드려야 한다는 것입니다. 그렇지 않으면 형식주의가 되어 화가 된다는 것입니다. 경건생활의 외적인 면뿐 아니라 본질을 잃어버리지 말아야 합니다. 다음으로, 내면 높은 자리에 앉기를 좋아하고 사람들 많이 모인 곳에서 자신을 드러내기 좋아하는 허위의식도 화가 된다는 것입니다.

바리새인들은 종교적 열심과 자만심으로 자신들 스스로를 높이는 허영심을 가지고 있습니다. 하나님 앞에 자신을 낮추어야 합니다. 마지막으로, 바리새인들이 평토장한 무덤 같아서 겉으로 보기에는 무덤 같이 안 보이지만 그 안에는 해골이 가득한 위선도 화가 된다는 것입니다. 그들은 자신들의 실상을 제대로 파악하지 못하고 있는 것입니다. 바리새인들은 내용에 충실해야 하며, 겸손하게 행해야 하며, 마음을 새롭게 해야 합니다.

NOTE 110

영적남용

45한 율법교사가 예수께 대답하여 이르되 선생님 이렇게 말씀하시니 우리까지 모욕하심이니이다 46이르되 화 있을진저 또 너희 율법교사여 지기 어려운 짐을 사람에게 지우고 너희는 한 손가락도 이 짐에 대지 않는도다 47화 있을진저 너희는 선지자들의 무덤을 만드는도다 그들을 죽인 자도 너희 조상들이로다 48이와 같이 그들은 죽이고 너희는 무덤을 만드니 너희가 너희 조상의 행한 일에 증인이 되어 옳게 여기는도다 49그러므로 하나님의 지혜가 일렀으되 내가 선지자와 사도들을 그들에게 보내리니 그 중에서 더러는 죽이며 또 박해하리라 하였느니라 50창세 이후로 흘린 모든 선지자의 피를 이 세대가 담당하되 51곧 아벨의 피로부터 제단과 성전 사이에서 죽임을 당한 사가랴의 피까지 하리라 내가 너희에게 이르노니 과연 이 세대가 담당하리라 52화 있을진저 너희 율법교사여 너희가 지식의 열쇠를 가져가서 너희도 들어가지 않고 또 들어가고자 하는 자도 막았느니라 하시니라 53거기서 나오실 때에 서기관과 바리새인들이 거세게 달려들어 여러 가지 일을 따져 묻고 54그 입에서 나오는 말을 책잡고자 하여 노리고 있더라(눅 11:45~54)

또 다른 삼종세트의 저주는 율법교사들을 향하고 있습니다. 율법교사들의 잘못은 보다 근본적인 데에 있습니다. 그들은 진리를 알고도 살지 않을 뿐만 아니라, 지도자로서도 자신들의 영적권위를 이용하여 다른 사람들을 영적으로 학대하고 있습니다. 그들은 '장로들의 유전'이라는 율법의 세부규정을 만들어 다른 사람들에게는 무거운 짐을 지우고 자신들은 손가락 하나 까닥하지 않습니다. 다음으로 율법교사들은 조상들이 죽인 선지자들을 기리고 무덤을 만들어 주면서 자기들은 또 다른 하나님의 사람을 핍박하는 일을 도모하는 완악한 행위를 서슴지 않습니다. 선조들의 행위를 정죄하면서 자신들도 똑 같은 일을 반복하고 있습니다. 그래서 순교자의 반열은 아벨로부터 사가랴까지 계속되고 있습니다.

자신들과 맞지 않으면 이단이라고 정죄하는 이단 만들기도 계속합니다. 다음은 하나님의 말씀을 잘 풀어 다른 사람들을 인도할 지식의 열쇠를 책임 맡고 있으면서도 자신들도 그 집에 들어가지 않고 들어가려는 다른 사람도 들어가기 못하도록 막고 있는 것입니다. 율법교사는 종교지도자가 저지르기 쉬운 율법주의, 권위주의, 특권의식, 독선주의와 같은 영적남용(Spiritual Abuse)을 하고 있습니다. 이런 것들로 약한 자들을 조종하고 갈취하며 자신들의 이익만을 도모하고 있으니 받을 심판이 큽니다.

NOTE 111

하나님 없이 하나님 앞에

1그 동안에 무리 수만 명이 모여 서로 밟힐 만큼 되었더니 예수께서 먼저 제자들에게 말씀
하여 이르시되 바리새인들의 누룩 곧 외식을 주의하라 2감추인 것이 드러나지 않을 것이
없고 숨긴 것이 알려지지 않을 것이 없나니 3이러므로 너희가 어두운 데서 말한 모든 것
이 광명한 데서 들리고 너희가 골방에서 귀에 대고 말한 것이 지붕 위에서 전파되리라
(눅 12:1-3)

당시 무리가 수만 명이 모였다는 것은 정말 놀라운 일입니다. 그
것도 동원에 의해서가 아니라 자발적으로 모인 군중이 그렇게 많
았다는 것은 예수님이 얼마나 많은 사람들의 관심의 대상이었는지
알 수 있습니다. 예수님은 제자들에게 바리새인들의 외식을 주의
하라고 말씀하십니다. 그들의 외식하는 신앙생활은 마치 누룩처
럼 다른 사람에게 자기도 모르는 사이에 전파되어 온통 전체를 부
패시키기 때문입니다. 정결이라는 면에서 누룩은 음식재료를 변
하게 한다는 부정적인 측면을 강조한 은유입니다. 그들은 하나님
을 속일 수 있다고 생각하는 자들입니다. 자신들의 행위나 말을 하
나님에게 숨길 수 있다고 생각하고 삽니다. 하나님이 보지도 듣지
도 못하는 것처럼 생각합니다. 그러나 그것은 전능하시고 살아계

신 하나님을 모독하는 것입니다. 하나님을 인간의 차원으로 낮추는 불경입니다.

몰래 카메라처럼 우리가 숨어서 은밀하게 말하고 행한 것이 녹음되고 녹화되어 방송으로 방영된다고 생각해 보십시오. 정말 주의하지 않으면 안 됩니다. 세상에 영원한 비밀은 없습니다. 사실 하나님 앞에는 어떤 것도 숨길 수가 없습니다. 하나님은 언제나 듣고 계십니다. 사람의 눈과 귀를 피하면 모든 것이 안전한 것처럼 생각하는 사람이 있습니다. 이것은 중대한 착각입니다. 하나님은 우리 마음의 생각까지도 살피시는 분이십니다. 그러므로 항상 하나님 앞에서 말하고 행하는 것처럼 살아야 합니다. 결국은 그렇게 백주에 드러나기 때문입니다. 하나님이 없는 것처럼 보이지만 하나님 앞에 살아야 합니다. 우리가 보지 못한다고 하나님이 없는 것은 아닙니다. 우리가 듣지 못한다고 하나님이 침묵하는 것은 아닙니다. 우리는 보지 못하고 듣지 못하지만 하나님은 모든 것을 보고 계십니다. 예수님은 이 감추어진 것을 드러내시는 분입니다. 예수님께 나아와 드러내지 않으면 심판 날에 이 모든 것이 드러나게 될 것입니다. 그 때는 후회해도 다시 돌이킬 수가 없습니다.

두려워할 것

4내가 내 친구 너희에게 말하노니 몸을 죽이고 그 후에는 능히 더 못하는 자들을 두려워
하지 말라 5마땅히 두려워할 자를 내가 너희에게 보이리니 곧 죽인 후에 또한 지옥에 던
져 넣는 권세 있는 그를 두려워하라 내가 참으로 너희에게 이르노니 그를 두려워하라
(눅 12:4-5)

예수님께서는 여러 곳에서 우리에게 "두려워하지 말라"고 말씀
하셨지만, 여기에서는 "두려워하라"고 말씀하십니다. 그러면 무엇
을 두려워하고, 무엇을 두려워하지 말아야 합니까? 예수님의 말씀
은 몸만 죽일 수 있는 자들은 두려워할 필요가 없다는 것입니다. 그
러나 영혼을 지옥에 던져 넣을 권세를 가진 이를 두려워해야 한다
는 것입니다. 그러므로 우리가 궁극적으로 두려워해야 할 대상은
하나님 밖에 없습니다. 세상 권세의 가장 큰 무기는 우리의 몸을
죽이는 것입니다. 그러나 하나님께서는 죽음 이후의 삶도 다스릴
권세가 있습니다. 하나님의 심판은 불의한 자를 지옥에 던져 넣는
것입니다.

그러므로 우리는 세상 권세를 두려워하지 말고, 오직 하나님만을 두려워해야 합니다. 그런데 사람들은 두려워할 필요가 없는 사람은 두려워하고, 정말로 두려워야 할 하나님은 두려워하지 않습니다. 하나님을 경외하지 않는 사람은 세상에 두려운 것 투성이 입니다. 사실, 하나님만을 두려워하는 자들은 세상에 두려워할 것이 없습니다. 왜냐하면 하나님께서는 세상이 죽인 몸도 살리시기 때문입니다. 우리가 세상을 두려워하는 것은 우리 안에 하나님께서 계시지 않기 때문입니다. 하나님을 경외하는 사람은 사실상 두려움이 없는 사람입니다. 그러므로 믿음은 두려움을 이깁니다. 두려움은 믿음의 부재입니다.

하나님의 관심

6참새 다섯 마리가 두 앗사리온에 팔리는 것이 아니냐 그러나 하나님 앞에는 그 하나도 잊
어버리시는 바 되지 아니하는도다 7너희에게는 심지어 머리털까지도 다 세신 바 되었나
니 두려워하지 말라 너희는 많은 참새보다 더 귀하니라(눅 12:6-7)

인간을 비롯한 자연만물이 하나님의 세심한 보살핌을 받고 있습
니다. 그러므로 자연만물을 아끼고 잘 돌보는 것은 하나님의 뜻입
니다. 우리가 보기에 사소한 두 앗사리온(1/16 데나리온)에 팔리
는 참새도 하나님께서 잊지 않으신다고 하십니다. 24절에는 같은
의미로서 까마귀가 언급됩니다. 그들도 때로는 하나님의 뜻을 수
행하는 도구가 됩니다. 그런데 주님은 인간의 가치는 새에 비할 수
없는 것이라고 하십니다. 이러한 논증법은 랍비들이 많이 사용했
던 '작은 것에서 큰 것으로'의 방법입니다. 작은 것에 그렇게 많은
관심을 쏟는다면, 큰 것에는 어떻겠느냐는 대조법입니다.

이러한 예로서, 심지어 하나님께서는 우리의 머리털까지도 세
신다고 하십니다. 그래서 어떤 분들은 머리가 대머리인 사람들은,

머리털을 세시는 하나님을 번거롭게 하지 않으니 하나님의 사랑을 많이 받는다고 농담 삼아 말하기도 합니다. 하나님께서 귀엽다고 머리를 쓰다듬으시니 머리카락이 더 빠진다고 합니다. 하나님께서 참새도 살피시고 인간의 수많은 머리카락도 헤아리시는데, 두려워할 것이 무엇이 있겠느냐하고 깨우치시는 말씀입니다. 하나님께서 그렇게 세심하게 나를 살펴주시는데, 두려워하는 것은 불신앙과 다를 바가 없습니다. 하나님 외에, 우리가 정말로 두려워할 것은 없습니다.

할 말을 성령이 가르치시리라

8내가 또한 너희에게 말하노니 누구든지 사람 앞에서 나를 시인하면 인자도 하나님의 사자들 앞에서 그를 시인할 것이요 9사람 앞에서 나를 부인하는 자는 하나님의 사자들 앞에서 부인을 당하리라 10누구든지 말로 인자를 거역하면 사하심을 받으려니와 성령을 모독하는 자는 사하심을 받지 못하리라 11사람이 너희를 회당이나 위정자나 권세 있는 자 앞에 끌고 가거든 어떻게 무엇으로 대답하며 무엇으로 말할까 염려하지 말라 12마땅히 할 말을 성령이 곧 그 때에 너희에게 가르치시리라 하시니라(눅 12:8-12)

이 세상의 삶과 하나님 나라의 삶은 긴밀하게 연관되어 있습니다. 우리는 죽은 다음의 세상을 염려할 필요가 없습니다. 바로 이 세상에서 살았던 것과 흡사한 일이 벌어지기 때문입니다. 사람들 앞에서의 언행이 하나님 앞에서의 결과로 그대로 드러납니다. 사람들 앞에서 예수님을 나의 구주로 시인하면, 하나님 앞에서 예수님께서 나를 당신의 백성으로 시인해 주실 것입니다. 사실 예수님을 시인하는 것도 성령님의 인도하심이 있기 때문입니다. 성령님의 사역 가운데 가장 중요한 것은 예수님을 증언하는 것입니다. 성령님은 어느 누구 앞에서도 담대히 예수님을 시인하도록 역사하십니다. 다만, 문제는 우리가 성령님의 역사를 소멸한다는 것입니다. 예수님을 부인하는 것은 성령님의 인도를 따르지 않기 때문입니다.

이제 우리는 마지막 시대인 성령님의 시대에 살고 있습니다. 예수님을 거역한 적이 있던 자일지 라도, 성령님의 역사에 따라 회개하고 돌이키면 용서받고 구원을 받을 수 있습니다. 성령님은 우리에게 주신 하나님의 마지막 은혜입니다. 만일 성령님을 모독하면 더 이상의 기회는 없습니다. 아무 것도 성령님을 대신할 수 있는 것은 없습니다. 예수님을 거역하는 것은 사함을 받을 수 있지만 성령님을 거역하는 것은 사함을 받지 못한다고 했습니다. 이는 성령님이 더 중요하다는 것이 아니라, 성령님이 우리에게 주신 하나님의 마지막 은혜의 수단이라는 측면에서 그렇습니다. 지금은 성령님이 사역하는 마지막 시대입니다. 성령님의 인도하심을 받지 않는다면, 온전한 믿음으로 나아갈 수 없습니다. 우리가 성령님의 인도하심을 따르면, 어떤 두려움도 없습니다.

NOTE 115

소유냐 생명이냐?

13무리 중에 한 사람이 이르되 선생님 내 형을 명하여 유산을 나와 나누게 하소서 하니 14 이르시되 이 사람아 누가 나를 너희의 재판장이나 물건 나누는 자로 세웠느냐 하시고 15 그들에게 이르시되 삼가 모든 탐심을 물리치라 사람의 생명이 그 소유의 넉넉한 데 있지 아니하니라 하시고(눅 12:13-15)

예수님께서 권세 있고 지혜 있게 말씀하시고 행동하시는 것을 보고 어떤 사람은 자신의 최대 현안인 유산을 나누는 일에 예수님의 권위와 지혜를 베풀어 달라고 요구하였습니다. 사람들은 이렇게 예수님을 자기가 유리한 쪽으로 이용하려고 합니다. 그들에게 재판장이 있고, 유산과 관련된 재산 상속법이 있었을 텐데, 왜 예수님을 자신들의 유산분쟁에 말려들게 합니까? 그는 예수님의 평소 언행으로 보아 자기에게 유리하다고 판단했을까요? 아니면, 예수님께 자기의 억울한 형편을 들어 편을 들어달라고 요구하는 것일까요. 예수님께서는 사실, 판단을 유보하셨습니다. 그리고 더 근원적인 마음의 동기를 지적하십니다. 물질의 양이 문제가 아니라, 탐심 때문 입니다. 탐심을 물리치지 않으면 해결할 수 없는 문제입니다. 더구나 그들은 형제 사이이지 않습니까? 예수님께서는 "사람의 생명이 그 소유의 넉넉한 데 있지 아니하니라"라고 말씀하셔서 소유와 생명을 대비시키셨습니다.

우리는 종종 소유의 많음이 생명을 풍요롭게 하리라고 생각합니다. 그러나 탐심을 버리지 않으면, 소유의 많음이 생명을 풍성하게 하지 못한다는 것입니다. 여기에 법정에서의 정의보다 형제 사랑을, 지식보다 지혜를, 소유보다 생명을 먼저 취하라는 예수님의 교훈이 나와 있습니다. 그는 이 말씀을 알아들었을까요? 예수님께서는 소유하지 않고도 풍성한 생명을 누리는 법을 가르쳐 주십니다.

NOTE 116

먹고 마시고 즐거워하자

16또 비유로 그들에게 말하여 이르시되 한 부자가 그 밭에 소출이 풍성하매 17심중에 생각하여 이르되 내가 곡식 쌓아 둘 곳이 없으니 어찌할까 하고 18또 이르되 내가 이렇게 하리라 내 곳간을 헐고 더 크게 짓고 내 모든 곡식과 물건을 거기 쌓아 두리라 19또 내가 내 영혼에게 이르되 영혼아 여러 해 쓸 물건을 많이 쌓아 두었으니 평안히 쉬고 먹고 마시고 즐거워하자 하리라 하되 20하나님은 이르시되 어리석은 자여 오늘 밤에 네 영혼을 도로 찾으리니 그러면 네 준비한 것이 누구의 것이 되겠느냐 하셨으니 21자기를 위하여 재물을 쌓아 두고 하나님께 대하여 부요하지 못한 자가 이와 같으니라(눅 12:16-21)

우리는 마음으로 자기 자신과 많은 대화를 나눕니다. 대화를 나누는 내용에 따라 용기를 갖기도 하고, 낙심이 깊어지기도 합니다. 한 부자는 소출이 예상 밖으로 풍성하게 나오자 즐거운 걱정을 합니다. 결국 곳간을 더 크게 짓고 거기에 소출을 쌓아두고자 계획을 합니다. 그리고 더 나아가 자기 영혼에게 말합니다. "영혼아, 여러 해 쓸 물건을 많이 쌓아 두었으니 평안히 쉬고 먹고 마시고 즐거워하자." 아마 평소에 이 사람의 영혼은 왠지 불안했던 것 같습니다. 아마도 그에게는 평안이 없었던 것 같습니다. 그동안의 불만을 표시했던 것 같습니다. 그는 이제 물질로써 영혼의 불만을 달래보려고 합니다. 그런데 하나님께서는 이 부자에게 무엇이라고 하십니까? "이 어리석은 자여!" 라고 말씀하십니다. 부지런히 일을 했고, 미래를 위해 더 큰 곳간을 준비하여 저축을 해 두는 사람을 세상에서는 근면하고 지혜로운 사람이라고 칭찬을 하는데, 이게 도대체 무슨 말씀입니까? 부자는 영혼의 필요와 물질의 필요를 혼동하고 있었기 때문에 어리석었습니다. 왜냐하면 물질이 영혼의 필요를 채워줄 수 있는 것처럼 착각하고 있었기 때문입니다. 그는 편리함과 평안함을 혼동했습니다. 물질은 인간에게 편리함을 줄 수 있습니다. 그러나 평안은 줄 수 없습니다. 그리고 부자는 물질이 언제나 자기 곁에 있으리라고 생각했었기에 어리석었습니다.

이 세상의 삶이나 물질은 인간에게 영원한 것이 아닙니다. 물질은 쌓아놓으라고 주시는 것이 아닙니다. 물질은 쌓아 둘 그릇을 크게 만들 것이 아니라, 흘려보내야 합니다. 물질을 소유하는 데에만 몰두하지 말고 소통해야 합니다. 그리고 그 물질이 있을 때 그 물질을 더욱 값진 것, 영원한 것으로 바꾸어 두어야 합니다.

NOTE 117

백합화 믿음

22또 제자들에게 이르시되 그러므로 내가 너희에게 이르노니 너희 목숨을 위하여 무엇을 먹을까 몸을 위하여 무엇을 입을까 염려하지 말라 23목숨이 음식보다 중하고 몸이 의복보다 중하니라 24까마귀를 생각하라 심지도 아니하고 거두지도 아니하며 골방도 없고 창고도 없으되 하나님이 기르시나니 너희는 새보다 얼마나 더 귀하냐 25또 너희 중에 누가 염려함으로 그 키를 한 자라도 더할 수 있느냐 26그런즉 가장 작은 일도 하지 못하면서 어찌 다른 일들을 염려하느냐 27백합화를 생각하여 보라 실도 만들지 않고 짜지도 아니하느니라 그러나 내가 너희에게 말하노니 솔로몬의 모든 영광으로도 입은 것이 이 꽃 하나만큼 훌륭하지 못하였느니라 28오늘 있다가 내일 아궁이에 던져지는 들풀도 하나님이 이렇게 입히시거든 하물며 너희일까보냐 믿음이 작은 자들아(눅 12:22-28)

　　음식보다 더 중요한 것은 목숨입니다. 의복보다 더 중요한 것은 몸입니다. 몸과 목숨 모두 하나님께서 주셨습니다. 몸과 목숨을 주신 하나님께서 그에 필요한 것을 공급해 주십니다. 까마귀는 먹을 것을 염려하지 않습니다. 하나님께서 기르시기 때문입니다. 백합화는 입을 것을 염려하지 않습니다, 하나님께서 입히시기 때문입니다. 인간은 하나님께서 만드신 것 가운데 가장 소중한 피조물 입니다. 까마귀를 먹이시고 백합화를 입히시는 하나님께서 인간을 먹이시고 입히신다는 것은 당연한 이치입니다. 우리가 염려하는 것은, 하나님을 창조주로 인정하지 않는 불신앙입니다.

우리는 키를 한자라도 더 크게 할 수 없으며, 한 시간도 목숨을 연장할 수 없는 연약한 인간입니다. 하나님께서 보실 때에 가장 작은 일로 여겨지는 것도 할 수 없는 우리가 어떻게 우리의 인생을 책임질 수 있겠습니까? 그러므로 우리의 염려는 아무 소용이 없는 것입니다. 오직 하나님의 능력을 믿고 살아야 합니다. 하나님께서 만드신 자연은 사람이 엄청난 노력을 들여 만든 인공적인 것보다 더욱 영광스럽고 아름답습니다.

다함이 없는 보물

29너희는 무엇을 먹을까 무엇을 마실까 하여 구하지 말며 근심하지도 말라 30이 모든 것은 세상 백성들이 구하는 것이라 너희 아버지께서는 이런 것이 너희에게 있어야 할 것을 아시느니라 31다만 너희는 그의 나라를 구하라 그리하면 이런 것들을 너희에게 더하시리라 32적은 무리여 무서워 말라 너희 아버지께서 그 나라를 너희에게 주시기를 기뻐하시느니라 33너희 소유를 팔아 구제하여 낡아지지 아니하는 배낭을 만들라 곧 하늘에 둔 바 다함이 없는 보물이니 거기는 도둑도 가까이 하는 일이 없고 좀도 먹는 일이 없느니라 34너희 보물 있는 곳에는 너희 마음도 있으리라(눅 12:29-34)

세상의 물질은 아무리 많아도 한계가 있습니다. 세상의 물질은 어떤 식으로든 없어집니다. 그러나 하늘에 저축하여 쌓아 두는 물질은 다함이 없는 보물입니다. 한도 끝도 없고, 없어지지 않는 보물입니다. 그것은 물질을 소유함으로써 되는 것이 아니라, 물질을 가난한 자에게 구제 하는 소통으로써 되어집니다. 우리가 하나님 나라에 물질을 가지고 갈 수는 없지만, 미리 보낼 수는 있습니다. 그것은 하나님의 뜻대로 물질을 사용하는 것입니다. 더구나 물질을 하나님 나라에 먼저 보내면 우리의 마음은 이미 하나님 나라에 있습니다. 그것이 하나님 나라를 구하는 삶입니다.

물질은 우리가 근심하거나 심지어 기도한다고 해서 해결되는 것이 아닙니다. 아버지께서는 이미 우리의 필요를 아십니다. 우리가 하나님을 아버지로써 제대로 믿는 다면, 우리의 관심은 물질보다는 하나님의 나라에 먼저 가 있어야 합니다. 우리가 하나님 나라를 구할 때, 하나님 아버지께서는 우리에게 필요한 것을 채워주십니다.

기다리는 사람

35허리에 띠를 띠고 등불을 켜고 서 있으라 36너희는 마치 그 주인이 혼인 집에서 돌아와 문을 두드리면 곧 열어 주려고 기다리는 사람과 같이 되라 37주인이 와서 깨어 있는 것을 보면 그 종들은 복이 있으리로다 내가 진실로 너희에게 이르노니 주인이 띠를 띠고 그 종들을 자리에 앉히고 나아와 수종들리라 38주인이 혹 이경에나 혹 삼경에 이르러서도 종들이 그같이 하고 있는 것을 보면 그 종들은 복이 있으리로다 39너희도 아는 바니 집 주인이 만일 도둑이 어느 때에 이를 줄 알았더라면 그 집을 뚫지 못하게 하였으리라 40그러므로 너희도 준비하고 있으라 생각하지 않은 때에 인자가 오리라 하시니라(눅 12:35-40)

본문은 청지기의 자세를 말하고 있습니다. 언제라도 주인이 오는 것을 맞이할 준비를 하고 있으라고 말씀하시는 것입니다. 마치 이스라엘이 애굽에서 유월절에 해방되어 나오던 때를 상기시켜 줍니다. 이스라엘 백성들이 민첩하게 행동할 수 있도록 "허리에 띠를 띠고 등불을 켜고" 출발 명령만 기다리는 모습이 떠오릅니다. 주인이 왔을 때 깨어 맞이하는 사람은 복이 있습니다. 그래서 심지어 주인이 미안하고 고마워서 띠를 띠고 종을 앉히고 수종을 들 정도입니다. 충성스런 종을 사랑하는 주인입니다. 그 주인은 보통 주인이 아닙니다. 자비가 풍성한 주인입니다.

만일 이경(9시에서 12시), 아니 깨어 있기 어려운 삼경(12시에서 새벽 3시)에 주인이 돌아왔는 데도 종들이 깨어 기다리고 있으면, 그 종들은 복을 받을 것입니다. 이것은 종말론적 대망과 재림을 의미하고 있습니다. "그러므로 너희도 준비하고 있으라 생각하지 않은 때에 인자가 오리라."(40) 이 비유는 사실 두 가지이면서 하나입니다. 종과 주인의 비유와 집주인과 도둑의 비유입니다. 도둑은 모두가 잠든 밤에 아무도 몰래 와서 가장 값진 것을 가지고 갑니다. 주님께서 도적같이 온다고 하시는 것은, 예기치 못한 시간에 재림하셔서 귀한 성도들을 데리고 가신다는 뜻입니다. 우리는 집주인이 도둑을 방비하는 것과 같이 항상 깨어 준비하는 믿음생활을 해야 합니다.

지혜 있고 진실한 청지기

41베드로가 여짜오되 주께서 이 비유를 우리에게 하심이니이까 모든 사람에게 하심이니
이까 42주께서 이르시되 지혜 있고 진실한 청지기가 되어 주인에게 그 집 종들을 맡아 때
를 따라 양식을 나누어 줄 자가 누구냐 43주인이 이를 때에 그 종이 그렇게 하는 것을 보
면 그 종은 복이 있으리로다 44내가 참으로 너희에게 이르노니 주인이 그 모든 소유를 그
에게 맡기리라 45만일 그 종이 마음에 생각하기를 주인이 더디 오리라 하여 남녀 종들을
때리며 먹고 마시고 취하게 되면 46생각지 않은 날 알지 못하는 시각에 그 종의 주인이
이르러 엄히 때리고 신실하지 아니한 자의 받는 벌에 처하리니 47주인의 뜻을 알고도 준
비하지 아니하고 그 뜻대로 행하지 아니한 종은 많이 맞을 것이요 48알지 못하고 맞을 일
을 행한 종은 적게 맞으리라 무릇 많이 받은 자에게는 많이 요구할 것이요 많이 맡은 자에
게는 많이 달라 할 것이니라(눅 12:41-48)

여기 지혜 있고 진실한 청지기와 어리석고 신실하지 못한 청지
기가 나옵니다. 지혜와 어리석음은 주인이 올 때를 기다리는 태도
에 달려 있습니다. 지혜로운 청지기는 주인의 뜻을 따라 맡은 일을
처리합니다. 어리석은 청지기는 주인이 늦게 오리라고 생각하고
자기의 뜻대로 행합니다. 여기에서 청지기는 세속 지도자나 영적
지도자를 지칭합니다. 진실한 지도자는 맡겨진 사람들을 영적으
로나 육적으로 잘 돌봅니다. 그러나 신실하지 못한 지도자는 자기
에게 주어진 권한을 남용합니다. 권력을 남용하거나 영적 남용을

저지릅니다.

진실한 청지기들은 주인에게 복을 받고 더 많은 소유를 맡게 되지만, 신실하지 못한 청지기는 자기가 종들에게 행한 대로 매를 맞고 벌을 받게 됩니다. 주인의 뜻을 알고도 준비하지 않은 자는 더 많이 맞고, 모르고 맞을 일을 한 자는 적게 맞는다고 했습니다. 많은 것을 맡은 사람은 그만큼 책임이 무겁다는 것입니다. 그러므로 많이 맡으려고만 하지 말고, 지혜 있고 진실한 청지기가 되려고 노력해야 합니다.

불을 던지려 왔노니

49내가 불을 땅에 던지려 왔노니 이 불이 이미 붙었으면 내가 무엇을 원하리요 50나는 받을 세례가 있으니 그것이 이루어지기까지 나의 답답함이 어떠하겠느냐 51내가 세상에 화평을 주려고 온 줄로 아느냐 내가 너희에게 이르노니 아니라 도리어 분쟁하게 하려 함이로라 52이 후부터 한 집에 다섯 사람이 있어 분쟁하되 셋이 둘과, 둘이 셋과 하리니 53아버지가 아들과, 아들이 아버지와, 어머니가 딸과, 딸이 어머니와, 시어머니가 며느리와, 며느리가 시어머니와 분쟁하리라 하시니라(눅 12:49-53)

악한 세상이 존재하므로, 거기에 대한 종말론적인 메시지를 예수님께서 선포하십니다. 여기서 예수님께서 던지시는 불은 양면성을 지닙니다. 신자들에게는 연단의 불이 될 것입니다. 그러나 세상에 대해서는 심판의 불이 될 것입니다. 불은 예수님의 받을 세례인 십자가를 통해서 실현될 것입니다. 십자가를 믿고 따르는 자들에게는 구원의 문이 열리게 될 것입니다. 그러나 예수님의 십자가의 원수로 행하는 자들에게는 멸망의 문이 열리게 될 것입니다. 그것은 아무 일도 일어나지 않는 거짓 평화의 세상이 아닙니다. 북한에서 아무 일도 일어나지 않는다고 해서 평화롭다고 말할 사람은 아무도 없을 것입니다. 세상에서 평화롭다고 하는 것은 거짓 평화,

위장 평화입니다. 정의 없는 평화는 없으며, 하나님 나라 없는 평화는 없습니다.

하나님 나라는 이 세상에 침투하여 거짓 평화를 깨뜨리고 갈등을 유발합니다. 복음은 믿지 않는 세계에 풍지풍파를 일으킵니다. 가장 가까운 사이라 할지라도 하나님 나라는 분명하게 구별됩니다. 선과 악은 공존할 수가 없습니다. 갈등하고 분쟁을 일으킵니다. 이 일은 하나님 나라로 통일 될 때까지 계속될 것입니다. 예수님께는 하나님 나라를 이루시기 위한 열정의 불이 불타고 있습니다. 그러한 불이 우리에게 옮겨 붙어야 합니다. 그 열정의 불을 가지고 세상을 변화시켜야 합니다.

NOTE 122

시대 분간

54또 무리에게 이르시되 너희가 구름이 서쪽에서 이는 것을 보면 곧 말하기를 소나기가
오리라 하나니 과연 그러하고 55남풍이 부는 것을 보면 말하기를 심히 더우리라 하나니
과연 그러하니라 56외식하는 자여 너희가 천지의 기상은 분간할 줄 알면서 어찌 이 시대
는 분간하지 못하느냐 57또 어찌하여 옳은 것을 스스로 판단하지 아니하느냐 58네가 너
를 고발하는 자와 함께 법관에게 갈 때에 길에서 화해하기를 힘쓰라 그가 너를 재판장에
게 끌어 가고 재판장이 너를 옥졸에게 넘겨 주어 옥졸이 옥에 가둘까 염려하라 59네게 이
르노니 한 푼이라도 남김이 없이 갚지 아니하고서는 결코 거기서 나오지 못하리라 하시니
라(눅 12:54-59)

지금은 일기예보가 누구에게나 중요한 일상을 차지합니다. 과
거에는 농사나 생업을 위해 필요 했지만, 지금은 여행을 준비하거
나 사고를 예방하기 위해서도 정확한 날씨 예측은 중요합니다. 과
학적인 예측 수단이 마련되기 전에도 구름이 일면 소나기가 올 것
을 예측하여 우산을 준비했고, 남풍이 불면 더위가 올 것을 예상하
여 옷을 가볍게 입었습니다. 인류는 할 수만 있으면 더욱 일찍 더
욱 정확하게 예측하기 위하여 수없이 많은 노력을 기울이고 있습
니다. 인간은 이렇게 자연현상을 예측하고 대비하게 위해 최첨단
장비를 동원하여 기상관측을 하는데, 시대의 징조를 읽기 위해서

는 그만한 노력을 기울이지 않고 있습니다. 즉, 인간에게 자연의 재앙보다 더욱 심각한 영혼의 재앙을 대비하는 지혜가 없다는 말씀입니다. 우리에겐 무엇보다도 시대를 읽을 줄 아는 혜안이 필요합니다.

우주적 종말론적인 심판이 우리에게 다가오고 있습니다. 마치 우리는 재판정으로 가고 있는 도상 위의 존재입니다. 만일 어떤 이에게 유죄가 확실하고, 길을 가는 동안만 화해할 시간이 있다고 생각해 봅시다. 그런데도 그 사람이 그 시간을 완악하게 고집을 부리고 변명을 하면서 그냥 허비하고 있다면, 참으로 어리석습니다. 이제 회개할 기회의 시간이 지나면 그 사람은 영영 헤어날 길이 없는 곳에 들어가게 됩니다. 말씀에는 고발하는 자가 그 사람을 재판장에게, 재판장은 옥졸에게, 옥졸은 그 사람을 옥에 넘겨주어 죄 값을 지불하는 과정이 점점 악화되는 것으로 표현되고 있습니다.

NOTE 123

"왜" 대신 "어떻게"

1그 때 마침 두어 사람이 와서 빌라도가 어떤 갈릴리 사람들의 피를 그들의 제물에 섞은 일로 예수께 아뢰니 2대답하여 이르시되 너희는 이 갈릴리 사람들이 이같이 해 받으므로 다른 모든 갈릴리 사람보다 죄가 더 있는 줄 아느냐 3너희에게 이르노니 아니라 너희도 만일 회개하지 아니하면 다 이와 같이 망하리라 4또 실로암에서 망대가 무너져 치어 죽은 열여덟 사람이 예루살렘에 거한 다른 모든 사람보다 죄가 더 있는 줄 아느냐 5너희에게 이르노니 아니라 너희도 만일 회개하지 아니하면 다 이와 같이 망하리라(눅 13:1-5)

본문은 인재와 자연재해, 그리고 당시 그들에게는 너무나 유명한 시사적 사건을 들어 회개와 하나님의 심판을 설명해 주고 있습니다. 빌라도가 성전에서 제사 지내던 갈릴리 사람들을 잔인하게 죽였던 사건을 두고, 빌라도가 참 악한 사람이라고 말하는 사람도 있고, 그에게 죽은 사람들이 죄가 많아 당했다는 사람도 있었습니다. 그러나 예수님께서는 꼭 죄의 인과관계로만 볼 것이 아니라고 말씀 하십니다. 사건의 원인을 남에게서 찾는 대신, 자신을 비추어보는 거울로 삼으라는 말씀입니다. 다른 사람이나 사건은 나를 비추는 거울입니다. 내가 회개할 기회를 삼아야 합니다. 우리가 사건을 접하면서 남을 비난하는 이유는, 내가 우월하다는 것을 넌지시 알리려는 잘못된 생각 때문입니다. 자기는 그 재난에 해당이 안되는 사람이라고 회피하고, 심지어 어려움 당한 사람을 돕지 않는 것을 정당화하려고 합니다. 실로암에서 망대가 무너져 18명이 치어죽은 사건도 마찬가지입니다. 회개해야 할 사람은 그들이 아니라, 나 자신입니다. 아이티 지진, 천안함 침몰 사건, 세월호, 코로나19를 통하여 우리 자신을 돌아보고 회개하는 시간을 가져야 합니다.

우리는 남이 어려움을 당했을 때, "왜" 보다는 "어떻게"라고 물어야 합니다. "왜"라고 물어 다음의 경우를 대비하는 것도 중요하지만, 대부분 우리의 시대에는 이유를 알 수 없는 재난이 많습니다. 그럴 때는 "어떻게"라고 미래지향적인 질문을 해야 합니다. 어떻게 어려움 당한 분들과 함께 할 것인가? 어떻게 그들에게 도움이 될 수 있을까? 어떻게 살아야 마땅한가? 물어야 합니다. 내가 회개하는 것은 심판을 면하게 하지만, 그들을 정죄하는 것은 아무 소용이 없습니다.

은혜의 기간

6이에 비유로 말씀하시되 한 사람이 포도원에 무화과나무를 심은 것이 있더니 와서 그 열매를 구하였으나 얻지 못한지라 7포도원지기에게 이르되 내가 삼 년을 와서 이 무화과나무에서 열매를 구하되 얻지 못하니 찍어버리라 어찌 땅만 버리게 하겠느냐 8대답하여 이르되 주인이여 금년에도 그대로 두소서 내가 두루 파고 거름을 주리니 9이 후에 만일 열매가 열면 좋거니와 그렇지 않으면 찍어버리소서 하였다 하시니라(눅 13:6-9)

무화과나무 열매를 두고 주인과 일군이 나눈 대화가 나와있습니다. 주인은 무화과나무를 위해 많은 투자를 하고 기다렸습니다. 3년이라는 세월을 기다리며 농부를 통해 무화과나무를 관리하게 했습니다. 그런데 무화과나무는 열매를 맺을 수 있는 충분한 기간과 여건이 주어졌음에도 불구하고 여전히 열매를 맺지 못합니다. 주인은 이제 무화과나무를 찍어버리라고 하지만, 농부는 1년만 더 유예기간을 달라고 간청합니다. 농부가 주어진 일 년 동안 더욱 열심을 다하여 열매를 맺도록 최선을 다하겠다고 다짐을 합니다. 이는 마치 열매를 찾으시는 하나님 앞에, 우리를 위해 중보하시는 예수님을 보는 것과 같습니다.

이와 같은 비유는, 결산하는 심판이 반드시 있다는 것을 우리에게 알려줍니다. 그리고 심판은 있지만, 주님께서 긍휼을 베풀어 주사 우리에게 은혜의 기간이 주어졌다고 말하고 있습니다. 1년이라는 기간과 한계가 제시되고 있습니다. 저는 서울신학대학교 교수를 할 때 도서관 관장을 해 보았습니다. 대출한 책은 반납해야 하는 기일이 지나면 바로 통고를 해 주고 일주간의 유예기간을 줍니다. 그것을 은혜의 기간(grace period)이라고 합니다. 그 기간 안에 책을 가져오면 벌금도 없고 대출금지 제제도 없습니다. 그러나 은혜의 기간이 지나면, 그 이후에는 심판만이 남아 있습니다. 우리는 지금 은혜의 기간을 지나고 있습니다. 빨리 회개하고 돌이켜야 합니다. "주의 약속은 어떤 이들이 더디하고 생각하는 것 같이 더딘 것이 아니라 오직 주께서는 너희를 대하여 오래 참으사 아무도 멸망하지 아니하고 다 회개하기에 이르기를 원하시느니라"(벧후 3:9)

NOTE 125

영광과 분노

10예수께서 안식일에 한 회당에서 가르치실 때에 11열여덟 해 동안이나 귀신 들려 앓으며
꼬부라져 조금도 펴지 못하는 한 여자가 있더라 12예수께서 보시고 불러 이르시되 여자여
네가 네 병에서 놓였다 하시고 13안수하시니 여자가 곧 펴고 하나님께 영광을 돌리는지라
14회당장이 예수께서 안식일에 병 고치시는 것을 분 내어 무리에게 이르되 일할 날이 엿
새가 있으니 그 동안에 와서 고침을 받을 것이요 안식일에는 하지 말 것이니라 하거늘
(눅 13:10-14)

　　예수님께서는 안식일에 회당에서 가르치셨을 뿐만 아니라 병도
고쳐주셨습니다. 예수님의 말씀은 사건을 동반합니다. 말씀 가르
치는 것과 고쳐주시는 것이 따로따로가 아니라 늘 함께 나타났습
니다. 18년 동안 회당에 드나들면서도 귀신이 들려 꼬부라진 채로
몸을 조금도 펴지 못하던 한 여인에게 놀라운 변화가 일어나게 되
었습니다. 그녀에게서 귀신이 나가는 것은 보이지 않았겠지만 몸
의 꼬부라진 것이 펴지는 것은 눈으로 확인 가능한 것입니다. 예수
님께서는 그 여인에게 "여자여 네가 네 병에서 놓였다"고 하시면서
안수하셨습니다. 여인은 자신의 치유가 어디에서 온 것인지 분명
하게 알고 있었습니다. 그래서 하나님께 영광을 돌렸습니다.

모두다 하나님께 영광을 돌려야 하는데, 그곳에 마음이 꼬부라진 사람이 있었습니다. 회당을 책임지고 있던 회당장입니다. 회당장은 노골적으로 자신의 분노를 표출시키고 있었습니다. 그는 전혀 그 상황에 어울리지 않는 말을 하고 있었습니다. 안식일에 예수님께서 병을 고쳤다고 나무라는 것인데, 그의 분노는 비단 안식일의 문제 때문만은 아닌 것 같습니다. 18년 동안 회당에서 그녀를 보아왔지만, 고칠 수 없었던 자신의 무능한 모습과 예수님이 비교되었기 때문일 수 있습니다. 예수님의 치유가 자존심을 상하게 했거나 열등감을 느끼게 했을 것입니다. 그래서 회당장이라는 권위의식으로써 정통과 의식을 앞세우는 것입니다. 그는 안식일을 마치 무기처럼 휘두르고 있었습니다. 하나님께서 그렇게 하라고 인간에게 안식일을 제정하신 것이 아닙니다. 그러한 행동이야 말로 안식일에 인간이 할 일이 아닌 것입니다.

기쁨과 부끄러움

15주께서 대답하여 이르시되 외식하는 자들아 너희가 각각 안식일에 자기의 소나 나귀를 외양간에서 풀어내어 이끌고 가서 물을 먹이지 아니하느냐 16그러면 열여덟 해 동안 사탄에게 매인 바 된 이 아브라함의 딸을 안식일에 이 매임에서 푸는 것이 합당하지 아니하냐 17예수께서 이 말씀을 하시매 모든 반대하는 자들은 부끄러워하고 온 무리는 그가 하시는 모든 영광스러운 일을 기뻐하니라(눅 13:15-17)

회당장만 그런 생각을 하고 있었던 것이 아닌 것 같습니다. 그러므로 예수님께서는 "외식하는 자들아" 하고 그들의 행위를 일깨워 주셨습니다. 당시의 사람들은 자기의 소나 나귀를 외양간에서 풀어내어 물을 먹이는 일은 안식일에도 아무 거리낌 없이 당연하게 하고 있었습니다. 그런데 귀신에게 속박되어 사는 여인을 안식일에 풀어주는 것이 왜 하지 못할 일이라는 것입니까? 사람이 짐승만도 못하단 말입니까? 더구나 예수님께서는 그 여자를 아브라함의 딸이라고 부르셨습니다. 그 여인이 병에서 놓였다고 하는 것은 병이 그녀를 사로잡고 있었다는 것입니다. 마치, 소나 양이 외양간에 묶여 있어 자유롭게 활동을 할 수 없는 것처럼 말입니다. 아니 그 이상이었겠지요. 자그마치 18년 동안이나 말입니다. "네 병에서 놓였다"는 예수님의 선언은 그녀에게 자유의 선언이었습니다. 여기에서 예수님께서는 안식일의 의미를 제대로 다루고 계셨습니다.

안식일 준수를 제대로 한다는 것은 무엇입니까? 안식은 모든 억매인 것으로부터의 자유입니다. 죄, 질병, 문제, 억압으로부터 자유입니다. 사람이 안식일을 위하여 있지 않고 안식일이 사람을 위해 있습니다. 예수님은 잘못된 안식일 준수에서 그들을 해방시키십니다. 여인은 하나님께 영광을, 회당장은 분노를, 무리들은 그 영광스러운 일을 기뻐하였고, 반대자들은 부끄러움을 느꼈습니다. 부끄러움은 자가당착에 빠졌다는 느낌 때문입니다. 인간은 부끄러움만 제대로 느껴도 개선될 여지가 있습니다. 그러나 요즘은 더 심각한 시대입니다. 지금은 그러한 자기모순을 보면서도 부끄러움조차 느끼지 못하는 세대입니다.

NOTE 127

하나님 나라는 무엇과 같을까?

18그러므로 예수께서 이르시되 하나님의 나라가 무엇과 같을까 내가 무엇으로 비교할까 19마치 사람이 자기 채소밭에 갖다 심은 겨자씨 한 알 같으니 자라 나무가 되어 공중의 새 들이 그 가지에 깃들였느니라 20또 이르시되 내가 하나님의 나라를 무엇으로 비교할까 21 마치 여자가 가루 서 말 속에 갖다 넣어 전부 부풀게 한 누룩과 같으니라 하셨더라 (눅 13:18-21)

예수님께서는 탁월한 교사처럼 사람들에게 질문을 던지셔서 저들의 관심을 유도하셨고, 비유로 대답하는 형식으로써 하나님 나라를 가르치셨습니다. 겨자씨와 누룩의 비유는 사실상 동일한 진리를 드러내고 있습니다. 작음으로부터 시작하여 크게 되는 것입니다. 보잘 것 없는 것으로부터 주목할 만한 것이 나타나는 것입니다. 감추어진 생명력이 주변에 모습을 드러내는 것입니다. 하나님 나라가 우리에게 임하는 현상은 이와 같습니다. 마치 채소밭에 심은 겨자 씨 한 알처럼 작은 것이 단 기간에 5미터가 넘는 나무가 되어 무성한 나무가 됩니다. 누룩은 밤사이에 빵 반죽 전체를 부풀게 만듭니다. 저는 어렸을 때, 어머니가 빵 반죽에 누룩을 넣고 방 아랫목 따뜻한 곳에 놓았던 것을 기억합니다. 아침에는 그릇에 넘치도록 반죽이 부풀어 올라 그것으로 짓는 밥 위에 올려 찐빵을 만들어 먹었던 경험이 떠오릅니다. 참 신기했습니다.

겨자씨가 심을 때는 작은 것이었는데, 결과는 새가 깃들여 쉼을 얻을 수 있는 그늘을 주는 큰 나무가 되었습니다. 시작할 때는 보이지 않을 정도의 누룩이었는데, 가루 서 말을 다 부풀게 하여 빵을 만들어 먹을 수 있게 했습니다. 하나님 나라가 가져다주는 많은 유익들을 어떻게 다 헤아릴 수 있겠습니까? 겨자씨와 누룩의 결과는 채소밭과 가루 서 말에 나타났습니다. 하나님 나라는 세상과 삶에 분명히 다른 결과를 가져옵니다. 겨자씨가 나무가 되는 것이 외형적인 성장을 보여주는 것이라면, 누룩이 가루 서 말을 부풀게 하는 것은 내적인 변화를 보여주는 것입니다. 밖으로 성장하고 안으로 성숙합니다. 하나님 나라는 이렇게 놀라운 것입니다. 이 비유는 하나님 나라의 생명력, 영향력, 번식력을 생생하게 드러내는 것입니다. 우리의 채소밭에, 가루에 하나님의 나라가 나타나기를 바랍니다.

좁은문으로 들어가기를 힘쓰라

22예수께서 각 성 각 마을로 다니사 가르치시며 예루살렘으로 여행하시더니 23어떤 사람이 여짜오되 주여 구원을 받는 자가 적으니이까 그들에게 이르시되 24좁은 문으로 들어가기를 힘쓰라 내가 너희에게 이르노니 들어가기를 구하여도 못하는 자가 많으리라 25집 주인이 일어나 문을 한 번 닫은 후에 너희가 밖에 서서 문을 두드리며 주여 열어 주소서 하면 그가 대답하여 이르되 나는 너희가 어디에서 온 자인지 알지 못하노라 하리니 26그 때에 너희가 말하되 우리는 주 앞에서 먹고 마셨으며 주는 또한 우리의 길거리에서 가르치셨나이다 하나 27그가 너희에게 말하여 이르되 나는 너희가 어디에서 왔는지 알지 못하노라 행악하는 모든 자들아 나를 떠나 가라 하리라 28너희가 아브라함과 이삭과 야곱과 모든 선지자는 하나님 나라에 있고 오직 너희는 밖에 쫓겨난 것을 볼 때에 거기서 슬피 울며 이를 갈리라 29사람들이 동서남북으로부터 와서 하나님의 나라 잔치에 참여하리니 30보라 나중 된 자로서 먼저 될 자도 있고 먼저 된 자로서 나중 될 자도 있느니라 하시더라(눅 13:22-30)

사람들은 숫자에 대한 관심이 많습니다. 그래서 '구원받을 사람이 얼마나 적은가?'라고 질문합니다. 예수님께서는 구원을 받기 위해 어떻게 해야 하는 가로 답변을 대신해 주십니다. "좁은 문으로 들어가기를 힘쓰라"고 말씀하십니다. 좁은 문에 대칭되는 넓은 문은 쉬운 문, 많은 사람이 가는 문, 인기 있는 문일 것입니다. 거기에 대비되는 좁은 문을 가기 위해서는 결단이 필요하고 의지적인 노력이 필요하기 때문에 현재형으로 "힘쓰라"고 말씀하십니다.

다음으로 천국에 들어가지 못하는 자들의 절박한 상황이 나와 있습니다. 들어가기를 구하여도 못하는 자들(24절), 닫친 문 앞에서 열어달라고 하소연 하는 자들(25절), 하나님 나라 밖으로 쫓겨나 슬피울며 이를 가는 자들(28절)이 말씀에서 나옵니다. 이들은 공통적으로 주어진 기회를 다 잃어버리고 나서 뒤 늦게 후회하는 사람들입니다. '지금' '여기에서' '늦기 전에' 주님을 제대로 알아야 합니다.

우리는 주를 안다고 하는데, 주님은 우리를 모른다고 하십니다. 이는 쌍방의 앎이 아니라, 일방적인 앎입니다. 소통의 부재입니다. 사람들이 먹고 마시고 배운 것까지 드러내는 데도 주님께서는 "알지 못하노라"고 거듭 말씀하십니다. 처음에는 어디에서 왔는지 모른다고 하시더니, 다음에는 "행악하는 자들아 떠나가라"고 하십니다. 이 말씀으로 보건데 여기에서 "안다"는 것은 분명히 지식적으로 아는 것을 의미하는 것이 아닙니다. 참된 앎은 주님이 나를 아실 정도로 아는 것입니다.

좁은 문 일지라도 반드시 구원받을 자가 적은 것은 아닙니다. 동서남북에서 사람들이 하나님 나라의 잔치에 들어와 참여하게 될 것입니다. "먼저 된" 유대인이 나중이 되고, "나중 된" 이방인 중에 먼저 될 자들이 많습니다. 세상의 소위 좁은 문이라는 진학의 문,

취업의 문은 상대평가에 의해 소수에게만 기회가 주어집니다. 그러나 하나님 나라는 오직 믿음으로 들어가는 나라입니다. 구원의 문은 좁은 문이면서도 믿기만 하면 얼마든지 들어갈 수 있는 문입니다.

내가 갈 길을 가야 하리니

31곧 그 때에 어떤 바리새인들이 나아와서 이르되 나가서 여기를 떠나소서 헤롯이 당신을 죽이고자 하나이다 32이르시되 너희는 가서 저 여우에게 이르되 오늘과 내일은 내가 귀신을 쫓아내며 병을 고치다가 제삼일에는 완전하여지리라 하라 33그러나 오늘과 내일과 모레는 내가 갈 길을 가야 하리니 선지자가 예루살렘 밖에서는 죽는 법이 없느니라 34예루살렘아 예루살렘아 선지자들을 죽이고 네게 파송된 자들을 돌로 치는 자여 암탉이 제 새끼를 날개 아래에 모음 같이 내가 너희의 자녀를 모으려 한 일이 몇 번이냐 그러나 너희가 원하지 아니하였도다 35보라 너희 집이 황폐하여 버린 바 되리라 내가 너희에게 이르노니 너희가 주의 이름으로 오시는 이를 찬송하리로다 할 때까지는 나를 보지 못하리라 하시니라(눅 13:31-35)

본문은 소크라테스의 제자들이 그에게 억울한 죽음을 피하라고 말할 때에 보여주었던 용기 있는 모습을 보는 듯합니다. 바리새인이 진정 예수님을 위해서 그랬었는지, 아니면 예수님을 비겁하게 만들려고 그랬는지 모르지만, 헤롯이 죽이려고 한다는 정보를 전해주면서 피하라고 말했습니다. 그런데 예수님께서는 오히려, "저 여우"(헤롯)에게 전하라고 하시면서 내 갈 길을 가겠다는 의연한 의지를 보여주셨습니다. "오늘과 내일은 내가 귀신을 쫓아내며 병을 고치다가 제삼일에는 완전하여지리라" "오늘과 내일과 모레는 내가 갈 길을 가야 하리니." 예수님께서는 어떤 형편에도 사명의 길을 가겠다고 선언하셨습니다. 예수님께서는 예루살렘을 향한 길이 죽음의 길임을 아셨으면서 담대하게 나아가셨습니다. 이렇게 예루살렘을 향한 예수님의 행보는 지리적인 이동 일뿐만이 아니라 구속사적인 의미의 이동입니다. 그 행보는 예수님의 공생애 사역과 십자가 죽음, 부활과 승천으로 이어집니다. 그것은 하나님께서 예수님을 보내신 목적을 향하여 나아가는 미래지향적인 행보였습니다.

예수님께서는 자신을 위해 우는 것이 아니라, 예루살렘을 위해 애곡하셨습니다. 자신에 대한 염려가 아니라, 예루살렘이 받을 심판에 대한 안타까움을 피력하셨습니다. "예루살렘아 예루살렘아 선지자들을 죽이고 네게 파송된 자들을 돌로 치는 자여 암탉이 제 새끼를 날개 아래에 모음 같이 내가 너희의 자녀를 모으려 한 일이 몇 번이냐 그러나 너희가 원하지 아니하였도다." 이 말씀에 선지자들을 통한 하나님의 사역과 예수님의 사역이 나와 있습니다. 그럼에도 불구하고, 계속해서 하나님의 사랑을 저버릴 뿐만이 아니라, 하나님께 대항하는 패역한 백성들의 완악함과 어리석음이 말씀에 나와 있습니다. 저들의 멸망은 저들의 거부와 저들의 잘못된 선택 때문이었습니다. 하나님께서 저들을 저버린 것이 아니라, 저들이 하나님을 저버린 것이었습니다.

병 고쳐 주는 것이 합당하냐?

1안식일에 예수께서 한 바리새인 지도자의 집에 떡 잡수시러 들어가시니 그들이 엿보고 있더라 2주의 앞에 수종병 든 한 사람이 있는지라 3예수께서 대답하여 율법교사들과 바리새인들에게 이르시되 안식일에 병 고쳐 주는 것이 합당하냐 아니하냐 4그들이 잠잠하거늘 예수께서 그 사람을 데려다가 고쳐 보내시고 5또 그들에게 이르시되 너희 중에 누가 그 아들이나 소가 우물에 빠졌으면 안식일에라도 곧 끌어내지 않겠느냐 하시니 6그들이 이에 대하여 대답하지 못하니라(눅 14:1-6)

안식일에 예수님께서 바리새인의 지도자 집에 초대되어 가셨는데, 저들은 음식을 대접하면서 속으로는 허물을 잡으려고 혈안이 되어 있었습니다. 이는 마치 덫을 놓는 것과 같았습니다. 더구나 어떻게 들어왔는지 수종병 든 사람이 예수님 앞에 있었습니다. 수종병은 신장이나 심장에 이상이 있어 과다한 양의 액이 몸 안에 차 있어 다리나 발목이 붓는 증세가 나타나는 병입니다. 마치 율법주의냐, 박애주의냐 사이의 선택을 강요하는 상황 같습니다. 어느 것을 택해도 예수님께 시비 거리가 될 것이 확실했습니다. 대접하는 바리새인들 편에 서면 수종병 든 사람이 가엽고, 수종병 든 사람을 돌보자니 바리새인들의 공격이 예견되어 있었습니다.

예수님께서는 행동하시기 전에 그들에게 물으셨습니다. 그들에게 "병 고쳐 주는 것이 합당하냐?"라고 묻지는 않으셨습니다. 그랬다면 모두 합당하다고 했을 것입니다. 문제는 "안식일에"입니다. "안식일에 병 고쳐 주는 것이 합당하냐?" 왜 선하고 좋은 일이 "안식일에"하면 안 된다는 것입니까? 이것은 바로 그 때 그들이 예수님께 물었던 질문입니다. 아무도 분명하게 자신의 입장을 밝히는 사람이 없었습니다. 그냥 침묵으로 일관했습니다. 예수님께서는 그 사람을 고쳐주셨습니다. 그리고 우물에 빠져 있는 아들이나 소에 비유하여 말씀하셨습니다. 그것은 응급상황과도 같다는 뜻입니다. 응급상황은 평상시와 다르게 적용해도 허용이 되는 경우가 있습니다. 더구나 그것이 자신의 아들이고 자신의 소라고 생각하면 상황은 더 달라질 것입니다. 말씀은 남을 판단하라고 주신 것이 아니라 자신에게 적용하라고 주신 것입니다. 율법이 사람에 따라 달라져서는 안 됩니다. 예수님은 안식일에 대한 율법의 정신을 행동으로 해석하셨던 것입니다.

예수님께서는 어떻게 병자를 고치셨을까요? 말씀과 기도로 고쳐주셨습니다. 그렇게 고치신 것이 의료행위입니까? 아니면 신앙적 행위입니까?, 사람의 행위입니까? 아니면, 하나님의 역사입니까? 안식일은 하나님께서 주신 선물입니다. 안식일은 사람을 회복하고 고치는 날입니다. 하나님께서 권능으로 역사하시는 날입니다.

끝자리에 앉으라

7청함을 받은 사람들이 높은 자리 택함을 보시고 그들에게 비유로 말씀하여 이르시되 8 네가 누구에게나 혼인 잔치에 청함을 받았을 때에 높은 자리에 앉지 말라 그렇지 않으면 너보다 더 높은 사람이 청함을 받은 경우에 9너와 그를 청한 자가 와서 너더러 이 사람에 게 자리를 내주라 하리니 그 때에 네가 부끄러워 끝자리로 가게 되리라 10청함을 받았을 때에 차라리 가서 끝자리에 앉으라 그러면 너를 청한 자가 와서 너더러 벗이여 올라 앉으 라 하리니 그 때에야 함께 앉은 모든 사람 앞에서 영광이 있으리라 11무릇 자기를 높이는 자는 낮아지고 자기를 낮추는 자는 높아지리라(눅 14:7-11)

예수님께서는 초대받은 손님들이 앞을 다투어 높은 자리를 잡는 것을 보셨습니다. 저들은 누가 더 높고 중요한가를 자리를 통해 표 현해 보려고 하였습니다. 서열에 과도하게 신경을 쓰면서 자신을 드러내고 싶어서 안달이었습니다. 그들은 육체의 모양을 내고 사 람들의 주목을 받아보려는 사람들의 가식적이고 과시적인 경향을 그대로 드러낸 것이었습니다. 여기에 예수님께서는 비유를 들어 그들의 허위의식을 지적하셨습니다.

예수님의 비유의 말씀은 우리가 손님으로 초대되어 갔을 때, 안 내자가 인도하지 않았다면 스스로 판단하여 높은 자리에 먼저 앉지 말라는 말입니다. 그러다가 나중에 더 지체가 높은 사람이 오게 되면, 결국은 그 자리를 내어주고 결국은 끝자리에 앉는 부끄러움을 당하게 된다는 것입니다. 오히려 먼저 끝자리에 가서 자리를 잡게 되면, 주인이 그를 알아보고 친근하게 부르면서 다가와 높은 자리로 안내를 해 주어 사람들 앞에서 영광을 받게 된다는 것입니다.

존귀한 사람일수록 더 큰 영광을 얻게 될 것입니다. 이 말씀에서는 높은 자리와 끝자리의 대조가 나옵니다. 자기를 높이는 자는 낮아지고, 자기를 스스로 낮추는 자는 높아집니다. 하나님 앞에 큰 자는 누구입니까? 남을 섬기는 자입니다. 하나님께서는 교만한 자는 낮추시고, 겸손한 자를 높이십니다. 누가복음 13장 30절에 나오는 "나중 된 자로서 먼저 될 자도 있고 먼저 된 자로서 나중 될 자도 있느니라."라는 말씀 그대로 입니다. 이것은 사실상 종말론적 반전입니다. 세상에서 스스로 높은 자리에 앉았던 자들은 그 나라에서 끝자리로 밀려날 것입니다.

NOTE 132

앞으로 갚기

12또 자기를 청한 자에게 이르시되 네가 점심이나 저녁이나 베풀거든 벗이나 형제나 친척이나 부한 이웃을 청하지 말라 두렵건대 그 사람들이 너를 도로 청하여 네게 갚음이 될까 하노라 13잔치를 베풀거든 차라리 가난한 자들과 몸 불편한 자들과 저는 자들과 맹인들을 청하라 14그리하면 그들이 갚을 것이 없으므로 네게 복이 되리니 이는 의인들의 부활시에 네가 갚음을 받겠음이라 하시더라(눅 14:12-14)

초청받은 사람들에 대한 말씀에 이어 초대한 사람들에 대한 말씀이 나옵니다. 초대받은 손님을 통해 자신을 과시해 보려는 자는 재산이 많거나, 명예가 있거나, 권력이 있는 자들을 VIP로 초청합니다. 초청자가 음식을 베푸는 것 같지만, 사실은 거래를 하는 것입니다. 주고 받기식의 사교의 식탁입니다. 세상적인 댓가를 기대하여 갚을 능력이 있는 사람들만을 초대하는 것입니다. 즉, 끼리끼리 어울리는 것입니다. 결국 그들도 초대해 준 사람을 다시 청하여 초대해 준 것에 대해 적절한 감사를 표합니다. 그러면 주고받기가 끝납니다. 그러나 하나님께서 주실 것은 없습니다.

예수님께서는 형제나 친척이나 부한 이웃을 청하지 말고 가난한 자, 몸 불편한 자, 저는 자, 맹인을 청하라고 하십니다. 이들은 정말 음식이 필요한 자들이고, 갚을 능력이 없는 자들이고, 받을 자격이 없는 자들입니다. 이들을 초대하는 것은 은혜입니다. 이는 섬기는 마음으로써 준비한, 무조건 베푸는 은혜의 식탁입니다. 결국 이들을 대접하는 것은 하나님을 대접한 것이 되어 하나님이 빚을 지게 되는 것입니다. 댓가를 바라지 않고 섬겼는데, 부활 시에 하나님께서 갚아주시는 것입니다. 그들이 갚을 능력이 있어서 복된 것이 아니라, 그들이 갚을 능력이 없어서 복입니다.

"Pay it back."(되갚기)이 아니라, "Pay it forward"(앞으로 갚기)입니다. 이런 제목의 영화가 상영된 적이 있었습니다. 그러나 이 영화가 의미하는 바는 세상을 변화시키기 위해서는 되갚기가 아니라, 내가 받은 것을 다른 사람에게 베풀라고 하는 것입니다. 그렇게 함으로써 베풂을 받은 자가 또 다른 사람에게 베푸는 자가 되는 것입니다. 하나님 나라는 이렇게 확산됩니다.

NOTE 133

초대받은 사람들

15함께 먹는 사람 중의 하나가 이 말을 듣고 이르되 무릇 하나님의 나라에서 떡을 먹는 자는 복되도다 하니 16이르시되 어떤 사람이 큰 잔치를 베풀고 많은 사람을 청하였더니 17잔치할 시각에 그 청하였던 자들에게 종을 보내어 이르되 오소서 모든 것이 준비되었나이다 하매 18다 일치하게 사양하여 한 사람은 이르되 나는 밭을 샀으매 아무래도 나가 보아야 하겠으니 청컨대 나를 양해하도록 하라 하고 19또 한 사람은 이르되 나는 소 다섯 겨리를 샀으매 시험하러 가니 청컨대 나를 양해하도록 하라 하고 20또 한 사람은 이르되 나는 장가 들었으니 그러므로 가지 못하겠노라 하는지라(눅 14:15-20)

본문의 말씀은 세상 잔치 이야기에서 하나님 나라의 잔치 이야기로 이동합니다. 세상에서도 귀한 사람이 배설한 잔치에 참여하는 것이 영예라면, 하나님 나라 잔치에 참여하는 것은 최고로 영광스럽고 복된 일입니다.

통상 잔치를 벌이면 누구를 초대합니까? 무엇인가 관계가 있거나 자격이 있는 사람들을 초대할 것입니다. 이렇게 주인의 초대를 받은 사람들이 있었습니다. "잔치할 시각에 그 청하였던 자들에게 종을 보내어"라는 말은 당시 유대 상류사회의 초대 예법을 보여줍니다. 당시는 통상 두 번의 전갈을 보냈습니다. 초대할 의향을 표시하고, 오겠다고 대답한 사람에게는 잔치가 준비되면 주인이 다시 사람을 보내어 그를 오게 합니다.

그러므로 주인은 먼저 초청에 오겠다고 응답한 사람들에게 잔치가 임박하여 다시 전갈을 보내는 것입니다. 만약 처음부터 오지 못하겠다고 대답 했다면, 그것은 크게 결례하는 것이 아닐 것입니다. 그러나 이들은 모두다 처음 초대를 받았을 때는 초대에 응할 의사를 피력하여 선약을 했습니다. 그래서 모든 것을 준비하였는데, 잔치에 올 시간에 임박하여 초청을 거절하는 것은 주인에게 큰 모욕이 됩니다. 그런데 말씀에서는 초대받는 사람들이 다 일치하여 거절을 했습니다.

그리고 핑계를 대고 있는 세 사람의 이야기가 나옵니다. 이것은 교만의 거절입니다. 거절의 구실을 대는 것은 약속을 깨트릴 만큼 불가피한 상황도 아니었고, 응급상황도 아니었습니다. 밭을 구매하는 일도 이미 끝날 일이었고 밭일은 일상적으로 계속되는 일이었습니다. 소 다섯 겨리를 시험하는 것도 마찬가지였습니다. 사람의 선택은 중요하게 여기는 것에 따라, 우선순위에 따라 이루어지는 것인데, 그렇다면 주인의 잔치가 밭이나 소를 돌보는 일보다 못하다는 이야기입니까? 장가드는 일도 응급상황은 아니었습니다. 만약 전쟁이 났다면 징집에서 면제가 될지는 모르겠지만, 잔치에 가는 경우는 다르지 않습니까? 모두가 설득력이 떨어지는 구실들입니다. 결국 자기의 일은 중시하고 초청한 사람의 성의는 무시했던 것이었습니다.

마치 이들은 잔치를 망치기로 서로 약속한 사람들과도 같았습니다. 이들은 이렇게 어리석었습니다. 잔치의 귀한 것을 모르고 약속을 지킬 줄 몰랐습니다.

하나님께서는 우리를 잔치에 초청하셨습니다. 우리는 가겠다고 응답을 했습니다. 예수님께서 가서서 준비를 마친 다음에는, 우리 모두가 하나님 나라의 잔치에 들어가게 될 것입니다. 그 때를 예비하고 기다립시다.

초대 받지 않은 사람들

21종이 돌아와 주인에게 그대로 고하니 이에 집 주인이 노하여 그 종에게 이르되 빨리 시 내의 거리와 골목으로 나가서 가난한 자들과 몸 불편한 자들과 맹인들과 저는 자들을 데 려오라 하니라 22종이 이르되 주인이여 명하신 대로 하였으되 아직도 자리가 있나이다 23주인이 종에게 이르되 길과 산울타리 가로 나가서 사람을 강권하여 데려다가 내 집을 채우라 24내가 너희에게 말하노니 전에 청하였던 그 사람들은 하나도 내 잔치를 맛보지 못하리라 하였다 하시니라(눅 14:21~24)

주인이 초대에 응하지 않은 자들의 핑계에 노를 발한 이유는, 그 들의 사유가 핑계가 안 된다는 것 때문이었습니다.

하나님 나라의 초대를 거부하는 사람들은 갖은 이유를 대겠지 만, 어떤 것도 핑계가 될 수 없습니다. 이 세상에서 하나님 나라의 초청보다 더 귀한 것은 없기 때문입니다. 원래 초대를 받지 못한 자들은 진노에 처하게 될 것입니다.

그렇다고 이미 준비된 잔치를 망칠 수는 없습니다. 주인은 종들 에게 빨리 시내의 거리와 골목으로 나아가 가난한 자, 몸 불편한 자, 맹인, 저는 자들로 잔치 자리를 채우라고 명령합니다. 이는 13절에 나오는 "잔치를 베풀거든 차라리 가난한 자들과 몸 불편한 자들과 저는 자들과 맹인들을 청하라."라는 예수님의 조언과 맞아 떨어집니다. 이와 같이 앞에 나오는 잔치 이야기와 연속성을 띠고 있습니다. 그래도 빈자리가 더 있다고 하자, 주인이 이번에는 길과 산울타리 가로 나가서 마을에서 추방된 자, 떠도는 노숙자들을 찾으라고 하는 것입니다.

주인은 그들을 강권하여 데려다가 내 집을 채우라고 합니다. 왜 강권하라고 했을까요? 이들은 앞에 나온 사람들과 다른 이유로 초대에 응하는 것을 망설였을지도 모릅니다. 자신들은 자격이 없고, 자신들을 오라고 했다는 것을 믿을 수 없다고 했을 것입니다. 겸손의 거절입니다. 그러나 주인의 말씀대로 그들은 강권해야 합니다. 이것은 완전히 은혜입니다. 그들이 무슨 자격이 있어서 초청을 받은 것이 아닙니다. 무슨 값을 지불하고 참여하는 것도 아닙니다. 나의 장점 때문이 아니라, 오로지 주인의 호의에 의한 것입니다.

비유에서 주인은 초대받았던 자들에게 "하나도 잔치를 맛보지 못하리라"고 선언합니다. 종말론적 반전을 예고하고 있습니다. 이는 바리새파를 비롯한 종교지도자들의 교만과 그들의 행태를 심판하는 것입니다. 초대받았던 자들은 잔치에 들어가지 못하고, 초대

받지 못했던 자들이 잔치에 들어가는 반전이 일어납니다. 우리는
이 은혜를 받았습니까?

제자의 길

25수많은 무리가 함께 갈새 예수께서 돌이키사 이르시되 26무릇 내게 오는 자가 자기 부모와 처자와 형제와 자매와 더욱이 자기 목숨까지 미워하지 아니하면 능히 내 제자가 되지 못하고 27누구든지 자기 십자가를 지고 나를 따르지 않는 자도 능히 내 제자가 되지 못하리라 33이와 같이 너희 중의 누구든지 자기의 모든 소유를 버리지 아니하면 능히 내 제자가 되지 못하리라(눅 14:25-27, 33)

앞에 나오는 큰 잔치의 비유에서 초청을 거부한 사람들의 사유는 밭, 소, 아내에 대한 핑계 때문이었습니다. 자신의 소유나 가족이 초청에 응답하는 데 장애가 되었던 것입니다.

수많은 무리가 예수님과 함께 가고 있었지만, 예수님께서는 무리가 아니라 제자를 원하셨습니다. 진정한 제자가 되기 위해서는 분명한 헌신과 결단이 요구됩니다. 무리에서 제자로 나아가기 위해서는, 자신의 부모와 처자와 형제와 자매, 더구나 자기의 목숨까지도 받칠 각오가 되어 있어야 합니다.

그것은 한 순간의 결단으로 되는 것이 아니고, 예수님을 따르는 길 내내 자기 몫의 십자가를 지고 따라야 한다는 것입니다. 당시의 사람들은 십자가가 얼마나 끔직한 형벌인지 다 알고 있었습니다. 십자가의 길은 수치와 고난을 당하고 결국에는 죽음에 이르는 험난한 길입니다. 보통 선생님 같으면, 자기를 따르는 무리들이 이렇게 많으면 어떻게든지 저들을 관리해서 그들에게 헛된 희망을 주입하면서까지 자기를 더 따르게 하려고 온갖 힘을 다 쏟아 부었을 텐데, 예수님께서는 자신의 제자가 되기가 얼마나 어려운가를 강조하셨습니다. 이는 무리들이 다 나가 떨어져 흩어져 나갈 소리와도 같았습니다. 그리고 33절에서 예수님께서는 자기의 모든 소유를 버려야 한다고 말씀하셨습니다.

세상에서는 자신의 소유, 가족, 자기 목숨이 중요한 것입니다. 그것이 인생의 목적이 됩니다. 그런데 그 귀한 것을 바칠 만큼 더 귀한 것이 있다는 것입니다. 그리고 그것을 위해서 이 모든 것을 내려놓아야 한다는 것입니다. 세상에서 귀하게 여기는 것들을 수단으로 삼을 만큼 하나님 나라는 귀합니다.

NOTE 136

제자의 댓가

28너희 중의 누가 망대를 세우고자 할진대 자기의 가진 것이 준공하기까지에 족할는지 먼저 앉아 그 비용을 계산하지 아니하겠느냐 29그렇게 아니하여 그 기초만 쌓고 능히 이루지 못하면 보는 자가 다 비웃어 30이르되 이 사람이 공사를 시작하고 능히 이루지 못하였다 하리라 31또 어떤 임금이 다른 임금과 싸우러 갈 때에 먼저 앉아 일만 명으로써 저 이만 명을 거느리고 오는 자를 대적할 수 있을까 헤아리지 아니하겠느냐 32만일 못할 터이면 그가 아직 멀리 있을 때에 사신을 보내어 화친을 청할지니라 34소금이 좋은 것이나 소금도 만일 그 맛을 잃으면 무엇으로 짜게 하리요 35땅에도, 거름에도 쓸 데 없어 내버리느니라 들을 귀가 있는 자는 들을지어다 하시니라(눅 14:28-32,34,35)

예수님께서는 제자가 되기 위해 치루어야 할 댓가를 두 가지 비유를 들어 설명하셨습니다. 제자가 되기 위해서는 철저한 준비와 각오가 되어 있어야 한다는 것입니다. 망대를 짓는 사람이 소요될 비용을 미리 계산하여 충분한 예산을 확보한 다음 공사를 진행해야 한다는 것입니다. 그렇지 못하면 도중에 공사가 중단되어 사람들의 비웃음을 산다는 것입니다. 전쟁을 할 때 적군과 싸워 충분히 이길 승산이 있어야 전쟁을 한다는 것입니다. 괜히 잘못했다가는 전쟁에서 져서 모든 것을 빼앗기고 목숨까지 위태롭게 된다는 것입니다. 만일 이길 수 없다면 싸우지 말고 서로 화친을 맺는 것이

낫다는 것입니다.

이 비유는 무슨 일을 시도하기 전에 미리 계획해야 한다는 것입니다. 충분한 비용이 있는지, 이길 승산이 있는지 잘 알고 나가야 낭패를 당하지 않는다는 것입니다.

예수님의 제자가 되기 위해서는 자신이 당할 고난과 치를 희생을 헤아려 본 후에 결단하라는 것입니다. 예수님의 제자가 되어 받게 될 영광과 권세만을 생각하고 나아가다가는 실족한다는 것입니다. 예수님께서는 직접 이렇게 말씀을 하셨는데, 우리는 점점 제자가 치뤄야 할 댓가를 말하지 않거나 값싸게 만듭니다. 그래서 목숨 걸 각오도 없으면서 제자가 되겠다고 했습니다.

제자가 되는 것은 좋은 것이지만 단단히 각오를 해야 합니다. "소금은 좋은 것이지만 소금도 만일 그 맛을 잃으면 무엇으로 짜게 하리요."라는 말씀은 예수님의 제자가 되는 것은 좋은 것이지만, 진정한 댓가를 지불하지 않으면 맛을 잃은 소금처럼 된다는 것입니다. 참 제자가 되지 못한다는 것입니다. 제자의 직분은 값싸게 주어지는 것이 아닙니다.

"들을 귀가 있는 자는 들을지어다."

NOTE 137

죄인 한 사람이 회개하면

1모든 세리와 죄인들이 말씀을 들으러 가까이 나아오니 2바리새인과 서기관들이 수군거려 이르되 이 사람이 죄인을 영접하고 음식을 같이 먹는다 하더라 3예수께서 그들에게 이 비유로 이르시되 4너희 중에 어떤 사람이 양 백 마리가 있는데 그 중의 하나를 잃으면 아흔아홉 마리를 들에 두고 그 잃은 것을 찾아내기까지 찾아다니지 아니하겠느냐 5또 찾아낸즉 즐거워 어깨에 메고 6집에 와서 그 벗과 이웃을 불러 모으고 말하되 나와 함께 즐기자 나의 잃은 양을 찾아내었노라 하리라 7내가 너희에게 이르노니 이와 같이 죄인 한 사람이 회개하면 하늘에서는 회개할 것 없는 의인 아흔아홉으로 말미암아 기뻐하는 것보다 더하리라(눅 15:1-7)

본문은 세리와 죄인들이 말씀을 들으러 예수님께 가까이 나아오니 배제의 논리에 익숙한 바리새인과 서기관들이 예수님께서 죄인을 영접하고 음식을 같이 먹는다며 수군거리자, 예수님께서 말씀하시는 비유입니다. 이 말씀에는 하나님께서 보시는 곳과 저들의 시선이 머무는 곳이 어떻게 다른가를 보여줍니다.

"너희 중에 어떤 사람이…" 굳이 목자를 예수님이라고 하지 않습니다. 이는 세상에서도 능히 경험할 수 있는 일이기 때문입니다. 양 백 마리 중 하나를 잃는 사고가 났습니다. 그런데 목자는 양을 시간되는 대로, 물질이 공급되는 대로, 형편 닿는 대로 찾았던 것이 아니라 "찾아내기"까지 찾았습니다. 양을 찾은 다음, 양을 구박을 하면서 질질 끌고 오는 것이 아니라, 자기도 피곤할 텐데, "즐거워 어깨에 메고..." 돌아와 잔치를 벌입니다.

정말 이해할 수 없는 일입니다. 양떼에서 혼자 벗어났던 양은 정상이 아니었을 텐데, 그 양은 목자의 이런 과분한 사랑을 받습니다. 양은 목자에게 자신이 이런 존재였다는 것을 새삼 느끼게 되면서 자존감이 회복되었을 것입니다. '그까짓 것에 그런 정성을 쏟다니!' 생각하던 이웃이나 친구도 감동을 받게 되었을 것입니다. 그럼 99마리의 양은 질투하면서 불만을 토로했을까요? 아닐 것입니다. '나도 그런 위험에 처한다면 목자가 역시 저렇게 돌보아 주겠지'라고 생각했을 것입니다. 모두가 평안과 기쁨을 얻게 되었습니다. 이것이 목자의 마음이고, 예수님의 마음입니다.

하나를 백중의 하나로 보아서는 안 되고, 전체를 이루는 하나로 보아야 합니다. 하나가 모자라면 온전함을 이룰 수 없습니다. 마지막 하나가 빠진 것이 전체를 망칩니다. 잃은 양 한 마리는 디테일의 힘에서 보면 100-1=99가 되는 것이 아니고, 100-1=0이 됩니다. 토요타 자동차 리콜 사태를 생각해 봅시다 . 선진기술은 디테일에서 결정됩니다. 고부가가치의 물건도 디테일에서 차이가 납니다. 작은 것에 대한 관심이 큰 것을 이룹니다.

NOTE 138

하나님의 기쁨

8어떤 여자가 열 드라크마가 있는데 하나를 잃으면 등불을 켜고 집을 쓸며 찾아내기까지 부지런히 찾지 아니하겠느냐 9또 찾아낸즉 벗과 이웃을 불러 모으고 말하되 나와 함께 즐기자 잃은 드라크마를 찾아내었노라 하리라 10내가 너희에게 이르노니 이와 같이 죄인 한 사람이 회개하면 하나님의 사자들 앞에 기쁨이 되느니라(눅 15:8-10)

예수님께서 잃은 것을 되찾는 기쁨을 강조하시기 위해 같은 비유를 반복하십니다. 동물에서 이제 물질로 이동합니다. 목자가 양을 찾아내는 것처럼, 드라크마를 찾는 데에는 여자의 수고가 있었습니다. 여자는 하나님의 여성성을 드러내는 특징이 있습니다. 탕자가 돌아온 것처럼 양이 찾아오거나 드라크마가 찾아오는 것이 아닙니다. 이 비유는 하나님의 성품이 강조되어 있습니다.

드라크마 은전은 데나리온처럼 하루 품삯에 불과 하는 작은 액수이지만 특별한 의미를 지니고 있습니다. 당시에 결혼할 때 신랑은 신부에게 결혼할 선물로 열 드라크마를 준다고 합니다. 신부는 그것을 목걸이나 장식물로 만들어 잘 보관한다고 합니다. 그것을 남편에 대한 사랑의 증표로 생각하기 때문입니다. 그러기 때문에 드라크마는 화폐로서의 가치 이상의 의미를 지니고 있습니다. 그 중에서 하나를 잃었다는 것은 역시 모두를 잃은 것과 다를 바가 없습니다. 하나를 찾는 것은 전체를 회복하는 것입니다.

말씀에는 드라크마를 찾기 위한 여인의 삼중노력이 나와 있습니다. 불을 온통 밝히고, 집 전체를 쓸고, 부지런히 쉬지 않고 드라크마를 찾습니다. 시간 나는 대로, 형편 되는 대로, 하루 이틀 찾는 것이 아니라 "찾아내기까지" 찾습니다. 우리도 잃어버린 영혼들을 위해 "찾아내기까지" 찾아야 합니다. 동전이 제 발로 찾아오는 것은 불가능합니다. 이 이야기는 해피엔딩입니다. 결국 여자는 드라크마를 찾아내어 친구들과 이웃을 불러 잔치를 벌입니다. 아마 잔치 비용이 더 많이 들었을 것입니다. 이것이 은혜입니다. 잃은 양과 잃은 드라크마 이야기는 같은 4중 구조를 가지고 있습니다. '잃고', '찾아다니고', '찾고', '기뻐한다.' 이것이 예수님께서 말씀하신 구원의 이야기이고 복음입니다.

"이와 같이 죄인 한 사람이 회개하면, 하나님의 사자들 앞에 기쁨이 되느니라."

아버지를 떠난 길

11또 이르시되 어떤 사람에게 두 아들이 있는데 12그 둘째가 아버지에게 말하되 아버지여 재산 중에서 내게 돌아올 분깃을 내게 주소서 하는지라 아버지가 그 살림을 각각 나눠 주었더니 13그 후 며칠이 안 되어 둘째 아들이 재물을 다 모아 가지고 먼 나라에 가 거기서 허랑방탕하여 그 재산을 낭비하더니 14다 없앤 후 그 나라에 크게 흉년이 들어 그가 비로소 궁핍한지라 15가서 그 나라 백성 중 한 사람에게 붙여 사니 그가 그를 들로 보내어 돼지를 치게 하였는데 16그가 돼지 먹는 쥐엄 열매로 배를 채우고자 하되 주는 자가 없는지라(눅 15:11-16)

　어느 아버지에게 너무도 다른 두 아들이 있었습니다. 두 아들은 서로에게도 형제입니다. 두 아들은 누가복음 15장에 나오는 잃었다가 찾는 이야기 삼부작 중에서 서론 1, 2절에 제시되어 있는 세리와 죄인, 바리새인과 서기관, 두 부류의 사람에게 가장 잘 어울리는 사람입니다. 15장에 잃은 것은 동물, 물질, 사람 순으로 나오며 비율도 1/100, 1/10, 1/2로 점점 더 비중이 커집니다. 재산을 잃은 것보다 자녀를 잃은 것은 사람에게 가장 큰 손실입니다.

　잃은 아들의 비유는 잃은 양, 잃은 드라크마와는 달리, 잃어버린 작은 아들의 비행이 말씀에 구체적으로 거론되어 있었습니다.

잃어버려진 것은 전적으로 작은 아들의 잘못에 원인이 있습니다. 그는 아버지가 살아계심에도 불구하고 유산 배분을 요구하였습니다. 그것은 마치 아버지가 빨리 돌아가시기를 바라는 것과 같은 불경스러운 행동이었습니다. 그는 재산이 아버지보다도 더 중요했습니다. 그런데 아버지는 그것까지도 허용하였습니다. 작은 아들은 재산을 모아 먼 나라로 떠납니다. 그는 자기 마음대로 할 수 있는 자유를 찾아 갔겠지만, 그것으로 그는 아버지의 보호의 날개를 벗어났습니다. 그리고 얼마간 죄악의 낙을 누렸을 것입니다. 그러면서 그는 허랑방탕하게 아버지의 재산을 낭비하였습니다. 여기에 타락의 단계가 나옵니다. 아버지를 떠난 아들은 귀한 집안의 아들에서, 불효자로, 파산자로, 종으로, 유대인이 혐오하는 돼지 치는 자로, 굶어죽게 되는 자로 계속해서 추락하게 됩니다. 결국에는 쥐엄 열매를 놓고 돼지와 다투는, 돼지만도 못한 인생이 되었습니다.

NOTE 140

아버지께 가는 길

17이에 스스로 돌이켜 이르되 내 아버지에게는 양식이 풍족한 품꾼이 얼마나 많은가 나는 여기서 주려 죽는구나 18내가 일어나 아버지께 가서 이르기를 아버지 내가 하늘과 아버지께 죄를 지었사오니 19지금부터는 아버지의 아들이라 일컬음을 감당하지 못하겠나이다 나를 품꾼의 하나로 보소서 하리라 하고 20이에 일어나서 아버지께로 돌아가니라 아직도 거리가 먼데 아버지가 그를 보고 측은히 여겨 달려가 목을 안고 입을 맞추니 21아들이 이르되 아버지 내가 하늘과 아버지께 죄를 지었사오니 지금부터는 아버지의 아들이라 일컬음을 감당하지 못하겠나이다 하나 22아버지는 종들에게 이르되 제일 좋은 옷을 내어다가 입히고 손에 가락지를 끼우고 발에 신을 신기라 23그리고 살진 송아지를 끌어다가 잡으라 우리가 먹고 즐기자 24이 내 아들은 죽었다가 다시 살아났으며 내가 잃었다가 다시 얻었노라 하니 그들이 즐거워하더라(눅 15:17-24)

집을 나간 작은 아들은 모든 것을 완전히 잃게 되자, 제 정신이 들기 시작했습니다. 인생은 바닥으로 내려가야 깨달음이 오는 가 봅니다. 그러나 그의 깨달음은 자신의 잘못에 대한 깨달음이 아니라, 양식에 대한 생각이었습니다. 자신은 굶어 죽게 되었다는 것과 아버지의 품꾼들은 양식이 풍족하다는 생각입니다. 그래도 아버지의 풍부함이 그의 발길을 돌리게 합니다. 그는 아버지 집의 품꾼으로 들어가기로 결심했습니다. 그리고 집에 돌아갈 핑계를 만들어냈습니다. 그는 아직도 무슨 이유가 있어야 아버지가 자기를 용납하리라고 생각 했습니다. "아버지 내가 하늘과 아버지께 죄를 지었사오니 지금부터는 아버지의 아들이라 일컬음을 감당하지 못하겠나이다. 나를 품꾼의 하나로 보소서 하리라." 그는 수없이 이 말을 연습하고 반복하며 용기를 내었습니다.

"달려가는 아버지"

아버지는 적극적으로 작은 아들을 찾기 위해 나서지 않습니다. 아버지는 오히려 아들이 돌아오기를 기다리고 있었습니다. "아직도 거리가 먼데" 아버지는 멀리서 오고 있는 그를 알아보고 불쌍히 여겨 달려가 목을 안고 입을 맞추었습니다. 작은 아들이 미리 준비한 멘트를 듣기도 전에 말입니다. 여기 주목할 것은 작은 아들의 말이 아버지의 마음을 돌린 것이 아니었다는 것입니다. 아버지의 사랑과 은혜가 그를 먼저, 무조건 수용한 것입니다. 작은 아들은 비로소 준비한 말을 했지만, 아버지는 그 말에 아랑곳하지 않고 종들을 시켜 아들에게 제일 좋은 옷과 신 그리고 가락지를 끼웠습니다. 품꾼이 아니라, 그를 아들로서 다시 인정 해 주신 것입니다. 그리고 살진 송아지를 잡아 아들을 위해 잔치를 베풀었습니다. 아버지는 아들의 지위가 회복되었음을 공식화 해 주십니다. "내 아들은 죽었다가 다시 살아났으며 내가 잃었다가 다시 얻었노라"하니 모두 함께 즐거워했습니다. 우리의 소망은 하나님 아버지께 있습니다. 그리고 그분께 사랑과 은혜가 있습니다. 그리고 그분의 집에 나를 위한 방이 있습니다.

NOTE 141

아버지 마음 갖기

25맏아들은 밭에 있다가 돌아와 집에 가까이 왔을 때에 풍악과 춤추는 소리를 듣고 26한 종을 불러 이 무슨 일인가 물은대 27대답하되 당신의 동생이 돌아왔으매 당신의 아버지 가 건강한 그를 다시 맞아들이게 됨으로 인하여 살진 송아지를 잡았나이다 하니 28그가 노하여 들어가고자 하지 아니하거늘 아버지가 나와서 권한대 29아버지께 대답하여 이르 되 내가 여러 해 아버지를 섬기되 명을 어김이 없거늘 내게는 염소 새끼라도 주어 나와 내 벗으로 즐기게 하신 일이 없더니 30아버지의 살림을 창녀들과 함께 삼켜 버린 이 아들이 돌아오매 이를 위하여 살진 송아지를 잡으셨나이다 31아버지가 이르되 애 너는 항상 나와 함께 있으니 내 것이 다 네 것이로되 32이 네 동생은 죽었다가 살아났으며 내가 잃었다가 얻었기로 우리가 즐거워하고 기뻐하는 것이 마땅하다 하니라(눅 15:25-32)

여기에서 네 번째 잃은 것의 이야기가 나옵니다. 큰 아들의 이야 기입니다. 온전한 가정이 회복되기 위해서는 아버지, 작은 아들 그 리고 큰 아들과의 관계회복이 중요합니다. 아버지의 기쁨은 아직 전체 공동체의 기쁨으로 공유되지 못하고 있었습니다. 큰 아들이 기쁨의 자리에 동참하기 전까지 말입니다. 큰 아들은 축하하는 공 동체의 풍악과 춤추는 소리, 그리고 잔치 자리에서 혼자 떨어져 있 었습니다. 그들과 함께 하는 대신, 일정 거리를 두고 노하면서 들 어가지 않습니다. 급기야 아버지가 나와서 권면을 하는데도 아버 지를 거역하며 오히려 아버지의 행위가 부당하다고 항의하였습니다. 그는 지난 세월 아버지를 섬겼던 것을 후회하고 있었습니다. 그는 피해의식과 자기 연민에 빠져 들었습니다. 자신의 공로를 내세우며 마치 주인과 일군의 관계로 아버지와의 관계를 말하고 있습니다. 그러면서 동생의 죄를 과장하고 있습니다. "창녀들과 함께 삼켜 버린 이 아들." 그를 자신의 형제라고 말하지 않고, "이 아들"이라고 말하고 있습니다. 그는 서로를 비교하면서 자신에게는 염소새끼도 주시지 않았는데, 돌아 온 아들에게 살진 송아지를 잡았다고 원망을 하였습니다.

아버지는 함께 하는 것의 복을 말씀하고 있습니다. "내 것이 다 네 것이다"라고 말하고 있습니다. 그리고 다시 한 번 "네 동생은 죽었다가 살아났으며 내가 잃었다가 얻었기로 우리가 즐거워하고 기뻐하는 것이 마땅하다"라고 말씀합니다. 앞에 24절에 이 말을 듣고 이웃들이 즐거워한 것처럼, 형도 즐거워했을지 의문입니다. 이 비유는 바리새인과 서기관들의 비수용적인 태도를 교정하기 위한 것입니다. 네 번째 잃은 아들의 이야기에는 종결되는 내용이 없습니다. 자신의 편협함을 회개하고 그가 잔치자리에 들어갔는지, 아니면 이제는 자기가 떠날 차례라고 선언하고 아버지를 떠났는지. 큰 아들은 아버지의 마음을 알았을까 질문이 생깁니다. 그러나 누가복음은 열린 결말로 이야기를 남겨두고 있습니다. 듣는 우리가 자기 결말을 가져보라는 것입니다. 내가 큰 아들이었더라면 어떻게 했을까가 더 중요합니다. 어떤 면에서 앞의 세 비유는 이 네 번째 이야기를 위한 예시입니다. 주님은 우리 모두에게 아버지의 마음을 갖기를 원합니다.

변화에 슬기롭게 대처하라

1또한 제자들에게 이르시되 어떤 부자에게 청지기가 있는데 그가 주인의 소유를 낭비한다는 말이 그 주인에게 들린지라 2주인이 그를 불러 이르되 내가 네게 대하여 들은 이 말이 어찌 됨이냐 네가 보던 일을 셈하라 청지기 직무를 계속하지 못하리라 하니 3청지기가 속으로 이르되 주인이 내 직분을 빼앗으니 내가 무엇을 할까 땅을 파자니 힘이 없고 빌어먹자니 부끄럽구나 4내가 할 일을 알았도다 이렇게 하면 직분을 빼앗긴 후에 사람들이 나를 자기 집으로 영접하리라 하고 5주인에게 빚진 자를 일일이 불러다가 먼저 온 자에게 이르되 네가 내 주인에게 얼마나 빚졌느냐 6말하되 기름 백 말이니이다 이르되 여기 네 증서를 가지고 빨리 앉아 오십이라 쓰라 하고 7또 다른 이에게 이르되 너는 얼마나 빚졌느냐 이르되 밀 백 석이니이다 이르되 여기 네 증서를 가지고 팔십이라 쓰라 하였는지라 8주인이 이 옳지 않은 청지기가 일을 지혜 있게 하였으므로 칭찬하였으니 이 세대의 아들들이 자기 시대에 있어서는 빛의 아들들보다 더 지혜로움이니라(눅 16:1-8)

본문의 비유는 해석하기가 대단히 어려운 말씀입니다. 왜냐하면, 부자의 행동에 일관성이 없어 보이기 때문입니다. 그는 자기의 청지기에게 해고한다고 했다가 칭찬을 했습니다. 더구나 옳지 않은 청지기를 칭찬했습니다. 그 청지기는 낭비, 또는 횡령을 했는데도, 주인은 그를 칭찬한 것으로 보이기 때문입니다. 그런데 우리는 비유를 사실로만 보지 말고 은유로서 보아야 합니다. 예수님의 본 의도는 그가 일 처리하는 방식을 눈여겨보라는 것, 거기에 배울 것이 있다는 것입니다. 8절 "일을 지혜 있게 하였으니." 이 비유가 예수님께서 제자들에게 하시는 말씀이라는 것을 기억해야 합니다. 때로는 믿는 자들도 믿지 않은 자들에게서, 아니 심지어 악한 사람들에게서도 배울 것이 있습니다. 여기 지혜는 '프로니모스'(phronimos)로서, "분별 있게" "약삭빠르게" "교활하게"라는 뜻입니다.

여기에 부자 주인과 청지기의 관계가 나옵니다. 청지기에 의해 주인과 갈등관계가 시작됩니다. 문제를 만든 것은 청지기였습니다. 그는 주인의 것을 낭비했습니다. 그리고 주인의 신뢰를 저버렸습니다. 그래도 주인은 관대하여 청지기를 당장에 해고하지 않았고, 해고를 예고합니다. 그는 해고는 당할 것이지만 벌은 받지 않습니다. 심지어 주인은 그가 청지기직을 더 이상 수행하지 않는다고 공고를 하거나, 권한을 정지시키지도 않았습니다. 주인은 자비와 긍휼을 베푸는 주인입니다. 청지기는 이미 은혜의 세계를 경험하였습니다.

평생 자기 잇속만 차리고 주인의 것을 낭비했던 사람이, 남의 것이지만 갑자기 베푸는 삶으로 바뀝니다. 청지기는 주제파악을 하기 시작합니다. 주인의 말씀을 듣고 나서 다르게 살기로 결단합니다. 4절 "내가 할 일을 알았도다." 새로운 삶의 방식을 과감하게 도입합니다.

그는 위기상황을 파악하고 기민하게 대처합니다. 자신의 실패를 인정하고 자기에 대한 분명한 인식을 가져, 주어진 짧은 기회를 미래를 위해 준비합니다. 낭비에서 준비로, 모음에서 배품으로 나아갑니다.

NOTE 143

상위의 가치에 투자하라

9내가 너희에게 말하노니 불의의 재물로 친구를 사귀라 그리하면 그 재물이 없어질 때에
그들이 너희를 영주할 처소로 영접하리라 10지극히 작은 것에 충성된 자는 큰 것에도 충
성되고 지극히 작은 것에 불의한 자는 큰 것에도 불의하니라 11너희가 만일 불의한 재물
에도 충성하지 아니하면 누가 참된 것으로 너희에게 맡기겠느냐 12너희가 만일 남의 것에
충성하지 아니하면 누가 너희의 것을 너희에게 주겠느냐 13집 하인이 두 주인을 섬길 수
없나니 혹 이를 미워하고 저를 사랑하거나 혹 이를 중히 여기고 저를 경히 여길 것임이니
라 너희는 하나님과 재물을 겸하여 섬길 수 없느니라(눅 16:9-13)

"불의의 재물로 친구를 사귀라"는 말은 이해하기 곤란합니다. 그
러나 여기에서 불의의 재물은 세상의 물질이며, 없어질 재물입니
다. 청지기는 물질로써 인심을 삽니다. 청지기는 물질관계를 인간
관계로 발전시켜 나갑니다. 구체적인 것으로 궁극적인 것을 사는
것입니다. 구체적 가치는 건강, 물질, 권력 같은 힘(Power)에 속
하는 것이고, 궁극적 가치는 구원, 자유, 평화 같은 사랑(Love)에
속하는 것입니다. 청지기가 물질을 빼돌린 것은 아닙니다. 물질로
써 마음을 산 것입니다. 그는 물질을 소유하는 것이 아니라, 사람
들을 위해 썼고, 쾌락이 아닌, 상위의 가치에 투자를 했습니다.

친구는 물질보다 상위의 가치입니다. 썩을 것으로 썩지 않을 것을, 없어질 것으로 영원한 것을, 유한한 것으로 무한한 것을, 보이는 것으로 보이지 않는 것을 삽니다. 이렇게 하늘에 보물을 쌓아둡니다. 물질을 하나님 나라에 가지고 갈 수는 없지만, 미리 보낼 수는 있습니다. 이 땅에서 살 때 하나님 나라에서 쓸 수 있는 것으로 바꾸는 것입니다. 그것이 바로 "그의 나라와 그의 의를 구하는" 삶입니다. 우리가 타인을 위해 물질도 제대로 나누지 못하는 사람들이라면, 주님께서 우리에게 하나님 나라의 일을 어떻게 맡기시겠습니까? 여기에 "작은 것"과 "큰 것", "불의한 재물"과 "참된 것", "남의 것"과 "너희의 것", "재물"과 "하나님"이 서로 대격으로 나와 있습니다. 우리는 하나님과 재물을 겸하여 섬길 수 없습니다.

NOTE 144

돈을 좋아하는 바리새인들

14바리새인들은 돈을 좋아하는 자들이라 이 모든 것을 듣고 비웃거늘 15예수께서 이르시되 너희는 사람 앞에서 스스로 옳다 하는 자들이나 너희 마음을 하나님께서 아시나니 사람 중에 높임을 받는 그것은 하나님 앞에 미움을 받는 것이니라 16율법과 선지자는 요한의 때까지요 그 후부터는 하나님 나라의 복음이 전파되어 사람마다 그리로 침입하느니라 17그러나 율법의 한 획이 떨어짐보다 천지가 없어짐이 쉬우리라 18무릇 자기 아내를 버리고 다른 데 장가 드는 자도 간음함이요 무릇 버림당한 여자에게 장가드는 자도 간음함이니라(눅 16:14-18)

바리새인들은 우정보다도 돈을 더 좋아하기 때문에 돈을 드려 우정을 샀다는 청지기의 이야기를 웃음거리 정도로 여겼을지 모릅니다. 그들은 사람 앞에서 스스로 의로운 체하는 가식적인 생활을 했습니다. 그러나 하나님께서는 그들의 마음을 아셨습니다. 그들은 세속적인 사람들이었습니다. 믿음생활의 기준이 하나님이 아니라, 사람들이었습니다. 그들은 자신들의 이익을 챙겼고, 사람들에게 칭찬을 받는 것이 목적이었습니다.

하나님 나라의 평가와 세상의 평가는 완전히 다릅니다. 세상은 보이는 것만을 평가하지만, 하나님께서는 마음을 보십니다. 세상은 속일 수 있어도 하나님은 속일 수 없습니다. 세상에서 옳다하고 높임을 받는 것이 하나님 앞에서는 가증스러운 것이 많습니다.

그들이 자랑하는 율법과 선지자는 세례요한의 시간까지요, 세례요한 이후에는 하나님 나라의 복음이 임하고 있습니다. 이미 새 시대가 임했습니다. 이제는 하나님 나라가 대세입니다. 이제 사람들이 복음을 듣고 하나님 나라로 들어가고 있습니다. 율법과 선지자의 유효기간이 끝났다는 것이 아니라 하나님 나라의 복음으로 이어져야 한다는 것입니다. 율법과 선지자는 하나님 나라의 복음을 위한 준비입니다. 그렇다고 해서 율법이 무효화되지는 않습니다. 율법도 하나님께서 주신 선물입니다.

율법과 천지, 어떤 것이 더 무거울까요? 율법의 한 획이 떨어짐보다 천지가 없어짐이 쉽습니다. 율법이 천지보다 영원합니다. 율법은 나름의 역할이 있습니다. 율법을 제대로 알고 있다면 복음을 기뻐했을 것입니다. 예수님께서는 이혼의 예를 들어 율법을 말하면서도 율법을 지키지 않는 저들의 위선적인 생활을 비판하셨습니다. 간음하지 말라는 계명을 이혼증서를 써 주는 제도를 통해서 타협하고 합리화하는 당시의 행태를 지적하셨습니다. 율법을 진심으로 지킨다면, 하나님 나라의 복음을 알게 되어 있습니다.

아무 것도 하지 않은 죄

19한 부자가 있어 자색 옷과 고운 베옷을 입고 날마다 호화롭게 즐기더라 20그런데 나사
로라 이름하는 한 거지가 헌데 투성이로 그의 대문 앞에 버려진 채 21그 부자의 상에서 떨
어지는 것으로 배불리려 하매 심지어 개들이 와서 그 헌데를 핥더라(눅 16:19–21)

부자와 거지 나사로의 생전의 모습이 말씀에 나와 있습니다. 부
자의 이름은 알 수 없고, 거지의 이름은 나사로('하나님이 도우신
다')라고 나와 있습니다. 성경 말씀은 세상 이야기를 하면서 세상
의 관점과는 사뭇 다릅니다. 세상에서는 거지의 이름은 몰라도 부
자의 이름은 널리 알려져 있습니다. 말씀에 나오는 비유의 의도는
분명합니다. 거지 나사로는 이름을 밝혀 다른 사람으로 오해될 소
지를 줄이고, 부자는 익명으로 처리하여 우리 자신을 비추는 인물
로서 읽어보라는 것입니다. 익명의 부자가 비유의 주인공입니다.

부자와 거지 나사로는 먹고 입고 사는 것이 아주 대조적으로 나
타납니다. 경제적, 육체적인 면에서도 극과 극입니다. 말씀은 그
들의 거처, 옷, 음식물; 건강상태에 대해 언급하고 있습니다. 부자

는 좋은 집에서 자색 옷과 고운 베옷(당시 최고가 사치품)을 입고 날마다 호화롭게 잔치하면서 즐깁니다. 반면, 거지 나사로는 노숙하는 처지에 몸은 헌데 투성이로 부자의 상에서 떨어지는 부스러기로 연명을 하는데, 개가 와서 그의 상처를 핥는 비참한 모습입니다. 부자는 왕같이 살고, 나사로는 길가의 개와 같이 살았습니다. 그러나 말씀에서 그들에 대한 어떤 죄나 의에 대한 언급은 없습니다. 다만 부자와 나사로는 생전에 물질적으로나 정신적으로 아무런 소통이 없었습니다. 부자는 나사로에 대해 무관심했습니다. 부자의 죄를 꼽는다면, '아무 것도 하지 않은 것'이 죄입니다. 자기에게 주어진 많은 것들을 당연하게 여기고 그 모든 것을 자기 자신만을 위해 썼습니다. 맡겨진 것, 주어진 것에 대한 사회적, 물질적 책임을 지지 않았습니다. 내 옆에 육체적으로나 물질적으로 절박한 상황에 있는 사람이 있는 것을 보고도 도와줄 마음과 도와주는 행동이 없었다면, 그것은 죄입니다. 그것이 '아무 것도 하지 않은 죄'입니다. 이는 하나님께서 나에게 맡긴 것에 대한 직무유기이며, 무책임한 행동입니다.

뒤바뀐 운명

22이에 그 거지가 죽어 천사들에게 받들려 아브라함의 품에 들어가고 부자도 죽어 장사
되매 23그가 음부에서 고통중에 눈을 들어 멀리 아브라함과 그의 품에 있는 나사로를 보
고 24불러 이르되 아버지 아브라함이여 나를 긍휼히 여기사 나사로를 보내어 그 손가락
끝에 물을 찍어 내 혀를 서늘하게 하소서 내가 이 불꽃 가운데서 괴로워하나이다 25아브
라함이 이르되 얘 너는 살았을 때에 좋은 것을 받았고 나사로는 고난을 받았으니 이것을
기억하라 이제 그는 여기서 위로를 받고 너는 괴로움을 받느니라 26그뿐 아니라 너희와
우리 사이에 큰 구렁텅이가 놓여 있어 여기서 너희에게 건너가고자 하되 갈 수 없고 거기
서 우리에게 건너올 수도 없게 하였느니라(눅 16:22-26)

본문에 나오는 두 사람은 전혀 다른 인생을 살았지만 죽음은 동
일하게 찾아왔습니다. 나사로가 먼저 죽은 것 같습니다. 그들이 동
시에 죽지는 않았겠지만, 본문에는 얼마 더 살고의 차이가 별로 중
요하지 않게 취급되어 있습니다. 결국 부자의 일생이라는 것도 입
고, 먹고, 자고, 죽고 밖에 더 있겠습니까? 영원에서 보면, 이 세
상은 그런 것입니다. 하나님의 관점에서 보면 생전은 짧고 사후는
깁니다. 나사로는 죽었다고 간단히 기록된 반면, 부자는 죽어 장
사되었다고 기록되어 형제들, 자녀들, 조문객들이 많이 찾아오는
호화로운 장례식이 있었음을 암시하고 있습니다. 그러나 이 사후

의 세계는 이 세상과 전혀 다르게 전개되고 있습니다. 나사로는 장례를 치루지 못했겠지만, 천사들이 받들어 아브라함의 품으로 들어갔습니다. 그러나 부자는 음부에 들어가 고통 중에 처하게 되었습니다.

비유는 죽은 다음의 세계가 분명히 있음을 보여줍니다. 현생과 이생이 얼마나 다른가를 보여줍니다. 사후에는 천국과 지옥이 분명히 있습니다. 음부에서는 낙원을 볼 수 있도록 설계되어 있습니다. 그래서 더욱 고통스럽습니다. 음부에는 불꽃 가운데 고통이 얼마나 심한지 물 한 방울을 구해도 얻지 못하는 장소입니다. 다시 돌이킬 수 있는 기회가 영원히 상실된 공간이 음부입니다. 음부에서는 기도도, 긍휼도, 회개도, 전도도, 소통도 불가능합니다. 그곳은 불꽃과, 갈증과, 고통과, 고민과, 단절과, 거절과, 괴로움만을 경험하는 곳입니다. 그리고 내세는 현세의 삶과 깊은 연관이 있습니다. "너는 살았을 때에 좋은 것을 받았고 나사로는 고난을 받았으니 이것을 기억하라"(25절). 우리는 '살아서는 부자, 죽어서는 나사로'가 되고 싶겠지만 그렇게 마음대로 될 수가 없습니다. 부자는 소유가 없어지므로 갈망하는 상태로, 나사로는 갈망하던 상태에서 위로를 받는 것으로 나옵니다. 부자는 나사로를 알아보았지만 관계는 살아서와 마찬가지로 단절이 된 상태입니다. 둘 사이에는 큰 구렁이 있어서 분리된 상태입니다.

음부의 소리

27이르되 그러면 아버지여 구하노니 나사로를 내 아버지의 집에 보내소서 28내 형제 다섯이 있으니 그들에게 증언하게 하여 그들로 이 고통 받는 곳에 오지 않게 하소서 29아브라함이 이르되 그들에게 모세와 선지자들이 있으니 그들에게 들을지니라 30이르되 그렇지 아니하니이다 아버지 아브라함이여 만일 죽은 자에게서 그들에게 가는 자가 있으면 회개하리이다 31이르되 모세와 선지자들에게 듣지 아니하면 비록 죽은 자 가운데서 살아나는 자가 있을지라도 권함을 받지 아니하리라 하였다 하시니라(눅 16:27-31)

〈크리스마스 캐롤〉에 나오는 구두쇠 스크루지는 한 밤의 악몽을 통하여 나눔의 삶을 사는 사람으로 변화되는 것을 보여줍니다. 부자와 나사로의 비유도 우리에게 사후의 세계를 보여줌으로써 현생을 바로 보고 살도록 변화를 촉구하는 이야기입니다. 나사로가 말하는 것은 아무것도 나오지 않고 부자만 나옵니다. 비유는 부자에 관심이 있고 부자처럼 살지 말라고 말하고 있습니다. 나사로와 같이 사는 사람을 위로하려고 하는 것이 아닙니다. 부자는 때 늦은 간청을 하고 있습니다. 자신을 위해서는 물을 구하고, 자신의 다섯 형제들을 위해서도 증인을 보내어 자기가 오게 된 고통 받는 곳에 오지 않도록 해 달라는 중보를 하지만 모두 거절됩니다. 기도와 전도는 육신이 있을 때 되는 것이지, 음부에 빠진 후에는 아무런 소용이 없습니다.

　비유는 부자와 나사로의 역전을 말하는 것으로 끝나지 않고, 부자에 이어 그의 다섯 형제에게 관심을 둡니다. 부자라도 어떻게 살아야 비극적인 운명을 벗어날 수 있는가가 초점입니다. 부자가 경험한 바와 같이 형제들도 지금과 같은 방식으로 살다가는 자신과 같은 운명에 처할 것이 너무나 확실합니다. 부자도 살아생전에 모세와 선지자의 말씀을 들었음을 암시하고 있습니다. 그럼에도 불구하고 그는 회개하는 것을 거부했었습니다. 그래서 형제들을 위하여 죽은 자가 다시 살아 돌아가는 부활 같은 더욱 강력한 이적을 요청하고 있습니다. 그런데 아브라함은 "그들에게 모세와 선지자들이 있으니 그들에게 들을지니라"라고 말합니다. 그들에게 듣지 않으면 죽었다가 살아난 자가 말해도 믿지 않는다는 것입니다. 우리에게는 성경에 근거한 믿음이 중요합니다. 이적보다도 말씀이 우선입니다. 예수님께서 부활하셨을 때 엠마오로 내려가던 제자들이나 다른 제자들에게 설명하실 때 자신을 보이는 것보다 모세와 선지자와 시편의 말씀을 통하여 부활을 증거하셨습니다. 실제로 같은 이름을 가진 마리아의 형제 나사로가 다시 살아났지만, 사람들은 믿음을 갖기는커녕 오히려 나사로까지 죽이려 했습니다. 인간에게 말씀은 마지막 기회입니다. 말씀 이상의 더한 기회는 없습니다.

NOTE 148

영적남용

1예수께서 제자들에게 이르시되 실족하게 하는 것이 없을 수는 없으나 그렇게 하게 하는 자에게는 화로다 2그가 이 작은 자 중의 하나를 실족하게 할진대 차라리 연자맷돌이 그 목에 매여 바다에 던져지는 것이 나으리라 3너희는 스스로 조심하라 만일 네 형제가 죄를 범하거든 경고하고 회개하거든 용서하라 4만일 하루에 일곱 번이라도 네게 죄를 짓고 일곱 번 네게 돌아와 내가 회개하노라 하거든 너는 용서하라 하시더라(눅 17:1-4)

　　본문의 말씀은 제자들과 영적 지도자들에게 하나님께서 주시는 말씀입니다. 실족하는 것은 타인을 넘어지게 하는 행위입니다. 현실적으로 실족하는 사람들이 많습니다. 내가 의도했든, 그렇지 않든, 나로 말미암아 실족하는 일이 일어납니다. 만일 의도적으로 다른 사람을 범죄하게 하거나 넘어지게 하려고 일을 꾸민다면 화가 임할 것입니다. 사이비 집단에서 그런 일이 일어납니다. 그 심판이 얼마나 중한지, 가장 작고 미약한 사람에게 한 일일지라도 누군가를 실족케 하면 연자 맷돌을 목에 메고 바다에 빠지는 것만큼 돌이킬 수 없는 벌이 임합니다. 실족케 하는 사람에게 화가 있으리라고 했습니다. 과연 우리는 조심스런 마음으로 어린 영혼들을 대하고 있는지요? 정말 스스로 조심하고 조심할 일입니다. 영적으로 힘을 가지고 있는 자들은 그 힘을 남용하지 않도록 주의해야 합니다. 나의 말 한 마디, 나의 부주의한 행동 때문에 다른 사람이 상처를 받거나, 마음의 문을 닫거나, 복음을 받아들이지 않을 수 있습니다.

주님께서는 우리에게 형제가 죄를 범했을 때에는, 그에게 경고해야 하고, 그가 회개하면 용서하라고 하셨습니다. 우리는 형제가 죄를 범했는데도 말하지 않고, 회개했는데도 용서하지 않지는 않습니까? 우리의 그와 같은 행동이 형제를 실족하게 합니다. 형제가 죄를 졌다고 정죄하고, 회개했는데도 용서하지 않으면, 이는 형제를 실족하게 하는 것입니다. 주님께서는 하루에 일곱 번 나에게 죄를 지은 사람이 일곱 번 돌아와 회개하면, 그를 용서하라고 하십니다. 여기 일곱은 완전한 수로서, 우리에게 무한정 사람들을 용서하라는 말씀일까요? 왜 하나님께서는 우리에게 영적남용에 대한 말씀을 하시면서 용서에 대한 교훈을 주십니까? 사역자가 용서하지 않는 것만큼 남을 실족하게 하는 것은 없습니다. 어떤 사역자들은 양들에게 받은 상처 때문에 마음이 닫혀서 용서를 하려고 하지 않습니다. 용서하지 않으면 실족합니다. 사실, 영적 지도에 있어서 용서만큼 중요한 것이 없습니다. 우리의 사역은 용서하는 마음이 있어야 가능합니다. 물론 죄도 깨닫게 해 주어야 합니다.

믿음은 쓸수록 생긴다

5사도들이 주께 여짜오되 우리에게 믿음을 더하소서 하니 6주께서 이르시되 너희에게 겨자씨 한 알만한 믿음이 있었더라면 이 뽕나무더러 뿌리가 뽑혀 바다에 심기어라 하였을 것이요 그것이 너희에게 순종하였으리라(눅 17:5-6)

　제자들은 예수님께 "믿음을 더하소서"라고 요청합니다. 이것은 정당하고 좋은 기도처럼 보입니다. 우리는 주님께 믿음을 달라고 기도해야 합니다. 그러나 믿음은 양의 문제가 아니라, 질의 문제입니다. 이미 주신 믿음의 씨앗을 키워나가야 하는 책임이 우리에게 있습니다. 믿음을 더 하겠다는 것은 때로 자기중심적이고 사업 지향적인 경우가 많습니다. 그러나 생명력 있는 믿음은 하나님께 영광을 돌리는 것이고, 열매를 맺는 것입니다. 예수님께서 믿음을 씨 중에서도 가장 작다고 하는 겨자씨에 비유하신 것은, 생명력과 잠재력을 보신 것입니다.

　겨자씨는 작은 것이지만 그것이 심겨져서 자라나게 되면 그 안에 있는 생명력이 발현되어 씨를 보고는 상상할 수도 없었던 결과가 나타나게 됩니다. 작은 믿음도 삶에 적용하게 되면, 그 안에 놀라운 생명력이 발휘되어 나타납니다. 힘은 쓸수록 더 생기듯이, 믿음도 쓸수록 더욱 커지는 것입니다. 매사에 믿음을 적용하여 살다 보면, 겨자씨만한 믿음이 자기도 모르는 사이에 산을 옮길만한 믿음으로 자라게 됩니다. 뽕나무가 뽑혀 바다에 심겨진다는 것은 기적입니다. 그냥 뽑혀 바다에 던져지는 것이 아니고, 바다에 심겨진다는 것은 상상을 초월하는 것입니다. 더구나 말씀에는 식물이 순종한다고 표현되어 있습니다. 바다에 어떻게 뽕나무를 심을 수 있을까요? 믿음을 가지면 됩니다. 믿음은 그런 결과를 가져옵니다. 불가능한 일처럼 보이는 것들을 믿음으로 상상하고 말하십시오. 분명 믿음의 증거를 보게 될 것입니다.

해야할일을한것뿐이라

7너희 중 누구에게 밭을 갈거나 양을 치거나 하는 종이 있어 밭에서 돌아오면 그더러 곧 와 앉아서 먹으라 말할 자가 있느냐 8도리어 그더러 내 먹을 것을 준비하고 띠를 띠고 내 가 먹고 마시는 동안에 수종들고 너는 그 후에 먹고 마시라 하지 않겠느냐 9명한 대로 하 였다고 종에게 감사하겠느냐 10이와 같이 너희도 명령 받은 것을 다 행한 후에 이르기를 우리는 무익한 종이라 우리가 하여야 할 일을 한 것뿐이라 할지니라(눅 17:7-10)

주님께서는 밭에서 돌아온 종에 대한 비유를 말씀하십니다. 이 는 당시의 시대상을 반영한 이야기로서, 오늘날의 관점에서 보면 너무한다 싶은 이야기입니다. 그 당시 종이란 주인의 소유의 일부 로 여겨질 뿐, 인격적인 존재로서 취급을 받지 못했습니다. 종은 밭에서 하루 종일 일하고 기진하고 허기진 상태로 돌아와 저녁 식 사를 준비해야 하는데, 주인이 식사를 다 마치기까지 곁에서 수종 을 들며 기다려야 한다는 상황은 너무나도 비인간적입니다. 더구 나 그렇게 수고한 종에게 고맙다는 말 한마디도 하지 않는 것은 정 말 매정합니다. 종에게는 의무와 책임만 있을 뿐, 아무런 권리도 상급도 없습니다. 그저 자기 일을 다 하고도 스스로 부족한 것을 자책하면서 '저는 무익한 종입니다. 제가 한 일은 마땅히 해야 할 일을 했을 뿐입니다.'라고 한다는 것입니다.

　이것은 당시 종에 대한 이야기이지만, 우리는 하나님의 종으로 부름을 받았습니다. 우리가 세상 사람의 종이 되지 않고, 하나님의 종이 된 것은 다행입니다. 그러나 우리는 하나님 앞에 종의 자세를 가져야 합니다. 우리는 사역을 하면서 인정받고, 칭찬받고, 대접받고, 영광 받을 것을 기대해서는 안 됩니다. 또한, 자기의 유익을 구하고, 자기의 권리를 주장하고, 자기를 앞세워서도 안 됩니다. 그저 맡겨주신 것에 감사하는 마음을 가지고 의무와 책임을 다해야 합니다. 우리는 우리의 사역을 통해 오직 하나님만 영광 받으시게 해야 합니다. 만일 누가 우리에게 칭찬을 한다면, '저는 무익한 종입니다. 제가 해야 할 일을 했을 뿐입니다.'라고 말해야 합니다. 그것이 하나님의 종의 자세입니다.

큰 소리로 기도

11예수께서 예루살렘으로 가실 때에 사마리아와 갈릴리 사이로 지나가시다가 12한 마을에 들어가시니 나병환자 열 명이 예수를 만나 멀리 서서 13소리를 높여 이르되 예수 선생님이여 우리를 불쌍히 여기소서 하거늘 14보시고 이르시되 가서 제사장들에게 너희 몸을 보이라 하셨더니 그들이 가다가 깨끗함을 받은지라(눅 17:11-14)

예수님께서 갈릴리와 사마리아 지역의 경계를 지나셨습니다. 그리고 그곳에서 경계선에 서 있는 사람들을 만났습니다. 그들은 나병이 들어 양쪽 지역에서 추방되어 고립된 그곳에서 함께 생활하고 있었습니다. 한센씨병은 육체적으로도 어려운 질병이었지만, 더 어려운 것은 일상생활에서 고립되는 것입니다. 그것보다 더욱 힘든 것은, 마치 한센씨병이 죄의 결과처럼 사람들에게 여김을 받는 것입니다. 그래서 나병은 육체적, 사회적, 신앙적 고통입니다. 그들은 예수님을 알아보고 멀리 서서 소리를 질렀습니다. "예수 선생님이여! 우리를 불쌍히 여겨 주옵소서" 이것은 모든 기도의 원형입니다. 'kyrie' 주여, 불쌍히 여기소서. 이것은 다름 아닌 기도입니다. 예수님께 접근하지 못하고 멀리 떨어져 있었기 때문에 소리를 질렀지만, 한센씨병환자 역시 절박하기 때문에 큰 소리로 기도

했습니다.

예수님께서는 "가서 제사장들에게 너희 몸을 보이라"고 말씀하셨습니다. 당시 율법에 의하면, 한센씨병을 판정하는 것도 제사장이요, 한센씨병에 걸렸다가 나았을 때도 제사장의 판정을 받고 일상생활로 복귀할 수 있었습니다. 예수님께서는 치유를 위해 기도하시거나, 치유를 선언하지 않고 치유의 확증을 받으라고 하셨습니다. 이러한 요구는 믿음을 요청하는 명령입니다. 한 단계를 생략하고 믿음으로 나가는 것입니다. 열 사람 모두 순종하여 길을 가는 도중에 한센씨병에서 치유를 받았습니다. 상처가 사라지고 새 살이 솟아나는 것을 보는 느낌이 어떠했을까요? 여기까지는 모두 똑 같습니다. 하나님의 은혜는 차별이 없습니다.

NOTE 152

큰 소리로 감사

15그 중의 한 사람이 자기가 나은 것을 보고 큰 소리로 하나님께 영광을 돌리며 돌아와 16
예수의 발 아래에 엎드리어 감사하니 그는 사마리아 사람이라 17예수께서 대답하여 이르
시되 열 사람이 다 깨끗함을 받지 아니하였느냐 그 아홉은 어디 있느냐 18이 이방인 외에
는 하나님께 영광을 돌리러 돌아온 자가 없느냐 하시고 19그에게 이르시되 일어나 가라
네 믿음이 너를 구원하였느니라 하시더라(눅 17:15-19)

한센씨병이 치유가 된 것을 확인한 열 사람은 두 갈래의 다른 길
로 나누어 갑니다. 제사장에게로 가던 길을 계속 가는 사람과, 예
수님께로 돌아오는 길을 걷는 사람입니다. 한 사람이 하나님께 큰
소리로 영광을 돌리며 예수님께로 돌아와 그 발아래 엎드려 감사
드렸습니다. 그런데 그는 사마리아 사람이었습니다. 먼 거리에서
큰 소리로 기도하는 것은 가능하지만, 가까이 와 엎드려서 큰 소리
로 감사하는 것은 흔한 일이 아닙니다. 간청하는 소리와 감사하는
소리가 같기는 힘듭니다. 우리는 기도할 때는 큰 소리로 하면서 감
사드리는 것을 잃어버릴 때가 많습니다.

예수님께서 말씀하셨습니다. "열 사람이 다 깨끗함을 받지 아니

하였느냐 그 아홉은 어디 있느냐? 이 이방인 외에는 하나님께 영광을 돌리러 돌아온 자가 없느냐?" 이와 같은 주님의 말씀은 우리 시대에 감사가 없음을 지적하시는 것입니다. 그렇다면, 주님께서 감사하지 않은 것을 탓하시려고 이 말씀을 하셨을까요? 그렇지 않습니다. 더 귀한 것을 우리에게 주시려고 그러하셨습니다. 감사는 더 귀한 것을 불러오는 마중물입니다. "일어나 가라 네 믿음이 너를 구원하였느니라." 이 말씀처럼 예수님께서는 감사를 우리의 믿음으로 보셨습니다. 그리고 그 믿음은 우리를 육체적, 사회적 회복뿐만이 아니라, 영혼의 구원에 이르게 합니다. 우리는 믿음으로 말미암아 구원에까지 이릅니다. 이 사마리아 사람은 육체적, 사회적, 영적으로 전인적인 회복을 얻었습니다.

내 안에 있는 나라

20바리새인들이 하나님의 나라가 어느 때에 임하나이까 묻거늘 예수께서 대답하여 이르시되 하나님의 나라는 볼 수 있게 임하는 것이 아니요 21또 여기 있다 저기 있다고도 못하리니 하나님의 나라는 너희 안에 있느니라(눅 17:20,21)

예수님의 하나님 나라에 대한 가르침은 유대주의의 종말론과는 다릅니다. 당시의 유대주의는 역사적 종말을 기대하였으나 하나님 나라는 시간과 장소에 국한되거나 이스라엘의 남은 자들에게 은밀히 제한되어 있는 분파적인 것이 아니었습니다. 하나님 나라는 묵시적인 시간표에 의해 계산되거나 이론적으로 상세하게 묘사될 수 없는 것입니다. 하나님 나라는 에세네파의 묵시적인 미래를 지향하여 격리되어 기다리는 것이나 열심당의 민족주의적 정치행동으로 실현되는 나라가 아닙니다. 하나님 나라는 우리 밖에 있는 나라가 아닙니다.

예수님께서는 당시 종말론 사상을 하나님 나라로 바꾸어 현재적이면서도 미래적인 나라로 설명해 주십니다. 하나님 나라는 현재와 미래의 대화입니다. 바리새인들은 예수님께 하나님의 나라가 어느 때에 임하는지에 대해 시간을 물었습니다. 그러나 예수님께서는 시간에 대한 말씀을 하시지 않으셨습니다. 대신 예수님께서는 '하나님의 나라는 볼 수 있게 임하는 것이 아니다'라고 말씀하셨습니다. 즉, 가시적인 것이 아니라는 말씀입니다. 그리고 하나님 나라는 '여기 있다 저기 있다'고도 못한다고 말씀하셨습니다. 또한, 장소적인 것도 아니라고 말씀하셨습니다. 그렇기 때문에 하나님 나라는 특정한 때를 기다리거나, 현상적인 것을 찾거나, 어느 장소에 가야하는 것이 아닙니다. 하나님 나라는 밖에서 찾을 수 있는 것이 아닙니다.

주님께서는 하나님 나라는 이미 우리 안에 있다고 하십니다. 우리가 현재 경험할 수 있는 하나님 나라는, 내 안에 있으면서 보이지 않는 나라입니다. 지금 내 안에서 하나님 나라를 경험하지 못하면 미래의 하나님 나라는 나에게 없는 것이나 마찬가지입니다. 하나님 나라는 "이미"와 "아직 아님" 사이의 긴장관계에 놓여있습니다. 하나님 나라는 현재적으로 하나님께서 통치하시는 나라입니다. 내가 하나님의 백성이라면, 나는 이미 하나님 나라에 살고 있는 것입니다. 그 하나님의 나라가 서서히 그 모습을 드러내게 될 것입니다.

NOTE 154

때가이르리니

22또 제자들에게 이르시되 때가 이르리니 너희가 인자의 날 하루를 보고자 하되 보지 못하리라 23사람이 너희에게 말하되 보라 저기 있다 보라 여기 있다 하리라 그러나 너희는 가지도 말고 따르지도 말라 24번개가 하늘 아래 이쪽에서 번쩍이어 하늘 아래 저쪽까지 비침같이 인자도 자기 날에 그러하리라 25그러나 그가 먼저 많은 고난을 받으며 이 세대에게 버린 바 되어야 할지니라(눅 17:22-25)

이번에는 예수님께서 제자들에게 인자의 날에 대해 말씀하셨습니다. 이것은 예수님의 재림에 대한 말씀입니다. 세상의 종말에 대한 말씀입니다. "때가 이르리니" 미래적인 측면을 말씀하셨습니다. "너희가 … 보고자 하되 보지 못하리라." 이는, 아직은 아니라는 것입니다. 인자는 눈 깜박할 사이에 전 세계적으로 임하십니다. 순간적이면서도 동시적으로 임하십니다. 그러므로 주님께서 재림하실 장소를 지정하는 것은 무의미합니다. 그런데도 거짓 선지자가 출현하여 "보라 저기 있다. 보라 여기 있다"라고 미혹을 한다는 것입니다. 주님께서는 그들이 그래도 절대로 가지도 말고 따르지도 말라고 하셨습니다.

인자가 초림 때에는 지역적으로 몇 사람에게 알려진 가운데 오셨습니다. 그리고 고난을 받으시고, 구원의 길을 여셨습니다. 그러나 초림과는 달리, 재림은 전우주적으로 임하십니다. 모두가 보는 가운데 알 수 있도록 임하십니다. 모든 이들은 자기가 있는 곳에서 인자를 맞이하게 됩니다. 재림의 인자는 영광 가운데 오셔서 세상을 심판하십니다. 그러나 한 가지 힌트는, 재림 전에 인자의 고난과 유기가 먼저 있다는 것입니다. 그것은 우리에게는 이미 일어난 십자가 사건입니다. 이제 인자의 날이 임박했습니다.

NOTE 155

생즉사, 사즉생

26노아의 때에 된 것과 같이 인자의 때에도 그러하리라 27노아가 방주에 들어가던 날까지 사람들이 먹고 마시고 장가 들고 시집 가더니 홍수가 나서 그들을 다 멸망시켰으며 28또 롯의 때와 같으리니 사람들이 먹고 마시고 사고 팔고 심고 집을 짓더니 29롯이 소돔에서 나가던 날에 하늘로부터 불과 유황이 비오듯 하여 그들을 멸망시켰느니라 30인자가 나타나는 날에도 이러하리라 31그 날에 만일 사람이 지붕 위에 있고 그의 세간이 그 집 안에 있으면 그것을 가지러 내려가지 말 것이요 밭에 있는 자도 그와 같이 뒤로 돌이키지 말 것이니라 32롯의 처를 기억하라 33무릇 자기 목숨을 보전하고자 하는 자는 잃을 것이요 잃는 자는 살리라(눅 17:26-33)

인자의 때는 노아의 때와 같고 롯의 때와 같다고 하십니다. 노아의 때에 경고하심을 받고도 그들은 "먹고 마시고 장가들고 시집가고" 온통 세상에만 취하여 살았습니다. 롯의 때에도 사람들은 "먹고 마시고 사고팔고 심고 집을 짓"하면서 영혼의 때를 준비하지 못했습니다. 여기 사람들이 하는 행위는 사실상 죄의 목록은 아닙니다. 통상적인 세상일입니다. 세상일만 하고 사는 것입니다. 적극적으로 죄를 짓는 행위를 한 것은 아니지만, 영혼을 위해 준비하지 않고 사는 것입니다. 결국 몇 명만이 구원을 받고 대부분의 사람들은 멸망하였습니다. 노아의 때에는 물로 심판을 받았습니다.

롯의 때에는 불로 심판을 받았습니다.

　나는 산사태가 난다는 경고 방송 때문에 집밖으로 대피했다가, 금고에 있는 돈을 가지러 잠깐 집에 들어간 사이에 산이 무너져 흙 속에 묻힌 사람을 알고 있습니다. 주님께서는 롯의 처를 생각하라고 하십니다. 그녀는 거의 구원을 받을 뻔 했던 사람입니다. 그녀는 불에서는 구원을 받았지만, 성 밖에서 소금기둥이 되어버린 사람입니다. '뒤돌아보지 마라. 미련을 갖지 마라. 세상 욕심을 버려라.' 예수님께서는 일반적인 교훈을 말씀해 주셨습니다. 생즉사, 사즉생. "자기 목숨을 보전하고자 하는 자는 잃을 것이요 잃는 자는 살리라." 구원받기 위해서는 세상에서 이러한 결단이 필요합니다.

NOTE 156

영원한 분리

34내가 너희에게 이르노니 그 밤에 둘이 한 자리에 누워 있으매 하나는 데려감을 얻고 하나는 버려둠을 당할 것이요 35두 여자가 함께 맷돌을 갈고 있으매 하나는 데려감을 얻고 하나는 버려둠을 당할 것이니라 36(없음) 37그들이 대답하여 이르되 주여 어디오니이까 이르시되 주검 있는 곳에는 독수리가 모이느니라 하시니라(눅 17:34-37)

본문의 내용은 둘이 잠을 자다가, 둘이 맷돌 갈다가, 둘이 밭일을 하다가 하나는 데려감을 얻고 하나는 버려둠을 당한다는 말씀입니다. 이런 일은 낮이나 밤이나 구별하지 않고 일어날 수 있습니다. 아무리 가까운 사이일지라도, 같은 일을 하고 있다가도, 같은 장소에 있더라도, 결국 영원히 처하는 곳이 달라지게 된다는 말씀입니다.

천안함 침몰 사고를 기억하십니까? 같은 배에 타고 있었지만, 돌발 사고 때문에 생존자와 사망자가 갈렸습니다. 예수님께서는 우리에게 깨어 있어 언제라도 부름을 받을 준비를 하라고 말씀하십니다. 구원과 심판이 영영 이렇게 갈리게 됩니다. 다른 면에서 보면, 함께 있는 자들에게 함께 있을 때 전도해야 된다는 말씀입니다. 같은 집에 살지만 전도하지 않고, 같은 장소에서 일하지만 전도하지 않으면 영영 분리되고 맙니다.

우리는 주변의 사람을 먼저 돌아보아 함께 구원받을 수 있도록 전도해야 합니다. 제자들은 여전히 "어디오니이까"하고 장소를 묻고 있습니다. 예수님께서는 우리에게 장소나 시간에 대한 관심보다는 전우주적으로 동시에 일어나는 종말을 준비하고 살라고 하십니다. 심판이 임하고 나면, 이제 독수리만 날 뿐입니다.

NOTE 157

낙심하지 말고 기도하라

1예수께서 그들에게 항상 기도하고 낙심하지 말아야 할 것을 비유로 말씀하여 2이르시되 어떤 도시에 하나님을 두려워하지 않고 사람을 무시하는 한 재판장이 있는데 3그 도시에 한 과부가 있어 자주 그에게 가서 내 원수에 대한 나의 원한을 풀어 주소서 하되 4그가 얼마 동안 듣지 아니하다가 후에 속으로 생각하되 내가 하나님을 두려워하지 않고 사람을 무시하나 5이 과부가 나를 번거롭게 하니 내가 그 원한을 풀어 주리라 그렇지 않으면 늘 와서 나를 괴롭게 하리라 하였느니라 6주께서 또 이르시되 불의한 재판장이 말한 것을 들으라 7하물며 하나님께서 그 밤낮 부르짖는 택하신 자들의 원한을 풀어 주지 아니하시겠느냐 그들에게 오래 참으시겠느냐 8내가 너희에게 이르노니 속히 그 원한을 풀어 주시리라 그러나 인자가 올 때에 세상에서 믿음을 보겠느냐 하시니라(눅 18:1-8)

본문의 말씀에서는 친절하게도 서두에 비유의 목적이 나옵니다. "항상 기도하고 낙심하지 말라"는 것입니다. 또한, 본문에서는 기도와 낙심이 서로 대격으로 나옵니다. 낙심이 드는 것은 기도하지 않기 때문입니다. 항상 기도하면 낙심이 들어올 틈이 없습니다. 두려움이 오는 것은 기도하지 않기 때문입니다. 염려가 오는 것은 기도하지 않기 때문입니다. 낙심하지 말고 기도하라.

재판장은 권력자이고, 과부는 가난하고 힘없는 자입니다. 본문에서는 먼저 재판장의 됨됨이가 나옵니다. 그는 하나님을 두려워하지 않는 불신앙의 사람이었습니다. 자기보다 못한 사람들을 무시하는 사람이었습니다. 한 마디로 해서 못된 재판장이었습니다. 재판장은 공정한 법을 집행하고 있지 않았습니다. 자기 본분을 저버렸습니다. 정의감도 없고 자비심도 없었습니다. 오직 자기만을 위했습니다. 과부는 원수에게 억울한 일을 당했습니다. 하소연할 길이 없어 재판장에게 찾아가지만 번번이 제지를 당했고, 무시를 당했습니다. 그래도 낙망하지 않고 계속 찾아갔습니다.

재판장은 과부가 포기하지 않고 계속 찾아오기 때문에 자기가 괴로워서 견딜 수가 없었습니다. 재판장은 과부나 정의를 위해서가 아니라, 자기를 위해서 과부의 소리를 들어주었습니다. "나를 번거롭게 하니"에는 '눈 아래를 치다'는 의미가 내포되어 있습니다. 끈질긴 사람은 아무도 못 이깁니다. 악인도 못 이깁니다. 권력자도 못 이깁니다. 과부는 목숨을 걸고, 장애물을 넘어, 방해를 넘어, 문제를 해결하고자 했습니다. 낙심하지 않는 믿음을 보였습니다.

본문에서는 불의한 재판장을 하나님으로 비유했지만, 하나님께서는 불의한 재판장으로 비유되실 수 없는 전혀 다른 분이십니다. 하나님께서는 의로운 재판장이십니다. 하나님께서는 은혜와 긍휼이 많으십니다. 하나님께서는 사랑이십니다. 불의한 재판장을 하나님에 비유했기 때문에 더욱 반전은 뚜렷해집니다. 이것이 반어

법입니다. "하물며 하나님께서 그 밤낮 부르짖는 택하신 자들의 원한을 풀어주지 아니하시겠느냐? 그들에게 오래 참으시겠느냐?", "속히 그 원한을 풀어주리라." 그러나 주님께서는 인자가 올 때에 세상에서 이런 믿음을 보겠느냐고 반문하셨습니다. 재판장이 문제가 아니라, 우리에게 과부의 믿음이 있느냐 하는 것입니다. 그러한 끈질긴 믿음 말입니다.

NOTE 158

하나님이 의롭다고 하시는 자

9또 자기를 의롭다고 믿고 다른 사람을 멸시하는 자들에게 이 비유로 말씀하시되 10두 사람이 기도하러 성전에 올라가니 하나는 바리새인이요 하나는 세리라 11바리새인은 서서 따로 기도하여 이르되 하나님이여 나는 다른 사람들 곧 토색, 불의, 간음을 하는 자들과 같지 아니하고 이 세리와도 같지 아니함을 감사하나이다 12나는 이레에 두 번씩 금식하고 또 소득의 십일조를 드리나이다 하고 13세리는 멀리 서서 감히 눈을 들어 하늘을 쳐다보지도 못하고 다만 가슴을 치며 이르되 하나님이여 불쌍히 여기소서 나는 죄인이로소이다 하였느니라 14내가 너희에게 이르노니 이에 저 바리새인이 아니고 이 사람이 의롭다 하심을 받고 그의 집으로 내려갔느니라 무릇 자기를 높이는 자는 낮아지고 자기를 낮추는 자는 높아지리라 하시니라(눅 18:9-14)

여기에도 친절하게 비유의 대상이 드러나 있습니다. "자기를 의롭다고 믿고 다른 사람을 멸시하는 자들에게." 이 비유는 바리새인과 같은 사람들을 향해 주어진 말씀입니다. 기도는 좋은 것이지만, 기도의 태도와 내용이 중요합니다. 무엇을 어떻게 기도하느냐에 따라 기도가 달라집니다.

바리새인은 "서서 따로 기도"합니다. 그는 자기의 의를 드러내고 있습니다. 다른 사람과 비교하며 영적 교만을 보이고 있습니다. "나는 다른 사람들 곧 토색, 불의, 간음을 하는 자들과 같지 아니하고 이 세리와도 같지 아니함을 감사하나이다." 이것이 감사기도입니까? 이것이 하나님께 드리는 기도입니까? 자기를 과시하면서 사람에게 연설하는 것이 아닙니까? 하나님께서 그를 모르시겠습니까? 왜 옆에서 기도하는 세리를 정죄합니까? 이것은 자기의 의를 드러낼 뿐, 하나님께 구하는 것이 없습니다. 하나님께서 하실 역할이 없습니다.

"세리는 멀리 서서 감히 눈을 들어 하늘을 쳐다보지도 못하고 다만 가슴을 치며" 겸손한 자세로 자신을 통회하면서 기도하는 모습이 보입니다. 그의 기도의 내용은 간단합니다. "하나님이여 불쌍히 여기소서. 나는 죄인이로소이다." 짧지만, 이 기도는 하나님을 향하고 있습니다. 하나님의 용서를 바라는 마음이 담겨있습니다. 하나님의 의를 드러내고 있습니다.

그의 기도에 대한 하나님의 응답이 나옵니다. 주님께서는 바리새인이 아닌, 세리가 의롭다함을 받았다는 것입니다. 응답받는 기도를 하려면, 세리처럼 해야 할 것입니다. 여기에 비유를 통한 교훈이 나옵니다. "자기를 높이는 자는 낮아지고 자기를 낮추는 자는 높아지리라" 하나님 앞이나 사람 앞에서 자신을 낮추는 것이 기도입니다.

예수님의 만져주심

15사람들이 예수께서 만져 주심을 바라고 자기 어린 아기를 데리고 오매 제자들이 보고 꾸짖거늘 16예수께서 그 어린 아이들을 불러 가까이 하시고 이르시되 어린 아이들이 내게 오는 것을 용납하고 금하지 말라 하나님의 나라가 이런 자의 것이니라 17내가 진실로 너 희에게 이르노니 누구든지 하나님의 나라를 어린 아이와 같이 받아들이지 않는 자는 결단 코 거기 들어가지 못하리라 하시니라(눅 18:15-17)

누가복음 18장에는 강한 자와 약한 자가 대조적으로 나옵니다. 재판장과 과부, 바리새인과 세리, 그리고 제자들과 어린 아기. 사 람들이 자기의 어린 아기를 예수님께서 만져주심을 바라고 데리고 나아 왔다는 것은 참 좋은 일입니다. 하나님의 손길이 접촉하는 순 간, 많은 이적과 복이 나타납니다. 부모나 교사의 의무는 예수님 께서 아이를 만져주실 기회를 만드는 것입니다. 예수님의 만져주 심을 통해 치유되고 온전해 지고 거룩해집니다. 이것은 안수일 수 도 있고 포옹일 수도 있습니다.

나는 'Free Hug'(포옹해 드립니다) 운동을 하고 있습니다만, 우 리는 건강한 스킨십이 필요합니다. 일 만 마디의 말보다 한 번의 포옹이 더 큰 힘을 줄 수 있습니다. 부부간에, 부모와 자녀, 형제들, 타인이라도 서로 포옹하며 격려하는 것은 좋은 것입니다. 제자들은 그런 부모와 어린 아이를 예수님께 인도하기는커녕, 장애물을 쌓고 있었습니다. 아이를 데려 온 부모를 꾸짖고 금지시키고 있습니다. 이것은 예수님의 뜻과는 전혀 다른 것이었습니다. 예수님께서는 어린 아이들을 불러 가까이 오게 하셨고, 하나님의 나라가 아이들의 것이라고 말씀하셨습니다. 주님께서는 하나님 나라를 어린 아이와 같이 받들지 않으면 들어갈 수 없다고 하셨습니다. 어린 아이에게서 겸손과 순수함과 신뢰와 믿음을 배우라고 하십니다. 우리 모두는 어린 아이 시절을 보내왔습니다. 그러므로 우리 모두에게는 어린 아이가 있습니다. 어린 아이의 순수함으로써 하나님 나라를 받아들여야 합니다.

NOTE 160

한 가지 부족한 것이 전부

18어떤 관리가 물어 이르되 선한 선생님이여 내가 무엇을 하여야 영생을 얻으리이까 19예수께서 이르시되 네가 어찌하여 나를 선하다 일컫느냐 하나님 한 분 외에는 선한 이가 없느니라 20네가 계명을 아나니 간음하지 말라, 살인하지 말라, 도둑질하지 말라, 거짓 증언 하지 말라, 네 부모를 공경하라 하였느니라 21여짜오되 이것은 내가 어려서부터 다 지키었나이다 22예수께서 이 말을 들으시고 이르시되 네게 아직도 한 가지 부족한 것이 있으니 네게 있는 것을 다 팔아 가난한 자들에게 나눠 주라 그리하면 하늘에서 네게 보화가 있으리라 그리고 와서 나를 따르라 하시니 23그 사람이 큰 부자이므로 이 말씀을 듣고 심히 근심하더라(눅 18:18-23)

"내가 무엇을 하여야 영생을 얻으리이까?" 영생을 탐구하는 질문은 참 좋은 것입니다. 더구나 예수님께 물은 것은 정말 잘 한 일입니다. 영생에 대한 질문은 인생에 대한 근원적인 질문이며, 예수님만이 이 질문에 정확한 답변을 해주실 수 있습니다. 그런데 "무엇을 해야 하느냐?"하고 물은 것은 잘못 알고 있는 것 때문에 나온 질문입니다. 구원은 우리의 행위에 달려 있는 것이 아닙니다. 물론, 무엇을 하느냐는 무엇을 믿느냐와 긴밀한 연관이 있습니다. 그는 예수님을 제대로 알고 있었나요? 그는 예수님을 선한 선생님으로 불렀습니다. 하나님 밖에는 선한 분이 안계신데, 그는 예수님을 하나님으로 알고 계십니까? 그렇지 않은 것 같습니다. 예수님께서는 말씀으로 돌아가서서 질문을 성경의 내용으로 대답하십니다.

그 내용은 십계명으로서, 순서는 제7,6,8,9,5계명이었습니다. 이는 대인관계에 대한 계명들입니다. 그는 어려서부터 이것들을 다 지켰다고 말했습니다. 그러나 사실 예수님께서 듣고 싶은 대답은 자신의 부족함에 대한 고백이었을 것입니다. 그에게 필요한 것은 자만심에서 벗어나는 것이었습니다. 그리고 하나님을 전적으로 신뢰하면서 은혜를 구해야 될 것입니다. 그가 정말 진심으로 계명을 지켰을까요? 예수님께서는 그것을 가름할 수 있는 한 가지 질문을 던지셨습니다. "네게 있는 것을 다 팔아 가난한 자들에게 나눠주라. 그리하면 하늘에서 네게 보화가 있으리라 그리고 와서 나를 따르라." 그는 큰 부자였기 때문에, 이 말씀을 듣고 심히 근심하였습니다. 믿음이 아니라 근심이었습니다. 그에게 갈등은 있었지만 결단은 하지 못했습니다.

한 가지 부족한 것이 사실은 모든 것이었습니다. 사실은 이것이 십계명의 정신입니다. 십계명의 정신은 탐욕을 버리고 사랑을 취하는 것입니다. 그는 물질을 우상으로 삼았습니다. 탐욕 때문에 순종할 수가 없었습니다. 하나님을 섬겼으되, 진심으로 전심으로 섬긴 것은 아니었습니다. 롯의 아내처럼, 그는 미전향장기수와 같았습니다. 그는 물질에 사로잡혀 있었습니다. 하나님을 믿는 것 같았는데, 한 발을 다른 곳에 두고 있었습니다. 그 한 가지가 영생을 얻길 원하는 그를 망친 것입니다.

NOTE 161
하나님 나라의 가치

24예수께서 그를 보시고 이르시되 재물이 있는 자는 하나님의 나라에 들어가기가 얼마나 어려운지 25낙타가 바늘귀로 들어가는 것이 부자가 하나님의 나라에 들어가는 것보다 쉬우니라 하시니 26듣는 자들이 이르되 그런즉 누가 구원을 얻을 수 있나이까 27이르시되 무릇 사람이 할 수 없는 것을 하나님은 하실 수 있느니라 28베드로가 여짜오되 보옵소서 우리가 우리의 것을 다 버리고 주를 따랐나이다 29이르시되 내가 진실로 너희에게 이르노니 하나님의 나라를 위하여 집이나 아내나 형제나 부모나 자녀를 버린 자는 30현세에 여러 배를 받고 내세에 영생을 받지 못할 자가 없느니라 하시니라(눅 18:24-30)

우리는 세상의 재물을 원하지만, 예수님께서는 세상 재물과 하나님 나라가 얼마나 양립하기가 어려운지에 대해 말씀하셨습니다. 낙타가 바늘귀로 들어가는 것이 부자가 하나님 나라에 들어가기보다 쉽다고 하셨습니다. 이는 과장법과 강조법이 들어간 경구입니다. 그럼 부자가 얼마나 더 큰 믿음이 필요하겠습니까? 청중이 "그런즉 누가 구원을 얻을 수 있을까?"라고 반문하는 것은 당연했습니다. 예수님께서도 "사람은 할 수 없고 하나님께서 하신다"고 말씀하셨습니다. 구원은 하나님의 역사입니다. 구원은 사람의 방법과 노력으로 되는 것이 아닙니다. 어렵지만, 불가능한 것은 아닙니다. 그러나 하나님의 도우심이 없이는 불가능합니다.

하나님께서 주신 복이 때때로 하나님의 나라에 들어가는 데에 장애가 됩니다. 인간이 하나님께서 주신 것을 자기의 것으로 삼거나 우상으로 만들기 때문입니다. 물질, 건강, 명예, 권력이 그렇습니다. 인간은 이런 것들이 없을 때에는 하나님을 잘 믿다가도, 주어지면 그것이 그들의 신이 됩니다. 베드로는 말합니다. "우리가 우리의 것을 다 버리고 주를 따랐나이다." 베드로는 좋겠습니다. 버릴 것이 적어서. 그런데 베드로에게는 물질이 문제가 아니었습니다. 다른 것이 문제였지요. 제가 하나님의 부르심을 받고 믿지 않는 가정에서 신학교에 가게되는 어려운 상황이었던 1977년 여름에 기도하면서 새벽에 받은 말씀입니다. "하나님 나라를 위하여 집이나 아내나 형제나 부모나 자녀를 버린 자는 현세에 여러 배를 받고 내세에 영생을 받지 못할 자가 없느니라."

믿는 자들은 주를 따르기 위해 버린 것을 다시 여러 배로 받습니다. 그리고 영생까지 얻습니다. 주를 위해 내려놓으면 완전히 없어지는 것이 아니라, 여러 배로 다시 돌아옵니다. 이것을 믿는 것이 믿음입니다. 부자가 이렇게 살면 바늘귀를 통과할 수 있습니다. 나에게 가장 소중한 것은 무엇입니까? 가족입니다. 그러나 하나님 나라는 가족보다 더 귀합니다. 하나님 나라는 재산뿐만이 아니라, 가족조차도 내려놓을 만큼 가치 있는 것입니다. 나에게 가장 소중한 것은 무엇입니까? 내 목숨입니다. 하나님 나라는 목숨보다 더 귀합니다.

죽음의 긴 과정

31예수께서 열두 제자를 데리시고 이르시되 보라 우리가 예루살렘으로 올라가노니 선지자들을 통하여 기록된 모든 것이 인자에게 응하리라 32인자가 이방인들에게 넘겨져 희롱을 당하고 능욕을 당하고 침 뱉음을 당하겠으며 33그들은 채찍질하고 그를 죽일 것이나 그는 삼 일 만에 살아나리라 하시되 34제자들이 이것을 하나도 깨닫지 못하였으니 그 말씀이 감취었으므로 그들이 그 이르신 바를 알지 못하였더라(눅 18:31-34)

예수님께서 수난을 예고하셨습니다. 이것이 주님께서 예루살렘에서 하셨던 마지막 사역이었습니다. 구약의 선지자들을 통하여 기록된 모든 것이 인자에게 응하였던 것입니다. 그 예언의 내용은 수난과 죽음, 그리고 부활입니다. 보통 우리는 예수님의 죽음과 부활만을 이야기하는데, 사실 본문은 예수님의 수난의 과정을 길게 서술하고 있습니다. "이방인에게 넘겨져 희롱을 당하고 능욕을 당하고 침 뱉음을 당하겠으며 그들은 채찍질하고"(32-33절)

사실 우리가 두려운 것은, 죽음 자체보다는 죽음에 이르는 고통의 시간들입니다. 십자가에 매달려서 서서히 고통스럽게 죽어갑니다. 예수님의 죽음은 쉬운 죽음이 아니었습니다. 강제적인 죽음, 피를 흘리는 폭력적인 죽음이었습니다. 예수님은 죽음에 이르는 고통스러운 과정을 다 밟으셨습니다. 우리의 죄와 죽음뿐만이 아니라, 우리의 질병과 인생의 무거운 모든 짐을 담당하셨습니다. 죽을 만큼 견디기 힘든 고통들을 담당하셨습니다. 배신과, 유기와, 비난과, 조롱과, 매질과, 목마름과, 말로 표현할 수 없는 고통을 다 당하셨습니다. 이렇게 구체적으로 말씀하셨어도, 제자들은 깨닫지 못했습니다. 그들은 죽음과 부활도 몰랐습니다. 아직 그들에게는 이것이 감추어진 말씀이었습니다. 계시를 받지 못했던 것입니다. 계시는 감추어졌던 것이 드러나는 것입니다.

주여 보기를 원하나이다

35여리고에 가까이 가셨을 때에 한 맹인이 길 가에 앉아 구걸하다가 36무리가 지나감을 듣고 이 무슨 일이냐고 물은대 37그들이 나사렛 예수께서 지나가신다 하니 38맹인이 외쳐 이르되 다윗의 자손 예수여 나를 불쌍히 여기소서 하거늘 39앞서 가는 자들이 그를 꾸짖어 잠잠하라 하되 그가 더욱 크게 소리 질러 다윗의 자손이여 나를 불쌍히 여기소서 하는지라 40예수께서 머물러 서서 명하여 데려오라 하셨더니 그가 가까이 오매 물어 이르시되 41네게 무엇을 하여 주기를 원하느냐 이르되 주여 보기를 원하나이다 42예수께서 그에게 이르시되 보라 네 믿음이 너를 구원하였느니라 하시매 43곧 보게 되어 하나님께 영광을 돌리며 예수를 따르니 백성이 다 이를 보고 하나님을 찬양하니라(눅 18:35-43)

이적은 비유를 담고 있습니다. 제자들은 아직 영적으로 맹인이었습니다. 맹인이 치유되는 이적을 통하여 제자들도 영적인 눈이 열렸으면 좋겠습니다. 어떻게 눈이 열립니까? 주님께 나아와 외쳐야 합니다. "예수여, 나를 불쌍히 여기소서." 이것이 기도입니다. 예수님께 긍휼하심을 구해야 합니다. 긍휼은 모든 기도의 응답과 모든 이적의 근저를 이룹니다. 맹인은 거리에서 구걸을 하다가 예수님께서 지나가신다는 말을 들었습니다. 사람들이 제지하는 데도 불구하고, 그는 소리를 질렀습니다. 조용히 하라고 할수록 실망하지 않고, 더욱 소리를 질렀습니다. 남의 눈치 살필 필요도 없고, 자기 체면을 살릴 필요도 없었습니다. 그저 자신을 불쌍히 여겨 달라고 소리쳤습니다. 예수님께서 그에게 "무엇을 하여 주기를 원하느냐?"하고 물으셨을 때. 그는 구걸하는 사람이었으므로 예수님께 돈을 구해야 했었는데, 보기를 원한다고 했습니다.

그는 근원적이고 본질적인 것을 구했습니다. 그는 진정으로 구할 것을 주실 수 있는 분께 구했습니다. 예수님께서는 "보라. 네 믿음이 너를 구원하였다"고 말씀하셨습니다. 이는 어떠한 믿음입니까? 돈이 아니라, '보기를 원한다'고 구한 것이 믿음입니다. 예수님께서 누구이신지를 아는 믿음이 있어야만, '보는 것'을 구할 수 있습니다. 그는 곧 보게 되어 하나님께 영광을 돌렸고, 사람들도 하나님을 찬양했습니다.

NOTE 164

구원이 이르렀다

1예수께서 여리고로 들어가 지나가시더라 2삭개오라 이름하는 자가 있으니 세리장이요 또한 부자라 3그가 예수께서 어떠한 사람인가 하여 보고자 하되 키가 작고 사람이 많아 할 수 없어 4앞으로 달려가서 보기 위하여 돌무화과나무에 올라가니 이는 예수께서 그리로 지나가시게 됨이러라 5예수께서 그 곳에 이르사 쳐다 보시고 이르시되 삭개오야 속히 내려오라 내가 오늘 네 집에 유하여야 하겠다 하시니 6급히 내려와 즐거워하며 영접하거늘 7뭇 사람이 보고 수군거려 이르되 저가 죄인의 집에 유하러 들어갔도다 하더라 8삭개오가 서서 주께 여짜오되 주여 보시옵소서 내 소유의 절반을 가난한 자들에게 주겠사오며 만일 누구의 것을 속여 빼앗은 일이 있으면 네 갑절이나 갚겠나이다 9예수께서 이르시되 오늘 구원이 이 집에 이르렀으니 이 사람도 아브라함의 자손임이로다 10인자가 온 것은 잃어버린 자를 찾아 구원하려 함이니라(눅 19:1-10)

삭개오는 천국에 들어가기 어려운 조건들을 가지고 있었습니다. 삭개오는 세리장이면서 부자였습니다. 그가 정직한 방법으로 부자가 되었다고 보기는 힘듭니다. 예수님께서는 부자가 천국에 들어가기가 낙타가 바늘귀로 들어가기보다도 더 어렵다고 말씀하셨습니다. 당시 세리장이라는 직업은 그 자체가 죄인으로서 낙인찍혀 있었습니다. 예수님 앞에 접근하는 것도 여러 가지 장애가 있었습니다. 삭개오는 키가 작은 신체적인 핸드캡 외에도, 사람들이 막고 있어서 예수님께 가까이 갈 수가 없습니다. 그를 보는 사람들의 사회적 편견도 심했습니다. 이런 모든 장애를 극복하고 어떻게 삭개오는 구원을 받았고, 아브라함의 자손으로 인정을 받았습니까?

먼저, 어린아이와 같은 삭개오의 모습 때문이었습니다. 예수님을 보고 싶었기 때문에 사람들의 이목과 방해에도 불구하고 앞으로 달려가 돌무화과나무에 올라가는 삭개오의 행동을 상상해 보십시오. 그는 예수님을 향한 관심 때문에 몸을 민첩하게 움직였습니다. 예수님께서는 삭개오를 주목하셨습니다. 그리고는 삭개오의 집에 유하겠다고 말씀하셨습니다. 그에게 예수님의 임재는 놀라운 복이었습니다. 삭개오는 급히 나무에서 내려와 즐거워하면서 예수님을 영접하였습니다. 삭개오의 영접과 예수님의 유함은 구원과 자녀됨의 구체적인 표현입니다.

예수님을 영접한 후 삭개오의 변화는 아주 구체적이었습니다. 그는 자신의 그 많은 소유의 절반을 가난한 자들에게 나누어 주겠으며 속여 빼앗은 일이 있으면, 네 갑절로 갚겠다고 예수님께 다짐을 하였습니다. 누가복음과 사도행전을 기록한 누가는 물질관의 변화를 회심의 증표로 보고 있습니다. 예수님을 믿는 증거가 물질에 대한 태도의 변화로 나타납니다. 삭개오의 회심은 말만 있는 믿음이 아니었습니다. 예수님께서는 "오늘 구원이 이 집에 이르렀으니 이 사람도 아브라함의 자손임이로다."라고 선언하셨습니다. 이런 말씀을 하셨던 예수님의 기쁨이 느껴집니다. 예수님의 말씀은 당시 모든 사람들의 편견과 차별을 일시에 무너트리는 파격적인 말씀입니다. 예수님의 보람이 느껴집니다. 인자가 온 것은 이렇게 잃어버린 자를 찾아 구원하려 함입니다. 삭개오는 예수님께 보람과 기쁨을 드렸습니다.

예수님의 승천과 재림 사이에

11그들이 이 말씀을 듣고 있을 때에 비유를 더하여 말씀하시니 이는 자기가 예루살렘에 가 까이 오셨고 그들은 하나님의 나라가 당장에 나타날 줄로 생각함이더라 12이르시되 어떤 귀인이 왕위를 받아가지고 오려고 먼 나라로 갈 때에 13그 종 열을 불러 은화 열 므나를 주 며 이르되 내가 돌아올 때까지 장사하라 하니라 14그런데 그 백성이 그를 미워하여 사자 를 뒤로 보내어 이르되 우리는 이 사람이 우리의 왕 됨을 원하지 아니하나이다 하였더라 27그리고 내가 왕 됨을 원하지 아니하던 저 원수들을 이리로 끌어다가 내 앞에서 죽이라 하였느니라(눅 19:11-14, 27.)

예수님께서는 하나님 나라가 당장에 나타날 줄로 오해하는 자들 에게 예수님의 승천과 재림 사이에 있을 법한 이야기를 비유로 말 씀하셨습니다. 예수님은 왕권을 받아 오려고 먼 나라로 떠나는 귀 인으로, 므나를 맡은 사람들은 제자들로, 귀인의 왕권을 반대하는 자들은 당시 유대 종교지도자들로 해석해 볼 수 있습니다. 당시에 로마가 다스리는 지역의 분봉 왕들은 로마의 가이사에게 인정을 받고 돌아와야 했습니다. 기원전 4년 아켈라우스(Achelaus)가 헤 롯 왕국을 잇기 위해 로마로 간 사이에 유대에서 봉기가 일어났습 니다. 50명의 사절들은 로마로 가서 아켈라우스가 왕이 되는 것을 원하지 않는다고 했습니다. 아켈라우스가 왕권을 가지고 돌아와 그들을 차단했던 것은 유명한 사건이었습니다. 귀인은 길을 떠나면서 자신이 신임하는 열 사람에게 한 므나씩 맡겼습니다. 한 므나는 당시 3개월에 해당하는 급료(100데나리온)입니다. 그들은 주인을 대신해서 일을 보아야 했습니다. 이 이야기의 결과는 다음에 언급하겠습니다.

귀인이 왕 되는 것을 원치 않는 무리들이 있어 황제에게 사신을 통해 탄원서를 보냈습니다. "우리는 그가 통치하는 것을 원하지 않습니다." 아마 그에 대한 안 좋은 소문들도 조작하여 첨부해서 알렸을 것입니다. 그리고 그가 왕이 되면 아무도 그를 따르지 않을 것이라고 말했을 수도 있습니다. 그러나 그러한 시도가 아무 소용도 없었습니다. 아켈라우스가 워낙 황제의 신임이 두터웠기 때문입니다. 오히려 그런 음모를 부렸던 사람들의 명단이 그에게 주어졌습니다. 결국 반역자들은 죽임을 당하게 되었습니다. 이는 하나님 나라가 나타날 것을 암시하고 있습니다. 예수님을 대적하는 자들은 결국 심판을 당하게 될 것입니다.

하나님 나라 상급

15귀인이 왕위를 받아가지고 돌아와서 은화를 준 종들이 각각 어떻게 장사하였는지를 알고자 하여 그들을 부르니 16그 첫째가 나아와 이르되 주인이여 당신의 한 므나로 열 므나를 남겼나이다 17주인이 이르되 잘하였다 착한 종이여 네가 지극히 작은 것에 충성하였으니 열 고을 권세를 차지하라 하고 18그 둘째가 와서 이르되 주인이여 당신의 한 므나로 다섯 므나를 만들었나이다 19주인이 그에게도 이르되 너도 다섯 고을을 차지하라 하고 20또 한 사람이 와서 이르되 주인이여 보소서 당신의 한 므나가 여기 있나이다 내가 수건으로 싸 두었었나이다 21이는 당신이 엄한 사람인 것을 내가 무서워함이라 당신은 두지 않은 것을 취하고 심지 않은 것을 거두나이다 22주인이 이르되 악한 종아 내가 네 말로 너를 심판하노니 너는 내가 두지 않은 것을 취하고 심지 않은 것을 거두는 엄한 사람인 줄로 알았느냐 23그러면 어찌하여 내 돈을 은행에 맡기지 아니하였느냐 그리하였으면 내가 와서 그 이자와 함께 그 돈을 찾았으리라 하고 24곁에 선 자들에게 이르되 그 한 므나를 빼앗아 열 므나 있는 자에게 주라 하니 25그들이 이르되 주여 그에게 이미 열 므나가 있나이다 26주인이 이르되 내가 너희에게 말하노니 무릇 있는 자는 받겠고 없는 자는 그 있는 것도 빼앗기리라(눅 19:15~26)

열 사람이 귀인의 것을 위탁하여 관리할 책임을 맡았습니다. 귀인은 처음부터 그들을 시험할 목적으로 므나를 맡겼습니다. 이는 왕이 되어 돌아온 후, 고을을 맡길 사람의 능력을 테스트하는 것입니다. 같은 것을 맡았으나 어떠한 태도로 임하느냐에 따라 결과가 달라집니다. 한 므나로 열 므나를 남긴 사람이 있었습니다. 그는 칭찬을 받았고 상을 얻었습니다. "잘 하였다 착한 종이여 네가 지극히 작은 것에 충성하였으니" 귀인은 열 고을을 다스릴 권세를 그에게 주었습니다.

한 므나로 다섯 므나를 남긴 사람도 있습니다. 그도 다섯 고을을 다르실 권세를 받았습니다. 그러나 한 므나를 수건에 싸 두었다가 그대로 가지고 온 사람이 있었습니다. 그는 주인을 오해하고 악평했습니다. "당신은 엄한 사람이라. 당신은 두지 않은 것을 취하고 심지 않은 것을 거두나이다." 그의 부정적인 생각이 현실이 되었습니다. 그는 소통하지 않았고, 소유만 하고 있었습니다. 주인도 믿지 않고, 자신도 믿지 않았습니다. 그는 자신이 말한 대로 심판을 받았습니다. 자기가 생각한 대로 심판을 받게 되었습니다. "악한 종아 내가 네 말로 너를 심판하노니" 소유만하고 안전 지향적으로 살던 소극적인 인생은 있던 것도 빼앗기고 해고를 당하게 됩니다. 우리가 받은 것은 활용되든지 없어지든지 합니다. "있는 자는 받겠고 없는 자는 그 있는 것도 빼앗기리라." 소극적으로 산 사람은 반역자 못지않게 심판을 받게 됩니다. 결산할 때에 그가 어떻게 살았느냐에 따라 상급과 심판이 달라집니다.

NOTE 167

주가 쓰시겠다

28예수께서 이 말씀을 하시고 예루살렘을 향하여 앞서서 가시더라 29감람원이라 불리는 산쪽에 있는 벳바게와 베다니에 가까이 가셨을 때에 제자 중 둘을 보내시며 30이르시되 너희는 맞은편 마을로 가라 그리로 들어가면 아직 아무도 타 보지 않은 나귀 새끼가 매여 있는 것을 보리니 풀어 끌고 오라 31만일 누가 너희에게 어찌하여 푸느냐 묻거든 말하기를 주가 쓰시겠다 하라 하시매 32보내심을 받은 자들이 가서 그 말씀하신 대로 만난지라 33나귀 새끼를 풀 때에 그 임자들이 이르되 어찌하여 나귀 새끼를 푸느냐 34대답하되 주께서 쓰시겠다 하고 35그것을 예수께로 끌고 와서 자기들의 겉옷을 나귀 새끼 위에 걸쳐 놓고 예수를 태우니 36가실 때에 그들이 자기의 겉옷을 길에 펴더라(눅 19:28-36)

이제 예수님의 말씀 사역, 치유 사역들을 마쳐가면서 마지막 십자가 사역에 들어가는 대목이 시작됩니다. 그것은 예루살렘으로 올라가는 것으로부터 비롯됩니다. 예수님께서는 예루살렘에서 당할 십자가의 일들을 이미 잘 알고 계셨습니다. 예루살렘에 올라가는 것은 고난이 기다리고 있는 힘든 길이었습니다. 이럴 경우, 우리는 어떻게 하든지 그리로 가는 것을 피하거나 지연시켜 보려고 할 것입니다. 그러나 본문에는 "예루살렘을 향하여 앞서서 가시더라"라고 기록되어 있습니다. 하나님의 일에는 좋은 일과 궂은 일의 구별이 없습니다. 더구나 예수님께서는 "앞서서" 가셨습니다. 다른 사람을 앞으로 보내면서 "돌격 앞으로"라고 외치셨던 것이 아니라, 앞서 가시면서 "나를 따르라"고 하셨습니다. 믿는 우리들은 솔선수범하여 앞장서서 가시기를 바랍니다.

여기에 예수님의 말씀과 요구에 순종하여 쓰임을 받은 것들이 나와 있습니다. 예수님의 제자를 비롯하여 나귀의 주인과 나귀 새끼, 그리고 자리를 까는 사람들이었습니다. 그 사람들은 주님께서 쓰시는 사람들이었습니다. 여러 가지 질문도 있겠지만, 그들은 예수님의 요구에 단순히 순종함으로써 협력하여 하나님의 일을 이루어 갔습니다. 예수님께서 무엇이 부족해서 이들이 필요한 것이 아니었습니다. 단지 예수님께서 이들을 쓰시기 원하셨기 때문입니다. 예수님께 쓰임을 받기 위해서는 대단한 자격이 요구되는 것이 아닙니다. 우리에게 필요한 것은 부르심을 믿고 맡기고 순종하는 마음입니다. 나귀 새끼를 타신 예수님은 낮은 모습으로 겸손하고 온유하게 우리에게 찾아오십니다.

예수님과 나귀 주인 사이에서 쓰여졌던 암호는 "주가 쓰시겠다." 였습니다. 단지 그것만으로 모든 것이 통했습니다. 나귀를 풀어가는 제자들이 도둑입니까? 아니면, 나귀를 못 가져가게 막는 사람이 도둑입니까? 모든 것들의 주인이 주님이시라면, 우리는 "주가 쓰시겠다"는 말에 무조건 모든 것을 내어 드려야 합니다. 내 것처럼 내어 드리지 않는다면, 도둑과 같습니다.

돌들이 소리 지르리라

37이미 감람 산 내리막길에 가까이 오시매 제자의 온 무리가 자기들이 본 바 모든 능한 일로 인하여 기뻐하며 큰 소리로 하나님을 찬양하여 38이르되 찬송하리로다 주의 이름으로 오시는 왕이여 하늘에는 평화요 가장 높은 곳에는 영광이로다 하니 39무리 중 어떤 바리새인들이 말하되 선생이여 당신의 제자들을 책망하소서 하거늘 40대답하여 이르시되 내가 너희에게 말하노니 만일 이 사람들이 침묵하면 돌들이 소리 지르리라 하시니라 41가까이 오사 성을 보시고 우시며 42이르시되 너도 오늘 평화에 관한 일을 알았더라면 좋을 뻔하였거니와 지금 네 눈에 숨겨졌도다 43날이 이를지라 네 원수들이 토둔을 쌓고 너를 둘러 사면으로 가두고 44또 너와 및 그 가운데 있는 네 자식들을 땅에 메어치며 돌 하나도 돌 위에 남기지 아니하리니 이는 네가 보살핌 받는 날을 알지 못함을 인함이니라 (눅 19:37-44)

예수님께서 구원 계획을 성취하기 위해서 드디어 예루살렘으로 들어오십니다. 구원은 전적인 하나님의 역사임에도 불구하고 본문에서는 피조물의 역할이 나타나고 있습니다. 하나님께서는 우리에게 하나님의 사역에 동참할 복된 기회를 주십니다. 현재의 겉모습이야 어찌 되었든, 만왕의 왕이요 우리들의 참된 왕으로 오신 예수님께서는 구약의 예언을 성취하시기 위해서 다양한 것들을 동원하셨습니다. 물론 사치한 모습이 아닌, 온유하고 겸손한 왕으로 입성하셨습니다. 당시 왕이나 장군들의 행진은 낙타나 코끼리, 아니면 말을 타고 입성하는 것이었습니다. 그러나 예수님께서는 한 번도 타 본 적이 없는 나귀 새끼를 타셨습니다. 나귀는 초보 운전이었습니다. 예수님이나 제자들의 형색도 그에 못지않게 촌스러웠습니다. 마치 한 편의 코미디를 보는 것과 같았습니다. 실재로 30년 봄 유월절 예루살렘에 입성하는 두 행렬이 있었습니다. 이것은 마치 두 왕국의 대결처럼 보입니다. 동쪽문을 통해서는 갈릴리에서 예루살렘으로 향하는 예수님의 초라한 행렬이 있었습니다. 서쪽문을 통해서는 가이사랴에서 예루살렘으로 들어오는 본디오 빌라도의 찬란한 로마 군사행렬이 있었습니다. 기병과 보병들은 가죽 갑옷과 투구들, 병기들, 깃발들을 앞세우고, 군화소리, 북소리를 울리며 들어오고 있었습니다.

예수님을 환영하는 무리들은 호산나 찬송을 불렀습니다. "찬송하리로다. 주의 이름으로 오시는 왕이여 하늘에는 평화요, 가장 높은 곳에는 영광이로다"(38절) 이는 예수님께서 탄생하실 때 천사들이 부른 노래와 흡사합니다. 다만, "땅에는 평화"를 "하늘에는 평화"라고 부르고 있어서 아직 땅에는 온전한 평화가 임하지 못하고 있음을 보여주고 있습니다. 바리새인들은 책망하고 만류했지만, 예수님께서는 "이 사람들이 침묵하면 돌들이 소리 지르리라"고 말씀하셨습니다. 우리에게 들을 귀가 없기 때문에 들리지 않지만, 온 우주만물이 하나님의 영광을 찬양하고 있습니다. 하나님께서는 얼마든지 말 못하는 돌들을 통해서도 찬양과 영광을 받으실 수 있습니다. 화석학적인 증거들이 바로 그것을 드러냅니다. 그러나 우리에게 찬양할 기회를 은혜로 주셨습니다. 우리가 마땅히 행해야 할 직무를 유기한다면, 다른 존재가 그 일을 대신하고 말 것입니다. 찬송은 우리에게 주어진 특권입니다. 우리는 주님의 이름을 기뻐하며 찬양하는 사람입니까? 아니면, 침묵하고 방관하는 사람입니까? 아니면 시기하고 책망하는 자들입니까?

"가까이 오사 성을 보시고 우시며" 그런데 환호하는 무리들에 대한 예수님의 반응은 기쁨과 감사보다는, 눈물이었습니다. 예수님께서는 예루살렘과 무리들의 실상, 그리고 그들이 당할 일들을 보셨기 때문입니다. 예수님께서는 하나님의 심판의 때를 분별하지 못하고 사는 이스라엘의 무지와 어리석음에 슬퍼하셨습니다. 그리고 AD 70년의 예루살렘 상황을 예언하셨습니다. "돌 하나도 돌 위에 남기지 아니하리니" 이는 그들의 완악함의 결과였습니다. 지난 역사의 폐허가 된 돌무더기가 그것을 증거하고 있습니다.

내 집은 기도하는 집

45성전에 들어가사 장사하는 자들을 내쫓으시며 46그들에게 이르시되 기록된 바 내 집은 기도하는 집이 되리라 하였거늘 너희는 강도의 소굴을 만들었도다 하시니라 47예수께서 날마다 성전에서 가르치시니 대제사장들과 서기관들과 백성의 지도자들이 그를 죽이려고 꾀하되 48백성이 다 그에게 귀를 기울여 들으므로 어찌할 방도를 찾지 못하였더라 (눅 19:45-48)

성전은 기도하는 곳입니다. 그러나 사람들은 장사하는 곳으로 만들었습니다. 당시에는 성전에서 제사하기 위해 각지에서 사람들이 왔기 때문에, 성전 가까이에 제사에서 쓰일 제물을 파는 시장이 섰습니다. 성전에서만 쓰이는 돈을 환전할 필요도 있었을 것이고, 그곳에서 파는 제물만을 제물로 드릴 만큼, 그것들이 성스럽다는 말도 있었을 것입니다. 상인들 사이에는 더 좋은 자리를 차지하기 위해 노력을 했을 것이기 때문에 서로 이권이 오갔을 것이고, 소위 장사 이면에는 마피아 같은 조직도 있었을 것입니다. 시장은 자연히 먹이 사슬로 얽혀 있었을 것이고, 상인들은 사제들과 연결 되어 있었을 것입니다. 이렇게 성전에서 장사하는 자들은 하나님의 집을 강도의 소굴로 만들었습니다. 가장 거룩해야 할 곳이 가장 더러운 곳이 되었습니다. 기도하는 집이 강도의 소굴이 되었습니다. 그들은 성전에서 기도해야 하는 데 장사를 하고 있습니다. 하나님께 영광을 돌려야 하는데, 자신의 이익을 추구하고 있습니다.

이사야가 "내 집은 만민이 기도하는 집이라 일컬음이 되리라"(사 56:7) 고 하였는데, 예레미야가 "내 이름으로 일컬음을 받는 이 집이 너희 눈에는 도둑의 소굴로 보이느냐"(렘 7:11)고 책망했던 대로, 유대인들은 성전을 강도의 소굴로 만들었습니다. 성전은 말씀을 가르치는 곳입니다. 그러나 대제사장과 서기관들과 백성의 지도자들은 예수님을 죽일 모의를 하고 있었습니다. 백성들은 예수님의 가르침을 받는데 유대 지도자들은 귀를 막고 오직 예수님을 죽일 궁리만 하고 있었습니다. 성전을 지으신 하나님의 목적과 전혀 반대되는 일을 사람들은 성전에서 하고 있습니다.

예수님께서는 거룩한 성전이십니다. 유대 지도자들은 자기들의 이익을 추구하고 성전을 훼손하는 일을 도모했습니다.

NOTE 170

하늘로부터냐 사람으로부터냐

1하루는 예수께서 성전에서 백성을 가르치시며 복음을 전하실새 대제사장들과 서기관들이 장로들과 함께 가까이 와서 2말하여 이르되 당신이 무슨 권위로 이런 일을 하는지 이 권위를 준 이가 누구인지 우리에게 말하라 3대답하여 이르시되 나도 한 말을 너희에게 물으리니 내게 말하라 4요한의 세례가 하늘로부터냐 사람으로부터냐 5그들이 서로 의논하여 이르되 만일 하늘로부터라 하면 어찌하여 그를 믿지 아니하였느냐 할 것이요 6만일 사람으로부터라 하면 백성이 요한을 선지자로 인정하니 그들이 다 우리를 돌로 칠 것이라 하고 7대답하되 어디로부터인지 알지 못하노라 하니 8예수께서 이르시되 나도 무슨 권위로 이런 일을 하는지 너희에게 이르지 아니하리라 하시니라(눅 20:1-8)

　　예수님의 성전 청결 사건과 말씀을 가르치는 사역은 많은 논란을 일으켰습니다. 유대 종교지도자들은 위협적인 자세로 예수님을 심문하듯이 따져 묻고 있었습니다. 유대 종교지도자들은 예수님께서 행하시는 사역의 능력이나 가르침을 알아보지 않았고, 누가 성전에서 가르치는 권위를 주었느냐고 질문하였습니다. 이는 예수님을 시기하고 무시하고 배척하려는 말입니다. 그들은 무슨 자격증이나, 사람이나, 제도로부터 오는 권위를 내세우는 자과 같았습니다. 그들에게는 능력이 아니라, 출신이나 세상의 인정이 더 중요했습니다. 내면의 것이 아닌, 외형적인 것을 찾고 있었습니다.

복음을 전하는데, 무슨 세상적인 권위가 필요합니까? 하나님의 말씀을 바르게 전하고 있는지 아닌지가 더 중요하지 않습니까? 백성들이 주님의 말씀을 귀담아 들으며 은혜를 받는 것이 더 중요하지 않습니까? 그들은 사실을 알기 위해 질문했던 것이 아니라, 고소할 증거를 찾기 위해 질문했습니다. 여기에서 예수님은 질문을 질문으로 푸시는 탁월한 방법을 사용하셨습니다. 악의적인 질문에는 직답을 하지 않으셨고, 대응질문으로서 대항하셨습니다. 예수님께서는 유대 지도자들이 요한을 배척했던 것을 아시기 때문에, 유대지도자들과 백성들 사이의 갈등을 드러내는 것으로서 답변을 이어가셨습니다. 백성들은 세례요한을 하나님으로부터 온 선지자로 알고 따른 반면, 유대 지도자들은 세례요한을 거부했었습니다. 세례요한의 세례가 하늘로부터냐, 사람으로부터냐의 질문은 유대 지도자들을 딜레마에 빠지게 했습니다.

광야의 야인 선지자 세례요한을 인정하지 않았던 것은 백성들에게 돌을 맞을 일이었습니다. 유대 지도자들은 바른 답이 아닌, 자신들의 입지를 위한 답변을 고려하였습니다. 그들은 시인도, 부인도 할 수 없어 모른다고 애매모호한 답변을 늘어놓았습니다. 여기 예수님의 질문에는 세례요한과 예수님 간의 밀접한 관계가 암시되어 있습니다. 만일 세례요한의 권위의 신적 기원을 받아드린다면, 예수님의 신적 권위를 받아드릴 수 있을 것입니다. 그러나 세례요한을 인정하지 않는다면, 예수님께 대해서도 마찬가지입니다. 예수님께서 말씀하시고 싶으셨던 것은, 자신에게 하나님께로부터 오는 권위가 있다는 것이었습니다.

참된 권위는 신적 기원을 가지고 있습니다. 예수님께서도 그렇고 세례요한도 그렇습니다. 세상으로부터 오는 권위는 가문, 학위, 자격증, 직함 같은 것이지만, 하나님으로부터 오는 권위는 은혜, 감동, 감화, 변화, 성품, 존경, 능력입니다. 예수님께서 이렇게 드러내어 말씀하시지 않으신 것은 그들이 예수님의 권위를 받아드릴 준비가 되어 있지 않았기 때문이고, 논쟁을 위한 논쟁에 휘말리고 싶지 않았기 때문입니다. 그들에게는 사실이 중요한 것이 아니라 자신들의 입지가 더 중요하기 때문이었습니다. 세례요한도 선지자로 인정하지 않았는데, 예수님께서 하나님의 아들이라고 하면 어떻게 하겠습니까? 이는 그들이 받아들일 수 있는 범위를 넘는 것이었습니다. 그들은 '모른다'고 대답했지만, 예수님께서는 '말하지 않겠다'고 하셨습니다. '모른다'는 그들의 대답은 비겁한 것이었지만, '말하지 않겠다'는 예수님의 말씀은 그들이 예수님을 받아들일 마음의 상태가 아니었기 때문이었습니다.

강도가된농부

9그가 또 이 비유로 백성에게 말씀하시기 시작하시니라 한 사람이 포도원을 만들어 농부들에게 세로 주고 타국에 가서 오래 있다가 10때가 이르매 포도원 소출 얼마를 바치게 하려고 한 종을 농부들에게 보내니 농부들이 종을 몹시 때리고 거저 보내었거늘 11다시 다른 종을 보내니 그도 몹시 때리고 능욕하고 거저 보내었거늘 12다시 세 번째 종을 보내니 이 종도 상하게 하고 내쫓은지라 13포도원 주인이 이르되 어찌할까 내 사랑하는 아들을 보내리니 그들이 혹 그는 존대하리라 하였더니 14농부들이 그를 보고 서로 의논하여 이르되 이는 상속자니 죽이고 그 유산을 우리의 것으로 만들자 하고 15포도원 밖에 내쫓아 죽였느니라 그런즉 포도원 주인이 이 사람들을 어떻게 하겠느냐 16와서 그 농부들을 진멸하고 포도원을 다른 사람들에게 주리라 하시니 사람들이 듣고 이르되 그렇게 되지 말아지이다 하거늘(눅 20:9-16)

포도원 주인이 농부들에게 소출을 거두기 위해 종을 세 차례에 걸쳐 보냈지만, 결국 악한 농부들은 종을 몹시 때리고 거저 보냈고, 다시 다른 종도 때리고 능욕하여 거저 보냈고, 상처를 주고 내쫓다가, 결국은 주인의 아들까지 내쫓아 죽이게 되는 참사가 벌어졌습니다. 시간이 더할수록, 주인이 기회를 줄수록, 점점 더 악해지는 농부들이었습니다. 본문에 내용에 이것은 점증법으로 표현되어 있습니다.

주인은 문제를 평화적으로 해결하기 위한 마지막 시도로써 자신의 아들을 대리인으로 보냈습니다. 주인은 자신이 사랑하는 아들이니 그들이 자기 아들을 존중하리라고 기대했지만, 저들은 상속자이니 죽이고, 유산을 우리의 것으로 만들자고 했습니다. 어떻게 생각이 이렇게 다를 수가 있습니까? 주인의 기대는 번번이 무참하게 짓밟혀 버렸습니다. 이것은 하나님과 이스라엘, 선지자들과 하나님의 아들 예수님의 이야기입니다. 이것은 선지자들을 핍박하는 것에 이어, 예수님의 죽음이 예견되는 말씀입니다. 이는 주인의 기대를 무너뜨리고 번번이 정반대로 행하는 농부들의 모습이었습니다. 주인은 만회할 수 있는 기회를 주지만 번번이 뿌리치는 악한 자들의 행위입니다. 주인의 것을 인정하지 않고, 주인의 것을 자신들이 가로채고자 하는 강도와 같은 행각이었습니다. 그들은 마치 자신들이 주인인 것처럼 행세하고 있었습니다. 주인의 소유권을 인정하지 않았습니다. 맡은 자의 책임을 이행하지 않았습니다.

이렇게 완악한 자들은 결국은 심판을 당하게 되는 운명에 처하게 됩니다. 그렇지만 자신들이 농부로 지목되고 있다고 생각한 자들은, 마음을 돌이키기 보다는 진멸되리라는 심판의 말씀에 거부 반응을 보이고 있습니다. 끝까지 자기의 악행에 대해 회개하기를 저버리는 것입니다.

머릿돌이 된 버린 돌

17그들을 보시며 이르시되 그러면 기록된 바 건축자들의 버린 돌이 모퉁이의 머릿돌이 되었느니라 함이 어찜이냐 18무릇 이 돌 위에 떨어지는 자는 깨어지겠고 이 돌이 사람 위에 떨어지면 그를 가루로 만들어 흩으리라 하시니라(눅 20:17, 18)

시편기자는 건축자의 버린 돌이 집 모퉁이의 머릿돌이 된 것은 여호와께서 행하신 것이요 눈에 보기에 신기한 것이라고 노래하고 있습니다.(시 118:22, 23)여기 버린 돌은 주인의 죽은 아들을 의미합니다. 그러나 그 버린 돌이 구원의 머릿돌이 된 것입니다. 하나님 나라의 주춧돌이 된 것입니다. 하나님께서는 그 위에 구원의 역사를 이루어 가실 것입니다. 사람들이 버렸다고 모두 쓸모없이 되는 것은 아닙니다. 버림 받은 것이 영광스러움으로 이동합니다. 이것은 예수님의 십자가와 부활 사건을 내포하고 있습니다. 예수님께서 기초가 된 하나님의 나라는 어떤 것도 대적할 수 없습니다. 항아리 같은 인생이 머릿돌을 대적하면 자신이 깨지게 될 것입니다.

머릿돌이 인생 위에 떨어져 심판하게 되면, 항아리는 가루가 될 것입니다. 본문에는 머릿돌의 능력과 권세를 말하고 있습니다. 베드로는 이 돌의 비유를 들어 다시 말씀했습니다.(벧전 2:4-8) 예수님께서는 사람들에게는 버린바 되었으나, 하나님께는 택하심을 입은 보배로운 산돌입니다. "보라. 내가 택한 보배로운 모퉁잇돌을 시온에 두노니, 그를 믿는 자는 부끄러움을 당하지 아니하리라"(벧전 2:6)

예수님께서는 믿는 자에게 만세 반석이 되십니다. 그러나 말씀을 순종하지 않는 자에게는 부딪히는 돌이요, 걸려 넘어지게 하는 바위가 됩니다. 믿는 자들에게는 같은 돌일지라도 디딤돌이 되지만, 믿지 않는 자에게는 걸림돌이 됩니다.

NOTE 173

하나님의 것은 하나님께

19서기관들과 대제사장들이 예수의 이 비유는 자기들을 가리켜 말씀하심인 줄 알고 즉시 잡고자 하되 백성을 두려워하더라 20이에 그들이 엿보다가 예수를 총독의 다스림과 권세 아래에 넘기려 하여 정탐들을 보내어 그들로 스스로 의인인 체하며 예수의 말을 책잡게 하니 21그들이 물어 이르되 선생님이여 우리가 아노니 당신은 바로 말씀하시고 가르치시며 사람을 외모로 취하지 아니하시고 오직 진리로써 하나님의 도를 가르치시나이다 22우리가 가이사에게 세를 바치는 것이 옳으니이까 옳지 않으니이까 하니 23예수께서 그 간계를 아시고 이르시되 24데나리온 하나를 내게 보이라 누구의 형상과 글이 여기 있느냐 대답하되 가이사의 것이니이다 25이르시되 그런즉 가이사의 것은 가이사에게, 하나님의 것은 하나님께 바치라 하시니 26그들이 백성 앞에서 그의 말을 능히 책잡지 못하고 그의 대답을 놀랍게 여겨 침묵하니라(눅 20:19-26)

주님께서 비유로 말씀하셨어도 들을 자는 듣습니다. 서기관들과 대제사장들은 악한 농부가 자신들을 가리키는 것을 알았습니다. 그리고 회개한 것이 아니라 분이 일어나 예수님을 잡아 가두려고 했습니다. 그렇지만, 백성을 두려워하여 마음대로 하지도 못했습니다. 이제 그들은 로마 총독의 손을 빌어 예수님을 처단하려고 책략을 꾸몄습니다. 그들은 마치 예수님을 위하는 사람인 것처럼 가장하여 미사어구로 아첨을 했습니다. "선생님이여 우리가 아노니 당신은 바로 말씀하시고 가르치시며, 사람을 외모로 취하지 아니하시고 오직 진리로써 하나님의 도를 가르치시나이다." 이 말만 두고 보면 맞는 말입니다. 그러나 그들의 문제는 입에 발린 말뿐이고, 그들의 말에 예수님을 하나님의 아들로서 인정하는 마음이 담기지 않았다는 것이었습니다.

그들은 "우리가 가이사에게 세를 바치는 것이 옳으니이까 옳지 않으니이까?"라고 덫을 놓습니다. 이것은 양날을 가진 검입니다. 세를 바치라고 하면, 그들은 예수님을 매국노 취급할 것이고, 바치지 말라고 하면 그들은 예수님을 반란자로 고발할 것입니다. 예수님께서는 다시 그들에게 반문하는 방법을 쓰셨습니다. "데나리온에 누구의 형상과 글이 있느냐?" 하고 물었습니다. 그들은 주저함 없이, 그것이 가이사의 것이라고 대답했습니다. 가이사의 것이라고 대답하는 사람들은 이미 그들의 말에서 가이사에게 세금을 바쳐야 한다는 것을 인정하고 있는 것입니다. 그러고도 나중에 그들은 예수님을 고발할 때에 가이사에게 세금 바치는 것을 금했다고 고소했습니다(눅 23:2). 이는 예수님의 말씀에 대한 왜곡이요, 완전히 악의적이고 자의적인 해석이었습니다.

예수님께서는 세금을 옹호한 것도 아니고 금한 것도 아니셨습니다. 예수님께서는 차제에 더 중요한 것을 말씀하셨습니다. 즉, "하나님의 것은 하나님께 바치라"고 덧붙이셨습니다. 사람에게는 하나님의 형상과 글이 새겨 있습니다. 예수님께서는 우리의 모든 것이 하나님의 것이며, 하나님께 바쳐져야 할 것임을 말씀하시고 싶으셨던 것입니다. 그들의 덫을 빠져나가시는 예수님의 지혜는 너무나 놀라워서 원수들조차 입을 다물게 되었습니다. 이 상황은 정치와 종교와 경제가 맞물려 있는 상황입니다.

NOTE 174

살아있는 자의 하나님

27부활이 없다고 주장하는 사두개인 중 어떤 이들이 와서 28물어 이르되 선생님이여 모세가 우리에게 써 주기를 만일 어떤 사람의 형이 아내를 두고 자식이 없이 죽으면 그 동생이 그 아내를 취하여 형을 위하여 상속자를 세울지니라 하였나이다 29그런데 칠 형제가 있었는데 맏이가 아내를 취하였다가 자식이 없이 죽고 30그 둘째와 셋째가 그를 취하고 31일곱이 다 그와 같이 자식이 없이 죽고 32그 후에 여자도 죽었나이다 33일곱이 다 그를 아내로 취하였으니 부활 때에 그 중에 누구의 아내가 되리이까 34예수께서 이르시되 이 세상의 자녀들은 장가도 가고 시집도 가되 35저 세상과 및 죽은 자 가운데서 부활함을 얻기에 합당히 여김을 받은 자들은 장가 가고 시집 가는 일이 없으며 36그들은 다시 죽을 수도 없나니 이는 천사와 동등이요 부활의 자녀로서 하나님의 자녀임이라 37죽은 자가 살아난다는 것은 모세도 가시나무 떨기에 관한 글에서 주를 아브라함의 하나님이요 이삭의 하나님이요 야곱의 하나님이시라 칭하였나니 38하나님은 죽은 자의 하나님이 아니요 살아 있는 자의 하나님이시라 하나님에게는 모든 사람이 살았느니라 하시니 39서기관 중 어떤 이들이 말하되 선생님 잘 말씀하셨나이다 하니 40그들은 아무 것도 감히 더 물을 수 없음이더라(눅 20:27-40)

본문에는 부활이 없다고 주장하는 사두개인들의 질문이 나옵니다. 편을 가르기 위해 교묘하게 조작된 질문입니다. 그들은 잘못된 가정에 근거하여 질문하였습니다. 세상에 있을 법 하지 않은 경우를 만들어서 예수님을 시험하였던 것입니다. 예수님께서는 세상과 하나님 나라의 차별성을 말씀하셨습니다. 부활의 생명은 세상 생명의 연장전이 아닙니다. 질적으로 양적으로 완전히 다릅니다.

예수님께서는 그것을 시간에 대한 개념으로 설명하셨습니다. 하나님께서는 영원에 계시면서 시간을 만드셨고, 그 안에서 인간을 만드셨습니다. 인간은 시간 안에 존재하기 때문에 태어나고, 늙고, 병들고, 죽습니다. 우리가 부활하는 것은 시간에서 영원으로 들어가는 것입니다. 영원은 긴 시간이 아니라 무시간이고, 시간을 초월한 것입니다. 영원에서는 과거와 현재와 미래를 영원한 현재로 경험합니다.

하나님께 모든 사람이 살아있다는 말씀은, 하나님에게는 과거나 미래가 영원한 현재로 있다는 말씀입니다. 하나님께서는 살아있는 자의 하나님이십니다. 우리가 하나님을 아브라함의 하나님, 이삭의 하나님, 야곱의 하나님이라고 부르는 것은 그들이 지금 하나님 나라에 살아있기 때문입니다. 하나님께는 하늘에 있는 자녀와 땅에 있는 자녀가 있습니다. 앞서간 성도들은 하늘에 있는 하나님의 자녀이고, 우리는 땅에 있는 하나님의 자녀입니다. 여러분은 아브라함의 하나님, 이삭의 하나님, 야곱의 하나님이 나의 하나님인 것을 믿습니까? 아브라함, 이삭, 야곱, 모세가 우리와 함께 현재적으로 하나님을 믿고 섬기고 있습니다. 오늘 우리에게 이와 같은 부활신앙이 필요합니다.

다윗의 자손이면서 다윗의 주

41예수께서 그들에게 이르시되 사람들이 어찌하여 그리스도를 다윗의 자손이라 하느냐 42시편에 다윗이 친히 말하였으되 주께서 내 주께 이르시되 43내가 네 원수를 네 발등상 으로 삼을 때까지 내 우편에 앉았으라 하셨도다 하였느니라 44그런즉 다윗이 그리스도를 주라 칭하였으니 어찌 그의 자손이 되겠느냐 하시니라(눅 20:41-44)

예수님께서는 그리스도가 어떻게 다윗의 자손이 되는지에 대해 물으셨습니다. 그리고 다윗과 메시야의 관계를 물으셨습니다. 족보를 따지는 사람들이 보면 다윗의 자손인 예수가 어떻게 다윗의 주가 될 수 있는지 도무지 이해할 수 없는 일입니다. 전통과 나이를 따지는 사람이 보아도 이해가 되지 않는 것은 마찬가지입니다. 그러나 예수님께서 혈통적으로는 다윗의 자손이셨지만, 영적으로는 다윗의 주가 되십니다. 이것은 예수님의 인성과 신성을 동시에 이해해야 가능합니다.

예수님께서는 삼위의 하나님이시면서 동시에 인간의 몸으로 오신 분이십니다. 예수님의 존재 시점은 예수님의 탄생 시점보다 훨

씬 앞섭니다. 우리는 예수님의 선재성을 알아야 합니다. 2000년 전 다윗의 후손으로 오신 예수님께서는 창세전부터 존재하셨던 분이십니다. 하나님께서 아들을 이 땅에 보내실 때 다윗의 자손으로 보내셨습니다. 우리 주인의 아들은 역시 우리의 주인이 됩니다. 그러므로 그는 다윗의 자손이면서, 다윗의 주되십니다. 이는 예수님께서 유대인이면서도, 온 우주의 구세주가 되시는 이유이기도 합니다.

우리의 믿음은 유대인 예수에 대한 것입니까? 아니면 하나님의 아들 예수님에 대한 것입니까? 기독교가 다른 종교와 다른 것이 바로 이것입니다. 우리의 믿음은 혈통이나 전통을 따라가 아니라, 성령을 따라 된 것입니다.

NOTE 176

부적격 지도자

45모든 백성이 들을 때에 예수께서 그 제자들에게 이르시되 46긴 옷을 입고 다니는 것을
원하며 시장에서 문안 받는 것과 회당의 높은 자리와 잔치의 윗자리를 좋아하는 서기관들
을 삼가라 47그들은 과부의 가산을 삼키며 외식으로 길게 기도하니 그들이 더 엄중한 심
판을 받으리라 하시니라(눅 20:45-47)

예수님께서는 지도자 자격이 없는 자들에 대해 말씀하셨습니다.
이런 자들은 스스로 지도자가 되지 말아야 하고, 사람들도 이런 사
람들을 세우지 말아야 합니다. 마태복음 23장에서 예수님께서는
길고 강도 높게 외식하는 지도자들이었던 바리새인, 서기관들에
게 화가 있으리라고 말씀하셨습니다. 누가복음에서는 서기관들이
지목되어 간단하지만, 예수님께서는 그들의 가식, 자랑, 허풍, 교
만, 탐욕을 말씀하고 계십니다. 예수님께서는 이들의 허위의식을
드러내어 비판하셨습니다.

이들은 자기의 의나 업적으로 자기를 내세우는 자들이었습니다.
그들이 좋아하는 것은 예배나, 기도나, 찬송이나, 구제가 아니었
습니다. 그들은 긴 옷을 입고 거만하게 다니는 것을 좋아했고, 사

390 누가복음, 삶으로 읽다

람들이 많이 모인 시장에서 문안 인사를 받는 것을 좋아했고, 회당의 상좌에 앉아 있는 것을 좋아했고, 잔치 자리에서 상석에 앉는 것을 좋아했습니다. 이들은 탐욕과 자만에 빠져 있었습니다. 자기 중심적이고 자기 과시적인 사람들이었습니다.

그러면서 신앙의 이름으로써 영적 남용, 내지는 영적 착취를 했습니다. 과부들의 가산을 삼켰습니다. 또한, 그들은 자기의 권위와 직책을 이용하여 힘없고 어려운 사람들을 갈취했던 악한 자들이었습니다. 그들은 외식적으로 사람들이 들으라고 길게 기도했습니다. 그들의 종교행위는 가식적이고, 형식적이었습니다. 그들은 가르치는 것과 행하는 것이 전혀 달랐습니다. 그들의 행위는 마음이 담겨 있지 않는 위선적인 것이었습니다. 이와 같은 자들은 세상의 인정과 사람의 칭찬을 구하지만, 하나님의 엄중한 심판을 받을 것입니다.

NOTE 177

생활비 전부

1예수께서 눈을 들어 부자들이 헌금함에 헌금 넣는 것을 보시고 2또 어떤 가난한 과부가 두 렙돈 넣는 것을 보시고 3이르시되 내가 참으로 너희에게 말하노니 이 가난한 과부가 다른 모든 사람보다 많이 넣었도다 4저들은 그 풍족한 중에서 헌금을 넣었거니와 이 과부는 그 가난한 중에서 자기가 가지고 있는 생활비 전부를 넣었느니라 하시니라(눅 21:1-4)

본문에서는 앞에 나오는 외식적인 지도자와는 전혀 다른, 대조적인 아름다운 여인의 모습이 나옵니다. 그녀는 우리에게 본받아야 할 모범으로서 제시되고 있는 여인입니다. 누군가가 헌금하는 모습을 본다고 생각해 보세요. 그것도 얼마를 넣었는지 액수를 헤아리고 있다고 말입니다. 좀 어색하겠죠? 그런데 예수님께서 그렇게 하고 계셨습니다. 사실, 지금도 헌금하는 것을 하나님께서 보고 계십니다. 그런데 하나님의 관점은 사람들이 보는 것과는 다릅니다.

하나님께서는 보이는 것만 보지 않으시고, 보이지 않는 것까지 감안하여 보십니다. 그래서 부자와 가난한 과부의 헌금에 대한 평가가 색다릅니다. 하나님은 헌금하는 사람의 중심을 보십니다. 그리고 물질의 양보다 비율을 보십니다. 전부냐, 일부냐? 그리고 어떤 것을 드렸냐를 보십니다. 여유 있는 돈이냐, 생활비냐? 드리고 나서 얼마나 남았나를 보십니다. 많이 남았느냐, 전혀 없느냐?

예수님께서는 가난한 과부의 두 렙돈을 다른 모든 사람들의 헌금보다 많이 넣었다고 하십니다. 그 이유는 다른 사람들은 풍족한 중에서 헌금을 했지만, 과부는 가난한 중에서 자기가 가지고 있는 생활비 전부를 넣었기 때문입니다. 다른 사람들은 자기 소유의 일부를 드렸고, 과부는 전부를 드렸습니다. 다른 사람들은 쓰고 남은 것이거나 여유의 것을 드렸지만, 과부는 생활비 전부를 드렸습니다. 생활비를 드릴 정도면, 그녀는 하나님께 모든 것을 걸었습니다. 사실, 헌금은 인색함 때문이 아니라 두려움 때문에 못 드리는 것입니다. 이것을 모두 드리고 나면, 어떻게 생활하겠느냐는 염려가 생기기 때문이지요. 그런데 자기 소유의 전부를 모두 드릴 수 있다는 것은 담대한 믿음입니다. 과부는 헌신하는 믿음으로 자기가 가진 모든 것을 드렸습니다. 과부는 억지로나, 과시하기 위해서 드리지 않았습니다. 과부는 의무감이나, 체면치레로 드리지 않았습니다. 과부는 형식적이거나 습관적이지도 않았습니다.

NOTE 178

돌 하나도 돌 위에 남지 않고

5어떤 사람들이 성전을 가리켜 그 아름다운 돌과 헌물로 꾸민 것을 말하매 예수께서 이르
시되 6너희 보는 이것들이 날이 이르면 돌 하나도 돌 위에 남지 않고 다 무너뜨려지리라 7
그들이 물어 이르되 선생님이여 그러면 어느 때에 이런 일이 있겠사오며 이런 일이 일어
나려 할 때에 무슨 징조가 있사오리이까 8이르시되 미혹을 받지 않도록 주의하라 많은 사
람이 내 이름으로 와서 이르되 내가 그라 하며 때가 가까이 왔다 하겠으나 그들을 따르지
말라 9난리와 소요의 소문을 들을 때에 두려워하지 말라 이 일이 먼저 있어야 하되 끝은
곧 되지 아니하리라(눅 21:5-9)

사람들은 자기가 자랑삼아 내세우는 것들이 얼마나 어리석게 되
는지 모릅니다. 사람들은 현재 보이는 것을 전부로 알기 때문에 종
종 잘못되기도 합니다. 사람들은 예루살렘 성전의 위용과 명성을
말합니다. 그리고 아름다운 돌과 헌물로 꾸며진 것들이 영원할 것
으로 압니다. 그러나 그들이 자랑스럽게 여기는 것들이 심판의 대
상이 됩니다. 성전이 그들을 지켜주지 못할 뿐만이 아니라, 성전
자체가 심판의 대상이 됩니다. 그들의 명물인 성전은 거짓 안전을
제공해 주고 있었습니다.

하나님의 심판은 성전으로부터 시작되고 있었습니다. "돌 하나

도 돌 위에 남지 않고 다 무어뜨려지리라." 화석학적인 증거가 이 것을 말해 주고 있습니다. 예수님께서는 제자들에게 AD 70년 로 마 티투스 장군에 의해 일어날 성전파괴를 예언하셨을 것입니다. 그러나 어디 그 성전뿐입니까? 인간이 내세우는 모든 것들이 다 그 렇습니다. 예수님께서는 거기에서 더 나아가 재림의 때를 말씀하 고 계셨습니다. 인간이 미래를 예측할 수 있다면, 대비도 하고 얼 마나 좋겠습니까? 제자들은 "어느 때"에와 "무슨 징조"가 있을 것 인지에 대해 예수님께 묻고 있었습니다. 예수님께서는 때에 대한 말씀보다는, 우리가 가져야 할 자세에 대하여 말씀하셨습니다. 즉, 말세를 예비하는 우리의 신앙적인 태도입니다. 먼저, 미혹을 받지 않도록 주의해야 합니다. '내 이름으로 와서', '내가 그다' 할 때, 믿지 말라는 것입니다. 스스로 메시아임을 사칭하는 자들이 일 어날 것이라는 것입니다. 말세에는 경제적 사기보다, 정치적 사기 보다, 거짓 메시아가 더 경계의 대상이 됩니다.

주님께서는 그들이 때가 가까이 왔다 하며 어디론가 이끌고 갈 때에 따르지 말라고 하셨습니다. 그 때는 어디 간다고 해결되지 않 습니다. 난리와 소요의 소문이 있을 것이라고 합니다. 전쟁이 일 어나고, 사회, 정치, 군사적 혼란이 있겠지만 두려워하지 말라는 것입니다. 믿음만이 이 모든 것을 이기고 하나님 앞에 서게 합니 다. 우리는 믿음을 가져야 합니다.

NOTE 179

인내로 구원을 얻으리라

10또 이르시되 민족이 민족을, 나라가 나라를 대적하여 일어나겠고 11곳곳에 큰 지진과 기근과 전염병이 있겠고 또 무서운 일과 하늘로부터 큰 징조들이 있으리라 12이 모든 일 전에 내 이름으로 말미암아 너희에게 손을 대어 박해하며 회당과 옥에 넘겨 주며 임금들과 집권자들 앞에 끌어 가려니와 13이 일이 도리어 너희에게 증거가 되리라 14그러므로 너희는 변명할 것을 미리 궁리하지 않도록 명심하라 15내가 너희의 모든 대적이 능히 대항하거나 변박할 수 없는 구변과 지혜를 너희에게 주리라 16심지어 부모와 형제와 친척과 벗이 너희를 넘겨 주어 너희 중의 몇을 죽이게 하겠고 17또 너희가 내 이름으로 말미암아 모든 사람에게 미움을 받을 것이나 18너희 머리털 하나도 상하지 아니하리라 19너희의 인내로 너희 영혼을 얻으리라(눅 21:10-19)

예수님께서는 대환난이 임하는 징조를 말씀하셨는데, 모든 사람이 공통적으로 겪게 될 일과 그리스도인으로서 예수님의 이름 때문에 당하는 일들을 말씀하셨습니다. 모든 사람들이 공통적으로 겪게 되는 일은 전쟁과 자연재해입니다. 나라와 나라, 민족과 민족 사이에 전쟁과 테러가 자행 됩니다. 큰 지진, 기근, 전염병, 천재지변이 일어납니다. 마치 창조 전의 혼돈처럼, 대 격변이 예고되었습니다. 그러나 종말은 이런 자연적, 사회적, 국가적 현상만이 아닙니다. 그 이면에 신앙적인 역사가 자리하고 있습니다. 구원의 역사는 단절되지 않고 계속됩니다.

그것은 예수님의 이름 때문에 일어나는 일들입니다. 이것은 복음을 증거하기 때문에 당하는 환난입니다. 예수님의 이름은 세상에 구원을 주는 고귀한 이름이지만, 이 이름 때문에 믿는 자들은 대적들에게 고통을 받습니다. 사도행전의 상황을 연상해 보면 알 수 있습니다. 예수의 이름 때문에 박해를 당하고 감옥에 갇히고 권력자들 앞에 서서 재판을 받습니다. 예수의 이름 때문에 미움을 받고 심지어 몇몇은 순교를 당하게 됩니다. 이렇게 점점 더 핍박의 강도는 심해집니다. 그래도 주님께서 도와주신다는 굳건한 약속이 있습니다. 예수님께서는 우리가 변명할 것을 궁리하지 않아도 탁월한 구변과 지혜를 주시겠다고 하셨습니다.

이는 성령님께서 도와주시는 것입니다. 우리의 머리털 하나도 상하지 않으리라고 말씀하셨습니다. 하나님께서 눈동자 같이 우리를 지켜주십니다. 결국, 믿는 자들은 인내로 영혼의 구원을 얻게 될 것입니다. 최악의 경우, 몸은 죽일 수 있다고 할지라도, 우리의 영혼에는 해를 미칠 수가 없습니다. 예수님의 이름만이 이 모든 환난에서 우리를 능히 구원하실 수 있습니다. 우리에게 오직 예수님의 이름이 소망입니다.

너희 속량이 가까웠느니라

20너희가 예루살렘이 군대들에게 에워싸이는 것을 보거든 그 멸망이 가까운 줄을 알라 21그 때에 유대에 있는 자들은 산으로 도망갈 것이며 성내에 있는 자들은 나갈 것이며 촌에 있는 자들은 그리로 들어가지 말지어다 22이 날들은 기록된 모든 것을 이루는 징벌의 날이니라 23그 날에는 아이 밴 자들과 젖먹이는 자들에게 화가 있으리니 이는 땅에 큰 환난과 이 백성에게 진노가 있겠음이로다 24그들이 칼날에 죽임을 당하며 모든 이방에 사로잡혀 가겠고 예루살렘은 이방인의 때가 차기까지 이방인들에게 밟히리라 25일월 성신에는 징조가 있겠고 땅에서는 민족들이 바다와 파도의 성난 소리로 인하여 혼란한 중에 곤고하리라 26사람들이 세상에 임할 일을 생각하고 무서워하므로 기절하리니 이는 하늘의 권능들이 흔들리겠음이라 27그 때에 사람들이 인자가 구름을 타고 능력과 큰 영광으로 오는 것을 보리라 28이런 일이 되기를 시작하거든 일어나 머리를 들라 너희 속량이 가까웠느니라 하시더라(눅 21:20~28)

본문말씀에는 예루살렘 파괴의 과정과 그것에 대한 대처 방안이 나옵니다. 예루살렘 성은 사방으로 포위가 됩니다. 더 이상 예루살렘은 안전한 곳이 아닙니다. 징벌의 대상입니다. 선지자들을 죽이고 예수님까지 십자가에 내어 준 예루살렘은 심판에 처하게 됩니다. 더 이상 기회가 없습니다. 이제는 모두 그곳에서 미련을 버리고 나가야 합니다. 아무리 귀한 것들이 있다고 할지라도, 버리고 나가야 합니다. 북한이 연평도를 공격했을 때, 주민들은 삶의 터전에서 황급하게 몸만 피했습니다. 아무것도 가지고 나오지 못했습니다. 마지막 남는 것이 몸이고, 더 나중까지 남는 것은 영혼입니다. 영혼이 없으면 몸은 무엇이며, 몸이 없으면 소유가 무슨 소용이 있겠습니까? 예루살렘은 아무 의미가 없습니다.

예루살렘은 멸망하고, 이제 이방인들의 때가 됩니다. 로마 군대가 예루살렘을 함락했고 노략질하기 시작했습니다. 죽임당하고, 포로로 잡혀가고, 삶의 터전은 짓밟혔습니다. 멸망의 때에는 노약자들이 더욱 큰 어려움을 당합니다. 그래도 그들의 때가 언제까지 계속되는 것은 아닙니다. 한시적입니다. 결국 이방인들도 심판을 받게 될 것입니다. 건물로 피하는 것도 아무 소용이 없습니다. 아무리 견고한 건물도 지켜주지 못합니다. 사람에게 피하는 것도 소용이 없습니다. 어떤 사람도 심판 앞에 설 수 없습니다. 거대한 산도 지켜 줄 수 없습니다. 산도 무너져 내릴 것이기 때문입니다. 땅과 바다, 해와 달도 의지할 바가 못 됩니다. 하늘의 권능들이 모두 흔들릴 것이기 때문입니다.

오직 하나님께만 피할 길이 있습니다. 우리는 재림하시는 주님을 맞이해야 합니다. 위로부터 구름타고 능력과 큰 영광으로 임하시는 인자만이 구원의 길을 여십니다. 머리를 들고 위로부터 부르시는 구원의 부름을 받아야 합니다. 믿는 자들에게는 심판의 날이 구원의 날이 됩니다.

천지보다 영원한 말씀

29이에 비유로 이르시되 무화과나무와 모든 나무를 보라 30싹이 나면 너희가 보고 여름이 가까운 줄을 자연히 아나니 31이와 같이 너희가 이런 일이 일어나는 것을 보거든 하나님의 나라가 가까이 온 줄을 알라 32내가 진실로 너희에게 말하노니 이 세대가 지나가기 전에 모든 일이 다 이루어지리라 33천지는 없어지겠으나 내 말은 없어지지 아니하리라 (눅 21:29-33)

예수님께서는 무화과나무를 비롯한 나무를 보시고 징조를 알라고 하셨습니다. 무화과나무에 싹이 나는 늦은 봄이 되면, 여름이 가까이 옴을 알지 않느냐 하는 것입니다. 앞에서 언급한 징조들이 일어나는 것을 보면, 하나님 나라가 가까이 옴을 알라는 것입니다. 대환난은 하나님 나라 도래의 징조라는 것입니다. "이 세대가 지나가기 전에 모든 일이 다 이루어지리라" 말씀하시는데, "이 세대"는 우선 예루살렘 멸망 이전 세대의 사람들을 의미했을 것입니다. 그들은 예루살렘의 멸망으로 개인적이고 국가적인 종말을 경험했습니다. 그리고 예루살렘의 멸망은 우주적 종말에 대한 메타포이기도 합니다. 이 말씀을 읽는 모든 사람들에게 영원한 현재로서 개인적, 우주적인 종말이 예고되어 있습니다. 진리는 과거가 아니라,

항상 현재형으로 진행되고 있습니다.

"천지는 없어지겠으나 내 말은 없어지지 아니하리라." 천지는 없어져도 말씀은 영원합니다. 말씀으로 천지를 만드셨기 때문입니다. 예수님께서 말씀이시기 때문입니다. 그러므로 천지를 붙드는 것보다, 주님의 말씀을 붙들어야 영원히 삽니다. 하나님의 말씀이 우리를 살립니다.

뜻밖에 그 날이 덫과 같이

34너희는 스스로 조심하라 그렇지 않으면 방탕함과 술취함과 생활의 염려로 마음이 둔하여지고 뜻밖에 그 날이 덫과 같이 너희에게 임하리라 35이 날은 온 지구상에 거하는 모든 사람에게 임하리라 36이러므로 너희는 장차 올 이 모든 일을 능히 피하고 인자 앞에 서도록 항상 기도하며 깨어 있으라 하시니라 37예수께서 낮에는 성전에서 가르치시고 밤에는 나가 감람원이라 하는 산에서 쉬시니 38모든 백성이 그 말씀을 들으려고 이른 아침에 성전에 나아가더라(눅 21:34-38)

예수님께서 모든 징조를 말씀하신 사실상의 결론은 "스스로 조심하라"는 것입니다. "항상 기도하며 깨어 있으라"는 것입니다. 우리는 언제라도 예수님께서 재림하시면 기다리다가 맞이하는 것처럼, '아멘, 주 예수여 어서 오시옵소서.'하고 준비되어 있어야 합니다. 이 날은 온 지구상에 거하는 모든 사람에게 예외 없이 임하기 때문입니다. 예수님의 초림은 몇몇 사람에게 알려진 채 외딴 곳에 구원사역을 위해 오셨지만, 예수님의 재림은 온 우주적으로 모두가 알 수 있게 심판의 주로 오실 것입니다. 우리는 그 때 심판을 면하고 인자 앞에 서기 위해서 준비해야 합니다.

우리가 만일 방탕하게 죄를 짓고 살고, 술에 취하여 인생을 허비하고, 생활에 대한 염려에 사로잡혀서 이 세상이 전부인 줄만 알고 살면, 뜻하지 않은 때에 그 날이 덫과 같이 임한다는 것입니다. 마치 전쟁을 예비하지 못하고 당하는 것처럼, 마치 사냥꾼의 올무에 걸리는 짐승처럼 된다는 것입니다. 노아 때의 사람들이 그러했고, 소돔과 고모라 사람들이 그러했습니다. 정말로 불쌍한 인생이 되는 것입니다. 우리는 무방비 상태로 지내서는 안 됩니다. 스스로 준비해야 합니다.

예수님께서는 이러한 말씀을 모든 사람들에게 성전에서 가르치셨고 사람들도 이른 아침부터 예수님의 말씀을 듣기 위하여 열심을 냈습니다. 우리는 말씀 가운데 깨어 기도하며 재림의 주를 기다려야 합니다.

NOTE 183

죽일 준비

1유월절이라 하는 무교절이 다가오매 2대제사장들과 서기관들이 예수를 무슨 방도로 죽일까 궁리하니 이는 그들이 백성을 두려워함이더라 3열둘 중의 하나인 가룟인이라 부르는 유다에게 사탄이 들어가니 4이에 유다가 대제사장들과 성전 경비대장들에게 가서 예수를 넘겨 줄 방도를 의논하매 5그들이 기뻐하여 돈을 주기로 언약하는지라 6유다가 허락하고 예수를 무리가 없을 때에 넘겨 줄 기회를 찾더라(눅 22:1-6)

유월절 무교절이 다가 올 때에 분주하게 준비하는 사람들이 있었습니다. 대제사장들과 서기관들, 그리고 가룟유다는 예수님을 죽일 궁리를 했습니다. 서로 방법을 의논하고 기회를 찾고 있었습니다. 예수님을 유월절 희생양으로 만들려고 하였습니다. 예수님의 제자 중 한 사람이었던 가룟유다는 탐욕 때문에 예수님을 배반했습니다. 그에게 사탄이 들어갔습니다. 사탄이 가룟유다의 몸을 입고 활동했습니다. "열둘 중의 하나"(3절)라는 표현은 제자라고 불리던 사람 가운데, 예수님과 함께 하던 사람 가운데, 누구라도 가룟유다와 같이 될 수 있다는 개연성을 내포하고 있는 말입니다. 그러므로 우리는 모두 스스로를 성찰해야 합니다. 가룟유다는 예수님과 함께 하면서도 변화되지 않은 유일한 사람이었습니다.

우리도 예수님과 함께 하면서도 변화되지 않으면, 결국 가룟유다가 될 가능성이 있습니다. 내게 있어 변화되어야 할 부분은 무엇입니까? 나는 예수님을 만나고 무엇이 변화되었습니까? 가룟유다는 오히려 자기 뜻대로 예수님을 조종하고자 했습니다. 가룟유다가 예수님의 주인입니까? 그는 노예를 팔듯이, 돈을 받고 예수님을 넘겨 줄 것을 약속했습니다. 여기 검은 거래가 나와 있습니다. 악한 자들의 결탁입니다.

이는 사탄의 조종을 받는 자들의 동맹입니다. 그들은 사람들의 이목을 피하여 악한 일을 저지를 기회를 찾고 있습니다. 그들의 행동에 하나님께서 기준이 되지 않고, 사람이 기준이 됩니다. 그들은 하나님을 두려워하지 않고, 사람들만을 두려워합니다. 결국 그들은 사탄에게 이용을 당하고 맙니다.

NOTE 184

유월절 준비

7유월절 양을 잡을 무교절날이 이른지라 8예수께서 베드로와 요한을 보내시며 이르시되 가서 우리를 위하여 유월절을 준비하여 우리로 먹게 하라 9여짜오되 어디서 준비하기를 원하시나이까 10이르시되 보라 너희가 성내로 들어가면 물 한 동이를 가지고 가는 사람을 만나리니 그가 들어가는 집으로 따라 들어가서 11그 집 주인에게 이르되 선생님이 네게 하는 말씀이 내가 내 제자들과 함께 유월절을 먹을 객실이 어디 있느냐 하시더라 하라 12그리하면 그가 자리를 마련한 큰 다락방을 보이리니 거기서 준비하라 하시니 13그들이 나가 그 하신 말씀대로 만나 유월절을 준비하니라(눅 22:7-13)

같은 시각 베드로와 요한, 그리고 이름을 알 수 없는 집 주인은 유월절 마지막 식사를 준비를 했습니다. 이들이 준비한 것은 앞에 나오는 부류의 사람들과 얼마나 다른 모습이었습니까? 예수님을 죽일 준비하는 사람들과 예수님을 대접할 준비를 하는 사람들이 있었습니다. 그래도 이렇게 예수님을 위하는 사람들이 있었기에 위로가 됩니다. 아무도 타 보지 않은 나귀 새끼가 매여 있는 것을 본 것처럼, 물 한 동이를 가지고 가는 사람은 싸인(Sign)이 됩니다. 이것은 마치 서로 접선하는 암호같아 보입니다. 나귀 새끼를 제공해 준 사람처럼, 다락방 주인도 주님께서 "내가 내 제자들과 함께 유월절을 먹을 객실이 어디 있느냐?"하시는 말씀에 방을 내어 주었습니다. 나귀 주인이나 다락방을 내어 준 사람 모두, 그들이 누구인지는 알 수는 없었지만 예수님의 말씀에 순종함으로써 자신들의 것을 내어 주었습니다. 그들이 누구인지 궁금합니다. 그들을 어떻게 미리 아시고 제자들을 보내시는 예수님도 신비스럽지만, 이름을 알 수 없는 이들의 호의도 참으로 아름답습니다. 예수님의 말씀 한 마디에 모든 일이 진행되었습니다. 하나님 나라의 일은 이렇게 이름 없는 많은 사람들의 헌신에 의해 이루어집니다.

이름이 잘 알려진 가룟유다보다는 무명의 집주인이 훨씬 더 제자다웠습니다. 사람들 중에는 유명무실한 사람도 있고, 무명유실한 사람도 있습니다. 은밀한 봉사는 자신을 겸손하게 만듭니다. 이번 주간에 당신이 하고 싶은 은밀한 섬김은 무엇입니까? 본문에는 준비라는 말이 네 번 나옵니다. 이는 유월절을 준비하는 것입니다. 그것은 다름 아닌, 예수님의 십자가의 길을 준비하는 것입니다.

NOTE 185

나를 기념하라

14때가 이르매 예수께서 사도들과 함께 앉으사 15이르시되 내가 고난을 받기 전에 너희와 함께 이 유월절 먹기를 원하고 원하였노라 16내가 너희에게 이르노니 이 유월절이 하나님 의 나라에서 이루기까지 다시 먹지 아니하리라 하시고 17이에 잔을 받으사 감사 기도 하 시고 이르시되 이것을 갖다가 너희끼리 나누라 18내가 너희에게 이르노니 내가 이제부터 하나님의 나라가 임할 때까지 포도나무에서 난 것을 다시 마시지 아니하리라 하시고 19또 떡을 가져 감사 기도 하시고 떼어 그들에게 주시며 이르시되 이것은 너희를 위하여 주는 내 몸이라 너희가 이를 행하여 나를 기념하라 하시고 20저녁 먹은 후에 잔도 그와 같이 하 여 이르시되 이 잔은 내 피로 세우는 새 언약이니 곧 너희를 위하여 붓는 것이라

(눅 22:14-20)

마지막 식탁에서 나누었던 잔은 예수님이 흘릴 피요, 떡은 찢길 예수님의 몸이었지만, 예수님께서는 그것을 원하고 원하셨고 감 사기도까지 하셨습니다. 예수님의 고난은 자발적인 고난이요, 우 리를 위해 당하신 희생입니다. 예수님께서 십자가에서 찢기신 몸 과 흘리신 보혈의 은총으로써 우리는 죄 사함을 받고 새 언약의 백 성이 되었습니다. 떡과 잔은 노동의 열매이고 일상에서 매일 접하 는 것이지만, 예수님의 기도를 통하여 떡과 잔은 은총을 전달하는 신령한 양식이 되었습니다. 예수님께서는 잔, 그리고 떡, 그리고 잔 순서로 음식을 나누셨습니다. 우리는 매끼마다 음식을 두고 기

도하면서 주님의 은총을 받으며 언약의 백성이 됩니다. 예수님께서는 매일 먹어야 하는 일용할 양식에 자신을 거셨습니다. 우리는 매일 예수님의 식탁에서 감사기도를 드림으로써 성찬을 경험해야 합니다. 예수님은 우리가 매끼를 먹을 때마다 기억해야 하는 분이십니다. 우리는 음식 앞에서 나에게 새 생명을 주시는 주님을 기억해야 합니다. 그것이 진정한 의미의 성찬입니다.

이처럼 우리의 일상적인 것을 통하여 신령한 은혜가 옵니다. 음식이 시간과 공간을 넘어서서 주님과 우리를 서로 매개해 줍니다. 예수님께서는 "이를 행하여 나를 기념하라"(19절)고 하셨는데, '기념한다'(remember)는 것의 의미는 다시 공동체의 일원(re-member)이 된다는 것입니다.

나를 파는 자의 손

21그러나 보라 나를 파는 자의 손이 나와 함께 상 위에 있도다 22인자는 이미 작정된 대로 가거니와 그를 파는 그 사람에게는 화가 있으리로다 하시니 23그들이 서로 묻되 우리 중에서 이 일을 행할 자가 누구일까 하더라(눅 22:21-23)

"보라 나를 파는 자의 손이 나와 함께 상 위에 있도다"(21절) 이는 예수님을 파는 자는 다름이 아니라, 함께 자리에 앉아 식사를 하는 자라는 충격적인 말씀입니다. 레오나르도 다빈치의 최후의 만찬 그림에서 예수님의 손은 제자들을 향해 편 손으로, 가룟유다의 손은 돈주머니를 움켜쥐고 있는 손으로 상 위에 올라와 있습니다. 두 손의 대조가 극적입니다. 예수님을 파는 자가 제자 중의 하나가 아니었다면, 예수님과 함께 동고동락하던 자가 아니었다면, 이렇게 가슴 아픈 일이 일어나지 않았을 것입니다. 그러나 예수님과 가장 근거리에 있었던 자가 배반했다면, 한 솥 밥을 먹던 자가 배반했다면, 이는 누구라도 배신할 가능성이 있다는 개연성을 말해 줍니다. 사랑받는 자, 신뢰 받는 자만이 배신할 수 있습니다. 어떤 죄보다도 배신자의 죄가 큰 것은, 그가 자신을 향한 상대방의 사랑과 신뢰를 이용하기 때문입니다. 사랑하지 않았다면, 믿지 않았다면, 배신을 당하지 않을 것입니다. 이는 좋은 탕자가 될 수 없고, 아들만이 탕자가 될 수 있는 것과 마찬가지입니다. 그렇다고 그들을 사랑하지 않을 수 없고, 믿지 않을 수가 없습니다. 그들에게 죄의 형벌이 무거운 것은, 사랑과 신뢰를 준 이의 선의를 이용하였기 때문입니다.

나의 손은 다른 사람을 향하여 열려 있는 손입니까? 아니면 닫혀있는 손입니까? 우리는 움켜쥐고 있는 탐욕과 야망을 내려놓아야 합니다. 그것이 무엇입니까?

NOTE 187

누가 크냐

24또 그들 사이에 그 중 누가 크냐 하는 다툼이 난지라 25예수께서 이르시되 이방인의 임금들은 그들을 주관하며 그 집권자들은 은인이라 칭함을 받으나 26너희는 그렇지 않을지니 너희 중에 큰 자는 젊은 자와 같고 다스리는 자는 섬기는 자와 같을지니라 27앉아서 먹는 자가 크냐 섬기는 자가 크냐 앉아서 먹는 자가 아니냐 그러나 나는 섬기는 자로 너희 중에 있노라 28너희는 나의 모든 시험 중에 항상 나와 함께 한 자들인즉 29내 아버지께서 나라를 내게 맡기신 것 같이 나도 너희에게 맡겨 30너희로 내 나라에 있어 내 상에서 먹고 마시며 또는 보좌에 앉아 이스라엘 열두 지파를 다스리게 하려 하노라(눅 22:24-30)

사람들은 두 사람만 모이면 누가 더 높은가 서열을 다투고, 셋이 모이면 누구의 편이냐고 파당을 짓습니다. 그래서 사람들 사이에서 경쟁의식과 파당의식이 끝이나지 않습니다. 제자들도 마찬가지였습니다.

서열다툼을 하는 자들은 자기 안에서 위대함을 찾습니다. "먼저 부름을 받았다.", "나이가 많다.", "출신배경이 좋다.", "많이 포기했다.", "총애를 받고 있다.", "가진 것이 많다.", "많이 배웠다." 그러나 하나님 나라의 기준은 세상과 다릅니다. 위대함은 하나님께서 주시는 것이고, 하나님으로부터 오는 것입니다. 하나님께서는 섬기는 자를 높여주십니다. 그러므로 우리는 우리 자신에게 "얼마나 섬길 수 있나", 또는 "얼마나 낮출 수 있나"라고 물어야 합니다.

섬김의 리더십입니다. 힘은 양적인 변화뿐만이 아니라, 질적인 변화를 가져와야 합니다. 다스리는 힘에서 섬기는 힘으로 변화되어야 합니다. 빌립보서 2장 5-11절의 예수님의 케노시스는 바로 이런 위대함의 극치입니다. 이와 같은 예수님의 길을 따르는 진정한 제자는 하나님으로부터 위대함을 부여받게 될 것입니다. 그리고 하나님 나라에서 역전을 경험하게 될 것입니다. 또한, 주님의 상에서 먹고 마시며 보좌에 앉아 다스리게 될 것입니다. 이것은 다투거나 구해서 얻어지는 것이 아닙니다. 오직 섬김으로써 주어지는 것입니다.

NOTE 188

네 형제를 굳게 하라

31시몬아, 시몬아, 보라 사탄이 너희를 밀 까부르듯 하려고 요구하였으나 32그러나 내가
너를 위하여 네 믿음이 떨어지지 않기를 기도하였노니 너는 돌이킨 후에 네 형제를 굳게
하라 33그가 말하되 주여 내가 주와 함께 옥에도, 죽는 데에도 가기를 각오하였나이다 34
이르시되 베드로야 내가 네게 말하노니 오늘 닭 울기 전에 네가 세 번 나를 모른다고 부인
하리라 하시니라(눅 22:31-34)

사탄은 시몬 베드로를 넘어뜨리려 시험을 했지만, 예수님은 시
몬을 위하여 기도하셨습니다. 내가 알지 못할 때에도 주님은 나를
위해 기도하고 계십니다. 우리의 "믿음이 떨어지지 않기를" 기도해
주십니다. 믿음은 모든 것의 기초입니다. 우리는 아무리 어려운 일
을 당하고 시험을 당해도 믿음까지 잃어서는 안 됩니다. 예수님께
서는 베드로가 실패할 것을 알고 계셨습니다. 그러나 믿음을 저버
려서는 안 된다고 하셨습니다. "너는 돌이킨 후에"라는 말씀은 우
리의 회개를 의미합니다. 자기의 약함을 자각하지 못하거나, 자기
를 너무나 심하게 자책하는 것은 옳지 못합니다. 이는 자신의 잘못
을 회개하고, 나아가 형제들을 굳게 붙들라는 말씀입니다.

자신의 약함과 실패를 아는 자가 남을 더 잘 도울 수 있습니다. 예수님께서는 앞으로 될 일을 미리 아셨고, 베드로가 돌아올 수 있는 문을 열어두셨습니다. 이 때 베드로는 극구 그럴 가능성을 부인했지만, 결국 예수님께서 이 말씀을 해 주신 것이 얼마나 감사했을까요? 정말로 예수님께서는 베드로를 철썩 같이 믿으셨는데, 나중에 베드로가 예수님을 부인했다면, 그리고 다시 예수님의 말씀을 들을 기회가 없었다면, 베드로가 자신을 얼마나 자책했을까요?

나의 부족함을 예수님께서 아신다는 것은 참으로 다행스러운 일입니다. 베드로는 자신의 각오와 의지를 강하게 피력하였습니다. "주여 내가." 자신을 의지하고 있습니다. 예수님과 함께 옥에도 가고 죽기도 각오했다고 말했습니다. 이 때 베드로는 주님께 진심으로 이야기 했을 것입니다. 그러나 인간의 결심과 의지가 얼마나 약한지 우리는 보게 될 것입니다. 예수님께서는 "오늘 닭 울기 전에 네가 세 번 나를 모른다고 부인하리라"라고고 말씀하셨습니다. 몇 칠 후가 아니라, 바로 "오늘"입니다. "닭 울기 전"은 너무나 구체적인 시간입니다. "세 번"은 실수가 아니라 확정적인 것입니다. 아마도 베드로의 마음에 성령님께서 이러한 사실을 일깨워주셨을 것입니다. 그러나 성령님의 음성보다는, 사탄의 유혹에 넘어가 베드로는 예수님을 부인하고 말았습니다. 그래도 예수님께서는 여전히 그를 위해 문을 열어놓으셨습니다.

겉옷을 팔아 검을 사라

35그들에게 이르시되 내가 너희를 전대와 배낭과 신발도 없이 보내었을 때에 부족한 것이 있더냐 이르되 없었나이다 36이르시되 이제는 전대 있는 자는 가질 것이요 배낭도 그리하고 검 없는 자는 겉옷을 팔아 살지어다 37내가 너희에게 말하노니 기록된 바 그는 불법자의 동류로 여김을 받았다 한 말이 내게 이루어져야 하리니 내게 관한 일이 이루어져 감이니라 38그들이 여짜오되 주여 보소서 여기 검 둘이 있나이다 대답하시되 족하다 하시니라(눅 22:35-38)

예수님께서는 이전과는 다른 상황이 전개될 것을 예고하셨습니다. 이전에는 파송하실 때 예수님께서 제자들에게 모든 것을 공급하셨습니다. 그래서 전대와 배낭과 신발을 가지고 가지 않아도 그때그때 도우시는 손길을 통하여 모든 것이 채워졌습니다. 그래서 부족한 것이 없었습니다. 제자들도 이를 시인했습니다. 이것은 마치 이스라엘이 광야 생활을 할 때 하나님께서 만나를 내리시고, 반석에서 물을 내시고, 나중에는 메추라기를 공수하셔서 하나님을 보고, 먹고, 마시고, 생활을 하면서 아무 것도 부족한 것이 없었던 것과 마찬가지였습니다.

그러나 이제는 다른 상황이 펼쳐질 것입니다. 이에 제자들도 준비를 해야 합니다. 전대 있는 자는 가지고 배낭도 가지라고 말씀하셨습니다. 그리고 앞에서는 신발을 말했는데, 뒤에서는 검을 언급하시면서 겉옷을 팔아 사라고 하셨습니다. 그만큼 긴박하고 위험한 일이 제자들에게 일어날 것을 예고하셨던 것입니다. 즉, 새로운 때를 대비하여 대처하라는 것이었습니다. 그 때는 제자들의 용기와, 결단과, 헌신과, 충성이 요구되는 중요한 때였습니다. 예수님께서는 이사야 53장 12절의 말씀을 인용하셔서 의로운 자가 불의한 자들과 같은 취급을 받으며, 고난을 받을 것이라고 말씀하셨습니다. 이는 예수님의 고난과 십자가였습니다.

제자들은 예수님의 원 뜻은 이해하지 못했고, "주여. 보소서 여기 검 둘이 있나이다"라고 대답했습니다. 제자들은 예수님의 말씀을 문자적으로만 이해했던 것이었습니다. 예수님께서는 그저 족하다고 말씀하셨습니다. 우리는 마음으로부터 강한 믿음을 준비해야 합니다.

아버지의 원대로

39예수께서 나가사 습관을 따라 감람 산에 가시매 제자들도 따라갔더니 40그 곳에 이르러 그들에게 이르시되 유혹에 빠지지 않게 기도하라 하시고 41그들을 떠나 돌 던질 만큼 가서 무릎을 꿇고 기도하여 42이르시되 아버지여 만일 아버지의 뜻이거든 이 잔을 내게서 옮기시옵소서 그러나 내 원대로 마시옵고 아버지의 원대로 되기를 원하나이다 하시니 43천사가 하늘로부터 예수께 나타나 힘을 더하더라 44예수께서 힘쓰고 애써 더욱 간절히 기도하시니 땀이 땅에 떨어지는 핏방울 같이 되더라 45기도 후에 일어나 제자들에게 가서 슬픔으로 인하여 잠든 것을 보시고 46이르시되 어찌하여 자느냐 시험에 들지 않게 일어나 기도하라 하시니라(눅 22:39-46)

우리의 삶에 습관이 얼마나 중요합니까? 우리는 좋은 습관을 들이고, 나쁜 습관을 고치는 것을 신앙훈련의 과정으로 삼아야 합니다. 예수님께서는 거룩한 습관을 가지고 계셨습니다. 그것은 산에 오르셔서 기도하는 것이었습니다. 우리도 기도하고 말씀을 보는 것이 습관이 되었으면 좋겠습니다. 예수님께서는 "유혹에 빠지지 않게 기도하라"고 말씀하셨습니다. 여기에서 유혹과 기도가 대격으로 나와 있습니다. 유혹과 기도는 양립할 수 없습니다. 기도가 없는 공간에 유혹이 틈탑니다. 유혹은 기도로 이길 수 있고, 기도가 없으면 유혹에 넘어지는 것입니다.

본문은 양파 구조를 하고 있습니다. 40절과 46절이 껍질을 이루고 있습니다. "시험에 들지 않게 일어나 기도하라"(46절)여기에도 시험과 기도가 서로 대격을 이루고 있습니다. 기도가 없는 공간에 시험이 틈탑니다. 기도만이 시험을 이길 수 있습니다. 본문에는 기도하시는 예수님의 자세가 나옵니다. 예수님께서는 무릎을 꿇고 기도하셨습니다. 천사들은 기도하시는 예수님께 힘을 더합니다. 천사는 기도를 도와주는 존재입니다. 예수님께서 힘쓰고, 애쓰며, 간절히 기도하니, 땀이 땅에 떨어지는 핏방울 같이 되었습니다. 예수님께서 기도하시는 모습과 제자들의 잠든 모습이 대조적으로 보입니다.

여기에 예수님의 기도 내용이 나옵니다. "아버지여 만일 아버지의 뜻이거든 이 잔을 내게서 옮기시옵소서. 그러나 내 원대로 마시옵고 아버지의 원대로 되기를 원하나이다." 결국 아버지의 뜻을 구하는 기도입니다. 주기도에서 예수님께서 가르쳐 주신 대로입니다. 기도는 "아버지의 뜻"을 찾아가는 내비게이션입니다. 순종의 기도입니다. 십자가의 정신은 아버지의 뜻을 받아들이는 것입니다. 아버지의 뜻과 내 뜻이 상충될 때에도 아버지의 뜻에 "아멘" 하는 것입니다. 이것이 지금 나에게 주어진 십자가를 지는 삶입니다.

이것까지 참으라

47말씀하실 때에 한 무리가 오는데 열둘 중의 하나인 유다라 하는 자가 그들을 앞장서 와서 48예수께 입을 맞추려고 가까이 하는지라 예수께서 이르시되 유다야 네가 입맞춤으로 인자를 파느냐 하시니 49그의 주위 사람들이 그 될 일을 보고 여짜오되 주여 우리가 칼로 치리이까 하고 50그 중의 한 사람이 대제사장의 종을 쳐 그 오른쪽 귀를 떨어뜨린지라 51 예수께서 일러 이르시되 이것까지 참으라 하시고 그 귀를 만져 낫게 하시더라 52예수께서 그 잡으러 온 대제사장들과 성전의 경비대장들과 장로들에게 이르시되 너희가 강도를 잡는 것 같이 검과 몽치를 가지고 나왔느냐 53내가 날마다 너희와 함께 성전에 있을 때에 내게 손을 대지 아니하였도다 그러나 이제는 너희 때요 어둠의 권세로다 하시더라
(눅 22:47-53)

성경에는 위대한 키스에 대한 내용이 있습니다. 하나님께서 아담에게 생기를 불어넣으실 때입니다. 그리고 예수님께서 제자들에게 성령을 불어넣으실 때입니다. 그런데 정다움을 표시하는 입맞춤으로써 인자를 파는 사악한 자가 있었습니다. 그는 미소를 머금고 아래로 칼을 들이대는 비정한 사람이었습니다. 바로 배신자의 키스였습니다. 그는 사랑의 배신자였습니다. 양심의 가책도 일말의 후회도 없습니다. 이것까지도 참아야 합니까?

어둠의 자식들은 사람들의 눈을 피하여 야밤에 나타납니다. 검

과 몽치로 무장을 하고 나타납니다. 그들은 마치 강도를 잡듯이, 함부로 예수님을 대합니다. 말씀을 가르치시고 병자를 고치시던 예수님을 모독합니다. 이것까지 참아야 합니까? 제자들에게도 칼이 있었습니다. 싸울 능력도 있었습니다. 그런데 예수님께서는 원수를 고쳐주시면서 "이것까지 참으라"고 말씀하셨습니다. 하나님의 뜻은 인간의 행동으로 성취되는 것이 아닙니다. 하나님께서 우리의 도움을 받아야 하는 것이 아닙니다. 아직은 어둠이 주관하는 때입니다. 악한 자들은 어둠의 권세 아래서 행동하고 있습니다. 그러나 하나님께서는 하나님의 방법을 통해 하나님의 뜻을 이루실 것입니다.

멀찍이 따라가는 베드로

54예수를 잡아 끌고 대제사장의 집으로 들어갈새 베드로가 멀찍이 따라가니라 55사람들이 뜰 가운데 불을 피우고 함께 앉았는지라 베드로도 그 가운데 앉았더니 56한 여종이 베드로의 불빛을 향하여 앉은 것을 보고 주목하여 이르되 이 사람도 그와 함께 있었느니라 하니 57베드로가 부인하여 이르되 이 여자여 내가 그를 알지 못하노라 하더라 58조금 후에 다른 사람이 보고 이르되 너도 그 도당이라 하거늘 베드로가 이르되 이 사람아 나는 아니로라 하더라 59한 시간쯤 있다가 또 한 사람이 장담하여 이르되 이는 갈릴리 사람이니 참으로 그와 함께 있었느니라 60베드로가 이르되 이 사람아 나는 네가 하는 말을 알지 못하노라고 아직 말하고 있을 때에 닭이 곧 울더라 61주께서 돌이켜 베드로를 보시니 베드로가 주의 말씀 곧 오늘 닭 울기 전에 네가 세 번 나를 부인하리라 하심이 생각나서 62밖에 나가서 심히 통곡하니라(눅 22:54-62)

예수님께서 잡혀 끌려가셨고, 베드로는 멀찍이 따라갔습니다. 물론 전혀 따르지 않는 것보다는 낫지만, 가까이 따르지 않는 것이 더 아쉽습니다. 이것은 물리적인 거리일 뿐만이 아니라, 심리적인 거리도 나타내고 있기 때문입니다. 베드로는 예수님과 거리두기를 하였습니다. 자신은 앞에서 자신이 장담했던 "옥에도 같이 가고 죽는 데에도 가는" 공동운명체가 아니었습니다. 예수님께서 옥에 갇히시더라도 자신은 모면했고, 예수님께서 죽더라도 자신만은 살겠다는 것이었습니다. 예수님께서는 철저히 혼자가 되셨습니다.

예언의 말씀이 맞았습니다. 시편 38장 11절, "내가 사랑하는 자와 내 친구들이 내 상처를 멀리하고 내 친척들도 멀리 섰나이다."

베드로의 삼중부인은 당연한 결과였습니다. "한 여종", "조금 후에 다른 사람", "한 시간쯤 있다가 또 한 사람." 그는 한 번에 한 사람에게만 부인한 것이 아니라, 시간차를 두고 각각 다른 세 사람에게 부인한 것이었습니다. 이는 변명할 여지가 없는 것이었습니다. 몰라서가 아닙니다. 실수도 아닙니다. 순간적인 것도 아닙니다. 확실하게 반복적으로 부인한 것이었습니다. 베드로는 예수님의 말씀이 생각나서 밖에 나가서 통곡을 하며 울었지만, 다시 들어가 시인한 것도 아니었습니다. 이것은 후회지, 회개가 아닙니다. 아마도 자신의 약함을 한탄하였을 것입니다. 비겁한 자여! 그대 이름은 베드로! 이것은 바로 우리의 모습입니다.

닭이 울었을 때에 예수님의 말씀이 생각이 났습니다. 닭 울음소리는 성령의 음성처럼 그의 마음에 들렸을 것입니다. 거기에다가 예수님의 시선이 베드로를 향하고 있었습니다. 당신도 예수님의 시선이 항상 나를 향하고 있다는 것을 기억하십시오.

내가 그다

> 63지키는 사람들이 예수를 희롱하고 때리며 64그의 눈을 가리고 물어 이르되 선지자 노릇 하라 너를 친 자가 누구냐 하고 65이 외에도 많은 말로 욕하더라 66날이 새매 백성의 장로들 곧 대제사장들과 서기관들이 모여서 예수를 그 공회로 끌어들여 67이르되 네가 그리스도이거든 우리에게 말하라 대답하시되 내가 말할지라도 너희가 믿지 아니할 것이요 68내가 물어도 너희가 대답하지 아니할 것이니라 69그러나 이제부터는 인자가 하나님의 권능의 우편에 앉아 있으리라 하시니 70이르되 그러면 네가 하나님의 아들이냐 대답하시되 너희들이 내가 그라고 말하고 있느니라 71그들이 이르되 어찌 더 증거를 요구하리요 우리가 친히 그 입에서 들었노라 하더라(눅 22:63-71)

지키는 자들이 밤새도록 예수님을 희롱하고, 때리고, 욕을 했습니다. 하나님의 아들이신 예수님께서 이런 일을 당하셨다는 것이 말이 됩니까? 이는 신성모독입니다. 그들은 예수님의 눈을 가리고, 때리며, 선지자 노릇하라면서, 친 자가 누군지 맞추라고 시험했습니다. 인간은 참으로 악합니다. 여러분께서는 사시면서 이런 경험을 하신적이 있으신가요? 예수님께서는 이와 같은 슬픔과 아픔을 아십니다. 예수님께서는 많은 수의 장로들, 대제사장들, 서기관들이 모인 산헤드린에서 첫 재판을 받았습니다. 이는 유대인의 최종 권위를 가지고 있는 심문이었습니다. 산헤드린에서는 예수님에 대한 열린 토론이나 진지한 질문을 다루었던 것이 아니라, 이미 결론을 내 놓은 사항에 대한 요식철차를 밟았습니다. 이와 같은 절차는 듣고 싶은 것만 골라 듣는 자기중심적인 것이었습니다.

여기에서 예수님에 대한 중요한 사실들이 나옵니다. "그리스도", "인자", "하나님의 아들" 우리는 바로 예수님께서 그리스도요, 하나님의 아들이라는 사실을 알고 있습니다. 그러나 이것이 그들에게는 고발할 중대한 죄목이 되었습니다. 하나님의 말씀을 어떻게 받아들이느냐에 따라 결과는 전혀 다릅니다. 그들은 더 이상 증거가 필요 없다면서 사형판결을 내렸습니다. 그들에게는 진리를 받아들일 믿음이 없었던 것입니다. 어떤 말을 해도 소용이 없었습니다.

예수님께서는 담대하게 진리를 말씀하셨습니다. 앞으로 되어질 일들을 이미 알고 계셨습니다. "이제부터는 인자가 하나님의 권능의 우편에 앉아 있으리라", "내가 그다" 역사의 아이러니가 여기 있습니다. 예수님께서 세상을 심판하실 것인데, 세상이 예수님을 심판하고 있습니다. 그러므로 세상의 판결이나 평판이 최종적인 것이 아닙니다. 하나님의 사람이 세상에서는 예수님처럼 억울한 일을 당하기도 합니다. 그러나 그것이 끝이 아닙니다. 이 모든 것이 심판을 받을 것입니다.

NOTE 194

이 사람에게는 죄가 없도다

1무리가 다 일어나 예수를 빌라도에게 끌고 가서 2고발하여 이르되 우리가 이 사람을 보매 우리 백성을 미혹하고 가이사에게 세금 바치는 것을 금하며 자칭 왕 그리스도라 하더이다 하니 3빌라도가 예수께 물어 이르되 네가 유대인의 왕이냐 대답하여 이르시되 네 말이 옳도다 4빌라도가 대제사장들과 무리에게 이르되 내가 보니 이 사람에게 죄가 없도다 하니 5무리가 더욱 강하게 말하되 그가 온 유대에서 가르치고 갈릴리에서부터 시작하여 여기까지 와서 백성을 소동하게 하나이다 6빌라도가 듣고 그가 갈릴리 사람이냐 물어 7헤롯의 관할에 속한 줄을 알고 헤롯에게 보내니 그 때에 헤롯이 예루살렘에 있더라 8헤롯이 예수를 보고 매우 기뻐하니 이는 그의 소문을 들었으므로 보고자 한 지 오래였고 또한 무엇이나 이적 행하심을 볼까 바랐던 연고러라 9여러 말로 물으나 아무 말도 대답하지 아니하시니 10대제사장들과 서기관들이 서서 힘써 고발하더라 11헤롯이 그 군인들과 함께 예수를 업신여기며 희롱하고 빛난 옷을 입혀 빌라도에게 도로 보내니 12헤롯과 빌라도가 전에는 원수였으나 당일에 서로 친구가 되니라(눅 23:1-12)

빌라도는 유대 5대 총독으로서, AD 26년에서 36년까지 재임하였습니다. 그는 원칙 없는 정치인의 대명사처럼 되었습니다. 무리들은 예수님을 "백성을 미혹한다", "세금을 바치지 말라고 했다", "자칭 왕 그리스도라 한다", "백성을 소동하게 한다"라고 고발을 했습니다. 빌라도는 예수님을 직접 심문을 했습니다. 그리고 예수님에게 죄가 없다고 세 번에 걸쳐 선포하였습니다(4, 14, 22). 사람들이 강하게 주장하니 그는 여론에 흔들려 무죄 확신을 저버렸습니다. 빌라도는 예수님께서 갈릴리 사람이란 것을 알고 책임을 회피하기 위해 헤롯에게 보냈습니다.

누가복음에만 예수님께서 헤롯 앞에서 재판받으신 사건이 나옵니다. 헤롯은 자신의 호기심에서 이적을 볼 요량으로 예수님을 찾았습니다. 그는 목적이 잘 못되었을 뿐만 아니라, 사람들의 주장에도 굴복하였습니다. 그는 예수님을 희롱하고 빌라도에게 다시 보냅니다. 빌라도와 헤롯 모두는 예수님께서 무죄하다는 사실을 알고 있었지만, 예수님을 죽음에 내어 주는 일에 결국은 하나가 되었습니다. 이들은 자신들의 지위와 세력을 이어가는 데에만 관심이 있었지 정의 구현이나 예수님의 생명은 안중에도 없었습니다. 그들은 증거조작과 죄 덮어씌우기도 아무 가책 없이 행했습니다. 평소에 원수 사이였던 빌라도와 헤롯이 악한 일을 도모하는 데에는 친구가 되었습니다. 대제사장과, 서기관과, 무리들과, 군인들, 그리고 제자 가룟 유다까지도 악한 일에 서로 결탁했습니다.

이것은 사악한 동맹이었습니다. 예수님께서는 우연히 죽음을 당하신 것이 아니라, 이렇게 수많은 권세들이 의도적으로 꾸민 음모 때문에 죽으신 것이었습니다. 사악한 자들은 죄를 저지르기 위해 원수조차도 가리지 않고 함께 범죄 동맹을 맺었습니다. 예수님의 십자가는 악한 자들이 힘을 모아 행한 일이었습니다. 그런데, 우리는 선한 일을 위해서 얼마나 서로 뜻을 모으고 있습니까? 여러분들은 예수님을 옹호하거나 십자가를 증거 하는 일에 얼마나 힘쓰고 계십니까?

그가 행한 일에는 죽일 일이 없도다

13빌라도가 대제사장들과 관리들과 백성을 불러 모으고 14이르되 너희가 이 사람이 백성을 미혹하는 자라 하여 내게 끌고 왔도다 보라 내가 너희 앞에서 심문하였으되 너희가 고발하는 일에 대하여 이 사람에게서 죄를 찾지 못하였고 15헤롯이 또한 그렇게 하여 그를 우리에게 도로 보내었도다 보라 그가 행한 일에는 죽일 일이 없느니라 16그러므로 때려서 놓겠노라 17(없음)(눅 23:13-17)

　　빌라도는 자기 입으로 예수님이 무죄하다고 선언하였습니다. 그러면서도 빌라도는 공정하게 법을 집행하지 않았습니다. 무죄를 선언하면서도 무리들 때문에 법 집행을 두려워했습니다. 사람을 두려워하면 죄에 빠진다는 말이 그대로 적용되고 있었습니다. 빌라도는 불의를 허용함으로써 사도신경을 통하여 오늘날까지 정죄를 받고 있습니다. 아는 것이 중요한 것이 아니라, 실행이 중요합니다. 여기에서 예수님의 죄의 유무가 문제가 아닙니다.

　　빌라도 자신의 욕망과 의지가 문제가 됩니다. 빌라도가 정의를 지향하고자 하는 양심이 세속권력을 향한 욕망에 굴복되고 말았습니다. 빌라도는 비겁했습니다. 정의를 세워야 할 자가 오직 자신의 권력과 자리를 유지하는 데에만 관심이 있었습니다. 이로서 빌라도는 다름 아닌 자신을 스스로 심판한 것입니다. 그는 자기의 권력을 유지보존하기 위한 욕망 때문에 무죄한 예수님을 희생양으로 삼았습니다. 빌라도의 권력에 대한 야망이 예수님을 죽인 것입니다.

그렇다고 해도 우리는 이것이 최종 심판이 아님을 압니다. 우리가 살아 온 모든 것들은 주 앞에 드러나고 최종 심판을 받게 될 것입니다. 빌라도가 심판자가 아니라, 예수님께서 심판자이십니다. 빌라도는 피고의 자리에 서게 될 것입니다. 빌라도는 순간에 살고 영원히 죽었습니다. 예수님께서는 순간에 죽고 영원히 살아계십니다. 예수님께서는 선과 악을 가르는 기준이 되십니다. 예수님을 어떻게 보느냐가 나를 결정합니다. 예수님 앞에 서면, 우리는 우리 자신을 보게 됩니다. 예수님 앞에 드러난 나의 모습은 어떠합니까?

NOTE 196

바라바

18무리가 일제히 소리 질러 이르되 이 사람을 없이하고 바라바를 우리에게 놓아 주소서 하니 19이 바라바는 성중에서 일어난 민란과 살인으로 말미암아 옥에 갇힌 자러라 20빌 라도는 예수를 놓고자 하여 다시 그들에게 말하되 21그들은 소리 질러 이르되 그를 십자 가에 못 박게 하소서 십자가에 못 박게 하소서 하는지라 22빌라도가 세 번째 말하되 이 사 람이 무슨 악한 일을 하였느냐 나는 그에게서 죽일 죄를 찾지 못하였나니 때려서 놓으리 라 하니 23그들이 큰 소리로 재촉하여 십자가에 못 박기를 구하니 그들의 소리가 이긴지 라 24이에 빌라도가 그들이 구하는 대로 하기를 언도하고 25그들이 요구하는 자 곧 민란 과 살인으로 말미암아 옥에 갇힌 자를 놓아 주고 예수는 넘겨 주어 그들의 뜻대로 하게 하 니라(눅 23:18-25)

바라바는 민란과 살인으로 인해 사형 집행을 기다리는 악명 높은 죄인이었습니다. 빌라도는 자신의 판결권을 내려놓고 무리들에게 선택권을 주었습니다. 성경은 예수님을 십자가에 못 박으라는 "그들의 소리가 이겼다"고 기록하고 있습니다. 이는 여론재판이었으며, 목소리 큰 사람이 이기는 엉터리 재판이었습니다. 이론이나, 정의나, 선이 이긴 것이 아니었습니다. 무리들은 죄 없으신 예수님 대신, 죄수 바라바를 선택했습니다.

그들이 구하는 대로, 그들의 뜻대로 모든 것을 진행했습니다.

이는 하나님의 뜻이 아니었습니다. 양심이나 정의를 따른 것도 아니었습니다. 예수님의 자리를 바라바가 차지하고 바라바의 자리에 예수님께서 놓이게 되었습니다. 대속의 의미를 가장 처음으로, 실제적으로 체험한 사람은 아마도 바라바였을 것입니다. 그가 지어야 할 십자가를 예수님께서 지셨고, 예수님의 생명을 그가 얻게 되었습니다. 바라바는 한 일이 하나도 없었지만, 죽음의 순간에 아무 공로 없이 죽음을 면제 받았습니다. 바라바가 십자가를 보았다면, 어떤 느낌이었을까요? '아, 저 끔찍한 십자가, 내가 달렸어야 할 곳이었는데, 내가 알지도 못하는 저 분이 내 대신 죽으시다니, 이게 무슨 은혜인가?' 했을 것입니다. 십자가는 내 죄가 예수님께 전가되고, 예수님의 의가 나에게 전달된 표적입니다.

스웨덴 작가 페르 라게르크비스트는 〈바라바〉라는 작품으로 1951년에 노벨상을 탔습니다. 그의 상상력은 2천년을 거슬러 올라가 예루살렘과 로마를 넘나들며 바라바의 행적을 그려냈습니다. 우여곡절 끝에 바라바는 결국 신자가 되었고, 신자들과 함께 죽음을 맞이합니다. 바라바는 우리를 대표하는 사람입니다. 우리도 본질상 바라바와 같은 사람이 아닙니까? 예수님께서 내 대신 십자가를 지셨다는 것을 인정하십니까?

구레네 시몬

26그들이 예수를 끌고 갈 때에 시몬이라는 구레네 사람이 시골에서 오는 것을 붙들어 그에게 십자가를 지워 예수를 따르게 하더라 27또 백성과 및 그를 위하여 가슴을 치며 슬피 우는 여자의 큰 무리가 따라오는지라 28예수께서 돌이켜 그들을 향하여 이르시되 예루살렘의 딸들아 나를 위하여 울지 말고 너희와 너희 자녀를 위하여 울라 29보라 날이 이르면 사람이 말하기를 잉태하지 못하는 이와 해산하지 못한 배와 먹이지 못한 젖이 복이 있다 하리라 30그 때에 사람이 산들을 대하여 우리 위에 무너지라 하며 작은 산들을 대하여 우리를 덮으라 하리라 31푸른 나무에도 이같이 하거든 마른 나무에는 어떻게 되리요 하시니라 32또 다른 두 행악자도 사형을 받게 되어 예수와 함께 끌려 가니라 33해골이라 하는 곳에 이르러 거기서 예수를 십자가에 못 박고 두 행악자도 그렇게 하니 하나는 우편에, 하나는 좌편에 있더라 34이에 예수께서 이르시되 아버지 저들을 사하여 주옵소서 자기들이 하는 것을 알지 못함이니이다 하시더라 그들이 그의 옷을 나눠 제비 뽑을새 35백성은 서서 구경하는데 관리들은 비웃어 이르되 저가 남을 구원하였으니 만일 하나님이 택하신 자 그리스도이면 자신도 구원할지어다 하고 36군인들도 희롱하면서 나아와 신 포도주를 주며 37이르되 네가 만일 유대인의 왕이면 네가 너를 구원하라 하더라 38그의 위에 이는 유대인의 왕이라 쓴 패가 있더라(눅 23:26-38)

십자가로 가는 길은 '비아돌로로사'입니다. 이는 슬픔의 길이라는 의미입니다. 주님은 우리 인간을 위해 슬픔의 길을 걸어가셨습니다. 대신 우리는 기쁨의 길, 평안의 길을 걸어가게 되었습니다. 예수님께서는 예루살렘 딸들을 위로하시고, 저들을 위해 기도하십니다. 그분이 우리 대신 슬픔의 길을 걸으셨는데, 그 길에 동참한 사람이 있었습니다. 예수님의 십자가를 대신 져 준 사람은 제자 중의 하나가 아니라, 시골에서 올라온 구레네 사람 시몬이었습니다. 그는 강제로 십자가를 졌겠지만, 예수님과 가장 가까운 거리에서 마지막 가시는 길을 동행했던 사람이었습니다. 그에게 십자가를 지는 기회는 아무것도 예상치 못했을 때 갑자기 찾아왔습니다. 그는 단지 구경꾼이었는데, 아무런 선택의 여지도 없이 십자가를 지게 되었습니다. 그래도 이 일을 통하여 시몬은 큰 축복을 받게 되었습니다. 그의 아내와 자녀는 교회사에 위대한 인물이 되었습니다. 우리는 주님의 뒤를 따르라고 부름 받은 자들입니다. 그분이 가신 길에 동참해야 하는 자들입니다. 그 동역함에는 영광과 소망이 있습니다. 물론, 예수님께서 우리에게 억지로 십자가를 지우시는 일은 없을 것입니다.

해골이라는 곳에 십자가를 세우게 되었습니다. 중세의 성화를 보면, 십자가 밑에 해골이 놓여있는 그림을 보았을 것입니다. 그것은 바로 아담의 것입니다. 잘못을 저지른 그 자리에 모든 것을 다시 시작할 수 있는 길이 열립니다. 두 행악자 사이에 예수님의 십자가를 세운 저들은 의를 악 사이에 교묘하게 섞어 놓았습니다. 그들은 악을 저지르면서도 그럴듯하게 포장하는 방법을 알고 있었습니다. 십자가를 지는 세 가지 모습이 나옵니다. 남의 십자가를 대신 져 주시는 예수님, 억지로 십자가를 대신 진 구레네 시몬, 자기의 죄 때문에 십자가를 진 강도들이 모두 한 장면에 나옵니다.

백성과 관리와 군인들은 구경하며, 비웃으며, 희롱했습니다. 마귀는 사람들의 입을 빌어 "그리스도이면 자신을 구원하라"고 유혹했습니다. 예수님께서는 아무도 감사하지 않는 대속의 십자가를 지셨습니다. 예수님의 십자가는 사람들을 양편으로 나누어 놓고 있습니다. 슬피 울며 따르는 여인들과 비웃으며 조롱하는 관리와 군인들. 우리는 어느 편에 설 것입니까?

NOTE 198

용서받은 죄인과 용서받지 못한 죄인

> 39달린 행악자 중 하나는 비방하여 이르되 네가 그리스도가 아니냐 너와 우리를 구원하라 하되 40하나는 그 사람을 꾸짖어 이르되 네가 동일한 정죄를 받고서도 하나님을 두려워하지 아니하느냐 41우리는 우리가 행한 일에 상당한 보응을 받는 것이니 이에 당연하거니와 이 사람이 행한 것은 옳지 않은 것이 없느니라 하고 42이르되 예수여 당신의 나라에 임하실 때에 나를 기억하소서 하니 43예수께서 이르시되 내가 진실로 네게 이르노니 오늘 네가 나와 함께 낙원에 있으리라 하시니라(눅 23:39-43)

"아름다운 사람이 머문 자리는 아름답습니다."라는 말이 있습니다. 예수님께서 계신 곳은, 그곳이 십자가라는 죽음의 장소일지라도 아름다운 향기가 납니다. 구원의 향기가 있고, 아름다운 고백의 향기가 납니다. 예수님께서는 죄인을 두 편으로 나눕니다. 용서받은 죄인과 용서받지 못한 죄인입니다. 죽어가는 순간에도 남을 비방하고 조롱하는 사람이 있었습니다. 그는 자기의 죄 가운데 죽어가는 용서받지 못한 죄인이었습니다. 그러나 같은 죄인이었지만 용서받은 죄인이 나옵니다. 그는 자기의 죄를 인정하고, 회개하며, 은혜를 구하는 기도와 믿음이 있는 사람이었습니다.

누가복음에만 죽어가는 강도의 요청이 나옵니다. "예수여 당신의 나라에 임하실 때에 나를 기억하소서."(42) 사람들은 예수님께서 이 강도에게 너무 관대했다고 말을 합니다. 그러나 이 기사는 구원이 행함을 통해서가 아니라, 믿음을 통해서 온다는 사실을 가장 잘 보여줍니다. 한 행악자는 유죄가 입증되어 사형이 언도된 중죄인이었습니다. 자신도 시인하는 바와 같이 죽어 마땅한 죄인이었습니다. 그러나 죽어가는 자리에서 그에게 예수님의 은혜와 긍휼이 임했습니다. 은혜는 받을 자격이 없음에도 주어지는 것이고, 긍휼은 마땅히 받아야 할 것을 면해 주시는 것입니다. 은혜와 긍휼을 이렇게 설명할 수 있습니다. 비행기 일반석을 샀는데, 불러서 가보니 비즈니스석으로 승급된 것이 은혜입니다. 교통위반으로 딱지를 띠게 되었는데, 경고 스티커만 주고 보내 주는 것은 긍휼입니다. 그는 구원을 받을 수 없었고, 심판을 받아 마땅한 사람이었습니다. 그러나 용서를 받고 구원을 얻게 되었습니다.

예수님 양 옆에는 용서받지 못한 행악자와 용서받은 행악자가 있었습니다. 자기 죄 때문에 죽은 행악자와 죄를 위해 죽으신 예수님과 죄에 대하여 죽은 행악자가 있었습니다. 예수님을 통해 죄인 행악자가 용서받은 행악자로 옮겨갑니다. 용서받은 행악자가 강도였다면, 그는 마지막에 가장 값진 것을 아무 것도 하지 않고 얻었습니다. 그는 예수님께서 가시는 낙원 길의 마지막 동행자가 되는 영광을 누렸습니다. 그리고 "오늘", "함께", "낙원"에 있을 것이란 말씀을 들었습니다.(43) 행악자가 예수님을 만난 것은 우연이 아니라, 예수님께서 행악자를 만나기 위해 그의 옆 십자가에 달리신 것이었습니다. 예수님께서는 행악자에게 '오늘 내가 너와 함께 갈보리 십자가에 있으리라'가 아니라 "오늘 네가 나와 함께 낙원에 있으리라"고 하셨습니다. 예수님께서는 우리의 고난의 현장을 넘어 생명으로 나아갈 것을 말씀하십니다.

NOTE 199

하나님 나라를 기다리는 자

44때가 제육시쯤 되어 해가 빛을 잃고 온 땅에 어둠이 임하여 제구시까지 계속하며 45성소의 휘장이 한가운데가 찢어지더라 46예수께서 큰 소리로 불러 이르시되 아버지 내 영혼을 아버지 손에 부탁하나이다 하고 이 말씀을 하신 후 숨지시니라 47백부장이 그 된 일을 보고 하나님께 영광을 돌려 이르되 이 사람은 정녕 의인이었도다 하고 48이를 구경하러 모인 무리도 그 된 일을 보고 다 가슴을 치며 돌아가고 49예수를 아는 자들과 갈릴리로부터 따라온 여자들도 다 멀리 서서 이 일을 보니라 50공회 의원으로 선하고 의로운 요셉이라 하는 사람이 있으니 51(그들의 결의와 행사에 찬성하지 아니한 자라) 그는 유대인의 동네 아리마대 사람이요 하나님의 나라를 기다리는 자 52그가 빌라도에게 가서 예수의 시체를 달라 하여 53이를 내려 세마포로 싸고 아직 사람을 장사한 일이 없는 바위에 판 무덤에 넣어 두니 54이 날은 준비일이요 안식일이 거의 되었더라 55갈릴리에서 예수와 함께 온 여자들이 뒤를 따라 그 무덤과 그의 시체를 어떻게 두었는지를 보고 56돌아가 향품과 향유를 준비하더라 계명을 따라 안식일에 쉬더라(눅 23:44-56)

정오부터 3시까지 예수님이 십자가의 고난을 당하는 순간, 해는 빛을 잃고, 땅은 어둠 가운데 있었습니다. 이것은 하나님 아버지의 마음이요, 슬픔이라고 봅니다. 예수님께서 기도로 지상의 사역을 마무리하셨습니다. 34절에 이미 "아버지 저들을 사하여 주옵소서. 자기들이 하는 것을 알지 못함이니이다."라고 용서의 기도를 드리셨던 예수님께서는, "아버지. 내 영혼을 아버지 손에 부탁하나이다."라고 하시면서 의탁의 기도를 드리셨습니다. 예수님께서 당하신 고난을 생각하면, 너무나 아름다운 모습이었습니다. 예수님의 죽음은 선물이 된 죽음이었으며, 다른 사람에게서 열매를 맺게 하는 죽음이었습니다.

반복적으로 사형을 집행하고, 그 현장을 끝까지 지켜야 하는 사람은 얼마나 인간미가 없겠습니까? 그 많은 죽음을 가까이에서 지켜보면, 제각각 다른 모습으로 죽어가는 모습을 많이 보았을 것입니다. 그런데 이 사람 백부장, 사형 집행의 책임을 지고 있던 사람이 예수님의 죽음을 보고 "하나님께 영광을 돌려 이르되, 이 사람은 정녕 의인이었도다"라고 고백하였던 것이었습니다. 이 고백은 참으로 충격적인 것이었습니다. 예수님의 제자나, 따르던 사람 중의 하나가 고백을 한 것이 아니었습니다. 이는 예수님의 적대자의 입에서 나온 고백이었기 때문에 더욱 그렇습니다. 누가 이 냉랭한 가슴을 가지고 있던 백부장의 마음을 녹였습니까? 예수님의 무엇이 그를 이렇게 움직이게 만들었습니까? 예수님께 무덤을 내어준 공회 의원 요셉도 드러내놓고 예수님을 따르던 사람이 아니었습니다. 그러나 예수님의 의로운 죽음이 그들을 감동시킨 것입니다. 그들이 예수님의 부활을 목격하고 나서 이러한 고백을 한 것이 아니었습니다. 예수님의 십자가 자체가 하나님께 영광이 되었습니다. 선하고 의로운 사람, 하나님 나라를 기다리는 자들은 이것을 알고 있습니다.

성금요일은 고난의 날이고, 부활주일은 승리의 날이고, 토요일은 공허한 날입니다. 이때에 공회 의원 요셉은 무덤 내어드리고, 여인들은 향품과 향유를 준비하였습니다. 우리는 부활의 주님을 맞이하기 위해, 토요일에 무엇을 준비해야 합니까?

NOTE 200

말씀을 기억하라

1안식 후 첫날 새벽에 이 여자들이 그 준비한 향품을 가지고 무덤에 가서 2돌이 무덤에서 굴려 옮겨진 것을 보고 3들어가니 주 예수의 시체가 보이지 아니하더라 4이로 인하여 근심할 때에 문득 찬란한 옷을 입은 두 사람이 곁에 섰는지라 5여자들이 두려워 얼굴을 땅에 대니 두 사람이 이르되 어찌하여 살아 있는 자를 죽은 자 가운데서 찾느냐 6여기 계시지 않고 살아나셨느니라 갈릴리에 계실 때에 너희에게 어떻게 말씀하셨는지를 기억하라 7이르시기를 인자가 죄인의 손에 넘겨져 십자가에 못 박히고 제삼일에 다시 살아나야 하리라 하셨느니라 한 대 8그들이 예수의 말씀을 기억하고(눅 24:1-8)

부활은 안식일을 지키고 나서 일어났습니다. 안식 후, 첫날 새벽에 향품을 가지고 무덤에 갔던 여인들은 예수님의 부활을 기대하고 보러 간 것이 아니었습니다. 그들은 살아계신 예수님이 아니라, 죽어 있는 예수의 시체를 보러갔던 것입니다. 예수님의 시체가 보이지 않기 때문에, 그들에게는 근심과 두려움이 생겼습니다. 그러나 무덤이 비어 있는 것이 감사하고, 시체가 보이지 않는 것이 감사한 것이었습니다. '그는 진실로 부활하셨습니다.' 아멘.

"어찌하여 살아 있는 자를 죽은 자 가운데서 찾느냐"(5) 예수님의 자리는 무덤이 아니라, 삶의 현장입니다. 두 천사는 예수님께서 전에 말씀하셨던 것을 상기시켰습니다. 말씀을 기억하지 못하면, 근심과 두려움이 찾아옵니다. 여인들은 천사들의 말을 들으면서 예수님의 말씀이 기억났습니다. "인자가 죄인의 손에 넘겨져 십자가에 못 박히고 제 삼일에 다시 살아나야 하리라." 여인들은 말씀을 먼저 기억한 것이 아니라, 부활사건이 일어나고 난 후에 예수의 말씀을 기억했습니다. 이것은 부활이 역사적 사건이라는 분명한 증거입니다. 여인들의 부활신앙이 부활을 만들어낸 것이 아닙니다. 부활사건이 여인들에게 부활신앙을 준 것입니다. 살아 있는 자를 죽은 자 가운데서 찾는 것은 무엇을 의미합니까? 우리는 부활하신 주님을 지금 어디에서 만날 수 있습니까?

NOTE 201

모든이에게알리니

9무덤에서 돌아가 이 모든 것을 열한 사도와 다른 모든 이에게 알리니 10(이 여자들은 막
달라 마리아와 요안나와 야고보의 모친 마리아라 또 그들과 함께 한 다른 여자들도 이것
을 사도들에게 알리니라) 11사도들은 그들의 말이 허탄한 듯이 들려 믿지 아니하나 12베
드로는 일어나 무덤에 달려가서 구부려 들여다 보니 세마포만 보이는지라 그 된 일을 놀
랍게 여기며 집으로 돌아가니라(눅 24:9-12)

천사들에게 들은 소식을 열한 제자들에게 알린 부활의 첫 증언
자들이 나옵니다. 이들은 빈 무덤의 첫 목격자이기도 합니다. 막
달라 마리아, 요안나, 야고보의 모친 마리아, 그리고 이름을 알 수
없는 여자들. 당시의 사회는 여성들이 법정에서 증인으로 채택되
지 않던 시대였습니다. 여인들은 열한 사도와 다른 모든 이들에게
부활의 소식을 전했습니다. 사도들은 그 소식을 근거 없는 헛소리
정도로 역기고 믿으려 하지 않았습니다. 여인들의 말을 무시했습
니다.

사도들은 말씀조차 기억하지 못하고 있었습니다. 여인들보다 사
도들은 더욱 더디게 부활을 믿는 믿음에 도달했습니다. 어떤 사람

들은 제자들이 부활을 꾸며냈다고 하는데, 어떻게 이런 사람들이 부활을 조작할 수 있겠습니까? 믿음이 부활을 만들어 낸 것이 아니라, 부활이 믿음을 주었습니다. 그래도 베드로는 그 말을 확인하고자, 일어나 무덤으로 달려갔습니다. 그는 부활하신 예수님을 아직 만나지 못했지만, 무덤이 비어 있는 사실은 확인했습니다. 아마도 무엇인가 심상치 않은 일이 벌어지고 있음을 그는 알았을 것입니다. 그러나 그는 놀라워했지만 집으로 돌아갔습니다. 베드로가 여성제자들처럼 다른 사람에게 증언하지 않고 그냥 집으로 갔다는 것이 실망스럽습니다.

이와 같은 제자들이 결국 변화되었는데, 그 중심에 자리하고 있는 사건은 무엇입니까? 바로 예수님의 부활사건입니다. 부활하신 예수님께서 제자들을 만난 것입니다. 제자들에게 부활하신 예수님을 만나기 전과 후에 놀라운 변화가 있었습니다. 나에게도 그런 변화가 있습니까? 예수님의 부활이 현재 여러분의 삶속에서 살아 역사하고 있습니까?

NOTE 202

이야기는 이야기를 낳고

13그 날에 그들 중 둘이 예루살렘에서 이십오 리 되는 엠마오라 하는 마을로 가면서 14이 모든 된 일을 서로 이야기하더라 15그들이 서로 이야기하며 문의할 때에 예수께서 가까이 이르러 그들과 동행하시나 16그들의 눈이 가리어져서 그인 줄 알아보지 못하거늘 17예수 께서 이르시되 너희가 길 가면서 서로 주고받고 하는 이야기가 무엇이냐 하시니 두 사람 이 슬픈 빛을 띠고 머물러 서더라 18그 한 사람인 글로바라 하는 자가 대답하여 이르되 당 신이 예루살렘에 체류하면서도 요즘 거기서 된 일을 혼자만 알지 못하느냐 19이르시되 무 슨 일이냐 이르되 나사렛 예수의 일이니 그는 하나님과 모든 백성 앞에서 말과 일에 능하 신 선지자이거늘 20우리 대제사장들과 관리들이 사형 판결에 넘겨 주어 십자가에 못 박 았느니라 21우리는 이 사람이 이스라엘을 속량할 자라고 바랐노라 이뿐 아니라 이 일이 일어난 지가 사흘째요 22또한 우리 중에 어떤 여자들이 우리로 놀라게 하였으니 이는 그 들이 새벽에 무덤에 갔다가 23그의 시체는 보지 못하고 와서 그가 살아나셨다 하는 천사 들의 나타남을 보았다 함이라 24또 우리와 함께 한 자 중에 두어 사람이 무덤에 가 과연 여자들이 말한 바와 같음을 보았으나 예수는 보지 못하였느니라 하거늘(눅 24:13-24)

누가는 여행 모티브를 가지고 누가복음과 사도행전을 기록하였 습니다. 인생은 예루살렘에서 엠마오로 내려가는 여정입니다. 엠 마오로 향하는 길 10km는 실의와 걱정과 의심, 상실과 죽음과 절 망으로 내려가는 생활입니다. 그래도 다행인 것은 내려가면서 낙 담과 절망만 하는 것이 아니라, 예수님에 대한 이야기를 나누는 것 입니다. 예수님의 이야기를 하게 되면, 예수님께서 우리에게 나타나십니다. 예수님께서 임재하시는 것은 간단합니다. 그저 예수님의 이야기를 하면 되는 것입니다. 궁금해서 예수님께서 오십니다. 하는 말이 답답하면 더 좋습니다. 예수님께서 그 이야기에 끼어드십니다. 저는 예수님 이야기를 하는 것만으로도 도중에 엄청난 영감을 받는 경우가 많습니다. 그래서 이야기는 또 다른 이야기를 낳습니다.

내려가고 있는 제자들의 힘없고 처량한 길에 예수님께서 동행이 되어 주셨습니다. 우리가 알아보지 못할 때에도 조용히 우리 곁에서 동행이 되어 주시는 분이 예수님이십니다. 예수님께서는 제자들과 참으로 진지하게 대화를 나누셨습니다. 그리고 그들의 상황을 하나님의 일에 연결시키셨습니다. 두 제자가 예수님께 "요즘 거기서 된 일을 혼자만 알지 못하느냐?"고 반문했던 장면에서는 웃음이 나오려고 합니다. 진정으로 모르는 사람이 누군데? 두 제자는 그들의 마음에 생생하게 남아 있는 고난과 십자가에 대한 이야기를 나누었습니다. 그들은 예수님에 대한 놀라운 느낌과 생각을 가지고 있었습니다. "그분은 하나님의 사람이셨고 선지자였는데, 말씀과 행동에 힘이 넘쳤습니다." 그들은 역시 예수님에 대한 기대도 나누었습니다. 그런데 그런 소망이 사라졌다는 상실감과 함께 더욱 혼란스러웠던 것은, 몇몇 여자들이 그 예수님의 무덤에 찾아 갔지만 시신을 보지 못했고, 천사들이 살아나셨다고 하는 말을 들었다는 것입니다. 그리고 몇 사람은 무덤에 가서 확인했지만 역시 시체를 보지 못했다는 것입니다. 그들의 이야기는 축제와 희망에서 고통으로, 그리고 실망에서 당혹스러움으로 바뀌었습니다.

인생에 석양이 지고 실의 그림자가 깊게 물든 오솔길을 터벅터벅 걸을 때, 부활의 주님께서 동행하심을 기억하십시오. 잠시 멈추어 서서 눈을 감고 손을 내미십시오. 주님께서 붙들어 주십니다. 예수님의 부활이 없다면, 어떻게 엠마오로 내려가던 제자들이 예루살렘으로 다시 올라갈 수 있습니까? 실의와 낙담과 외로움과 절망의 나락으로 내려가는 분들에게 무엇으로 소망을 줄 수 있었겠습니까?

마음이 뜨겁지 아니하더냐

25이르시되 미련하고 선지자들이 말한 모든 것을 마음에 더디 믿는 자들이여 26그리스도가 이런 고난을 받고 자기의 영광에 들어가야 할 것이 아니냐 하시고 27이에 모세와 모든 선지자의 글로 시작하여 모든 성경에 쓴 바 자기에 관한 것을 자세히 설명하시니라 28그들이 가는 마을에 가까이 가매 예수는 더 가려 하는 것 같이 하시니 29그들이 강권하여 이르되 우리와 함께 유하사이다 때가 저물어가고 날이 이미 기울었나이다 하니 이에 그들과 함께 유하러 들어가시니라 30그들과 함께 음식 잡수실 때에 떡을 가지사 축사하시고 떼어 그들에게 주시니 31그들의 눈이 밝아져 그인 줄 알아 보더니 예수는 그들에게 보이지 아니하시는지라 32그들이 서로 말하되 길에서 우리에게 말씀하시고 우리에게 성경을 풀어 주실 때에 우리 속에서 마음이 뜨겁지 아니하더냐 하고 33곧 그 때로 일어나 예루살렘에 돌아가 보니 열한 제자 및 그들과 함께 한 자들이 모여 있어 34말하기를 주께서 과연 살아나시고 시몬에게 보이셨다 하는지라 35두 사람도 길에서 된 일과 예수께서 떡을 떼심으로 자기들에게 알려지신 것을 말하더라(눅 24:25-35)

　

이때까지 예수님은 정체를 밝히시지 않은 채, 묵묵히 모든 것을 경청하셨습니다. 들어주시는 예수님. 그들은 들어주시는 그분이 바로 예수님이셨다는 사실을 알지 못했습니다. 결국, 예수님께서 그들의 대화에 끼어드십니다. 예수님께서는 그들의 대화에 참여하시사, 흩어져 있던 단편들을 모아 성경에 기록된 크고 분명한 하나님의 계시들을 통해 그들을 이해시켜 주셨습니다. 우리의 삶의 단편들은 성경에 비추어 보면 통일된 그림을 보여줍니다. 놀랍게

도 어지럽게 흩어져 있는 퍼즐들이 모여져 아름다운 그림을 보여 주기 시작합니다. 우리의 지난 모든 이야기들이 의미를 띠기 시작합니다. 그리고 결국에는 지난 격동의 시간들 고통, 혼란, 죽음, 루머들이 영광스러운 결말을 향한 커다란 이야기의 일부라는 것을 알게 됩니다.

예수님께서는 모세의 율법, 선지자의 글, 시편에 기록된 말씀을 통해 깨닫게 해 주셨습니다. 예수님의 부활을 확신하게 하는 가장 확실한 근거는 성경입니다. "우리에게 말씀하시고 우리에게 성경을 풀어 주실 때에 우리 속에서 마음이 뜨겁지 아니하더냐"(32) 예수님께서는 더 멀리 가실 것처럼 행동하시다가, 두 제자들이 그들의 집에 머물고 가라고 자신에게 강권하기를 기다리셨습니다. 예수님의 그 마음이 얼마나 섬세하신지 모릅니다. 예수님께서는 권함을 받아들이시고 식탁에 앉으셨습니다. 아무것도 모르는 글로바가 떡과 잔을 준비했을 때, 손님이 당황스러운 행동을 합니다. 시키지도 않았는데 자기가 빵을 집어 감사 기도를 드리면서 떡을 떼어 나누어 주는 것입니다. 초대된 손님이 자신이 식사를 제공하는 주인처럼 행동합니다. 글로바가 떡을 받아들었을 때, 바로 그때 그는 그가 누구인지를 알게 됩니다. 떡을 떼실 때 자신을 드러내심이 얼마나 영광스러운지 모릅니다. 식탁에 초대된 손님이 떡을 떼시고 축사하시고 나누어 주심을 통해 식탁의 주인이 되셨습니다.

성경을 가르쳐주시는 것(24:27)과 떡을 떼시고 축사하시는 장면(24:30-31)은 말씀과 성례를 암시하고 있습니다. 예수님께서는 그들에게 가까이 오셔서 말씀을 기억나게 하셨고, 풀어주셨고, 결국은 자신의 존재를 드러내셨습니다. 두 제자가 예수님을 집에 모셔들이고 함께 앉아서 먹고 마실 때까지, 그분을 알아보지 못하는 사람들의 모습을 봅니다. 그분을 알아보게 되었을 때에 예수님께서 그들에게서 사라진 것은 너무나 신비스러운 일이었을 것입니다. 마치 꿈에 본 듯 몽롱한 체험. 황홀한 느낌이었을 것입니다. 부활한 주님을 만난다는 것은 바로 그러한 느낌입니다. 부활이라는 상상하기 어려운 초월적인 사건이 가장 일상적이고 평범한 행위인 식사와 더불어 나타나셨습니다. 누가복음에서도 그렇고 요한복음에서도 그렇습니다. 예수님께서 글로바의 집에서는 저녁 식사를, 갈릴리 해변에서는 아침 식사를 하셨습니다. 글로바의 집에서는 예수님께서 초대를 받으셨고, 갈릴리에서는 예수님께서 제자들을 초대하셨습니다. 그러나 두 식탁 모두 예수님께서 주인이셨습니다. 어쨌든 음식만큼 구체적인 것은 없는데, 부활의 신비가 이렇게 구체화 되었습니다. 부활은 평범한 일상의 삶에서 나타납니다. 부활은 역사적인 것과 신비적인 것 사이의 경계선에 서 있습니다.

그 때부터 제자들은 떡을 나눌 때에 주님의 임재를 생각했을 것입니다. 그분이 제자들과 함께 길을 걷는 동안, 그들은 그분을 알아보지 못했습니다. 그러나 그분을 그들의 마음과 집이라는 친밀함 속에 맞아들였을 때, 비로소 그분은 그들에게 십자가에 달려 죽으셨다가 죽은 자로부터 부활하여 살아계신 분으로 모습을 드러내셨습니다. 예수님께서는 우리의 삶의 여정에 동행해 주시고, 때때로 영광스러운 얼굴을 드러내십니다. 생각해 보니, 제자들 자신들의 마음이 처음으로 뜨거워지기 시작했던 것은, 그분이 길에서 말씀을 가르쳐 주시고 풀어주실 때였습니다. 그 때 그들의 가슴이 뜨거워졌던 경험의 의미를 제자들은 그때서야 알게 되었습니다. 그 이유는 예수님께서 그들에게 임재하셨기 때문이라는 것을. 제자들은 그곳에서 주님을 만났고, 다시 평안과, 소망과, 회복과, 부활을 경험하게 되고 예루살렘으로 돌아오게 되었습니다. 조금도 지체하지 않았습니다. 부활은 이와 같이 주변 사람들에 의해, 예측이 가능하지 않은 상황 중, 일상의 장소에서 조용하게 나타나고 있습니다. 부활의 영성은 이렇게 우리에게 스며드는 것입니다. 부활은 스펙터클한 시각적인 것이라기보다는, 마음으로 느껴지는 아늑하고 따뜻한 감동입니다.

너희에게 평강이 있을지어다

36이 말을 할 때에 예수께서 친히 그들 가운데 서서 이르시되 너희에게 평강이 있을지어
다 하시니 37그들이 놀라고 무서워하여 그 보는 것을 영으로 생각하는지라 38예수께서
이르시되 어찌하여 두려워하며 어찌하여 마음에 의심이 일어나느냐 39내 손과 발을 보고
나인 줄 알라 또 나를 만져 보라 영은 살과 뼈가 없으되 너희 보는 바와 같이 나는 있느니
라 40이 말씀을 하시고 손과 발을 보이시나 41그들이 너무 기쁘므로 아직도 믿지 못하고
놀랍게 여길 때에 이르시되 여기 무슨 먹을 것이 있느냐 하시니 42이에 구운 생선 한 토막
을 드리니 43받으사 그 앞에서 잡수시더라(눅 24:36-43)

   본문에는 부활하신 예수님의 행동(action)이 구체적으로 묘사
되어 있습니다. 이러한 묘사는 부활의 역사적 정황과 사실을 더욱
분명하게 해 줍니다. 예수님께서 부활하셔서 가장 먼저 "너희에게
평강이 있을지어다"라고 말씀하셨습니다. 당시 제자들은 무서움
과 두려움과 의심에 사로잡혀 있었습니다. 죄와 죽음의 권세 아래
놓여 있는 인생들은 모두 이와 같은 두려움 아래 살고 있습니다. 예
수님의 십자가와 부활만이 우리를 죄와 죽음의 속박에서 자유롭게
할 수 있습니다. 십자가와 부활만이 우리에게 참된 평안을 주십니
다. 예수님께서는 자신을 영과 환상으로 착각하는 제자들에게 "내
손과 발을 보고 나인 줄 알라" 하셨습니다.

예수님께서 손과 발을 보이실 때에 제자들은 너무 놀라고 기뻤습니다. 그들이 예수님을 알아보았기 때문입니다. 그리고 십자가의 흔적을 보았기 때문입니다. 십자가의 흔적이 있는 손과 발은 평강의 표적입니다. 십자가의 흔적이 우리에게 평강을 줍니다. 우리가 얻게 되는 평강은 주님께서 채찍에 맞으시고, 손발에 못을 박히시고, 피를 흘리시므로 주신 것입니다. 그러므로 주님께서 주시는 평강은 세상이 주는 것과 다르며, 세상이 빼앗을 수 없는 것입니다. 예수님께서 주시는 평강은 성도들의 승리와 완성, 축복과 위로를 선언합니다. 예수님께서는 그들 앞에 놓여 있는 음식 가운데, 구운 생선 한 토막을 드셨습니다. 제자들이 예수님을 만지는 대신, 예수님께서 음식을 드셨으므로, 예수님께서는 부활하신 자신의 몸의 실체를 드러내셨던 것입니다. 음식만큼 구체적인 것은 없는데, 부활의 신비가 이렇게 구체화 되었습니다.

부활은 평범한 일상의 삶에서 나타납니다. 부활은 역사적인 것과 신비적인 것 사이의 경계선에 서 있습니다. 그래도 주님께서 빵 대신 생선을 드신 것이 감사합니다. 부활의 증거물로 가시가 남았을 테니까요. 누가는 이렇게 부활의 육체성을 강조하면서 예수님의 부활을 증언하고 있습니다.

NOTE 205

너희는 이 모든 일의 증인이라

44또 이르시되 내가 너희와 함께 있을 때에 너희에게 말한 바 곧 모세의 율법과 선지자의 글과 시편에 나를 가리켜 기록된 모든 것이 이루어져야 하리라 한 말이 이것이라 하시고 45이에 그들의 마음을 열어 성경을 깨닫게 하시고 46또 이르시되 이같이 그리스도가 고난을 받고 제삼일에 죽은 자 가운데서 살아날 것과 47또 그의 이름으로 죄 사함을 받게 하는 회개가 예루살렘에서 시작하여 모든 족속에게 전파될 것이 기록되었으니 48너희는 이 모든 일의 증인이라 49볼지어다 내가 내 아버지께서 약속하신 것을 너희에게 보내리니 너희는 위로부터 능력으로 입혀질 때까지 이 성에 머물라 하시니라 50예수께서 그들을 데리고 베다니 앞까지 나가사 손을 들어 그들에게 축복하시더니 51축복하실 때에 그들을 떠나 [하늘로 올려지시니] 52그들이 [그에게 경배하고] 큰 기쁨으로 예루살렘에 돌아가 53늘 성전에서 하나님을 찬송하니라(눅 24:44–53)

주님께서 이번에는 부활사건을 말씀(word)으로 다시 확증해 주셨습니다. 모세의 율법, 선지자의 글, 시편에 기록된 예수님에 대한 모든 예언이 이루어졌다는 것입니다. 그리고 오경, 선지서, 시문학에 걸친 구약의 모든 말씀이 예수님의 십자가와 부활로써 성취되었음을 알려주셨습니다. 그러므로 구약도 예수님을 통해서 보아야 구약을 제대로 이해할 수 있습니다. 예수님께서는 그들의 마음을 열어 성경을 깨닫게 하셨습니다. 그리스도가 고난을 받는 것과 제 삼일에 죽은 자 가운데서 살아나실 것을 알려주셨습니다. 여기에서도 제자들의 부활신앙이 부활사건을 만들어낸 것이 아니라, 이미 일어난 부활사건을 말씀 가운데서 확인해 주시는 것을 볼 수 있습니다.

회개하고 예수님의 이름으로 죄 사함의 세례를 받게 하여 예루살렘으로부터 모든 족속에게 부활의 복음이 전파될 것도 주님께서 제자들에게 말씀 가운데 가르쳐 주셨습니다. 이것은 사도행전 1장 8절에 제시될 비전과 같은 내용입니다. 즉, 예수님의 부활의 증인이 되는 것입니다. 그리고 약속하신 성령을 기다리라는 말씀입니다. 주님께서는 위로부터 능력을 입는 성령강림을 예고하셨습니다. 이는 아래로부터 일어나는 것이 아니라, 위로부터 임하는 것입니다.

예수님께서는 마지막으로 손을 들어 제자들을 축복하셨습니다. 그들을 축복하시면서 하늘로 승천하셨습니다. 그리고 저들이 한 일은 주님을 경배하며 찬송하는 것이었습니다. 제자들이 두려움 대신 큰 기쁨에 넘쳐 날마다 성전에 모여 찬송하는 것으로서 복음서가 끝납니다. 이 대목은 누가가 기록할 사도행전 1장과 연결고리 역할을 하고 있습니다. 아름다운 마무리와 새로운 시작이 약속되어 있습니다.